本书得到以下资助：

浙江省自然科学基金（LY15G020004）

浙江省高校人文社会科学重点研究基地（浙江工商大学工商管理学科）

浙江省哲学社会科学重点研究基地（浙商研究中心）

浙江工商大学重点学科和重点研究基地（技术经济及管理）

Knowledge Acquisition and Service Innovation

创新创业管理丛书

知识获取与服务创新

范 钧 高孟立 著

ZHEJIANG UNIVERSITY PRESS
浙江大学出版社

图书在版编目（CIP）数据

知识获取与服务创新 / 范钧，高孟立著. —杭州：浙江大学出版社，2015.6

ISBN 978-7-308-14768-2

Ⅰ.①知… Ⅱ.①范… ②高… Ⅲ.①服务业—知识获取—研究②服务业—企业创新—研究 Ⅳ.①F719

中国版本图书馆 CIP 数据核字（2015）第 121876 号

知识获取与服务创新

范 钧 高孟立 著

丛书策划 朱 玲
责任编辑 王 波
封面设计 十木米
出版发行 浙江大学出版社
（杭州市天目山路 148 号 邮政编码 310007）
（网址：http://www.zjupress.com）
排　　版 杭州中大图文设计有限公司
印　　刷 杭州日报报业集团盛元印务有限公司
开　　本 710mm×1000mm 1/16
印　　张 18.75
字　　数 337 千
版 印 次 2015 年 6 月第 1 版 2015 年 6 月第 1 次印刷
书　　号 ISBN 978-7-308-14768-2
定　　价 48.00 元

浙江大学出版社发行部联系方式：0571—88925591；http://zjdxcbs.tmall.com

内容提要

随着知识经济时代的到来，知识密集型服务业（Knowledge-Intensive Business Service，KIBS）取得了较快的发展。KIBS 以产品无形化、顾客专业化、雇员知识化、高增值性、强时效性和高科技性为特征，已经成为知识经济社会结构的重要组成部分，在国民经济发展中起着前瞻性、领导性和新驱动者的作用。本书在当前特殊的宏观经济环境下，选取 KIBS 企业为研究对象，以知识获取为切入口，基于社会资本、网络能力、顾客参与以及领先顾客在线参与等视角，研究顾客知识获取对创新绩效、突破性创新绩效和新服务开发绩效的影响。主要内容共分为四部分：第一部分为关于社会资本、顾客知识获取与创新绩效关系的研究；第二部分为关于网络能力、组织隐性知识获取与突破性创新绩效关系的研究；第三部分为关于顾客参与、顾客知识获取与新服务开发绩效关系的研究；第四部分为关于领先顾客在线参与、顾客知识获取与新服务开发绩效关系的研究。本书的主要创新点在于构建了顾客知识来源、顾客知识获取与创新绩效关系的理论分析框架，沿着"知识来源—顾客知识获取—创新绩效"的逻辑思路，对顾客知识来源如何通过顾客知识获取这一中介传导机制影响企业的创新绩效进行了理论探索与实证检验，更为深刻地揭示了顾客知识来源、顾客知识获取与创新绩效之间的内部机理。

总 序

创新创业管理研究趋势

创新是人类经济社会发展的原动力，本质上是一种生产方式的改变。自熊彼特提出创新的理论以来，创新的实践和理论发生着不断的变化。一个基本的趋势就是，随着问题复杂性和环境动态性的提升，创新活动所涉及的资源日益广泛，从技术领域扩展到组织领域，从企业内部扩展到企业外部，从制造业扩展到服务业等。因此各类新兴研究主题不断涌现，如开放式创新、分布式创新、创新网络、组织创新、服务创新、全面创新管理、基于利益相关者的创新管理，等等。概言之，创新的涵盖范围已日益广泛。

与此同时，熊彼特创新活动的主体"创业者"①，也逐渐成为人们关注的目标。创业活动因其机会导向、不拘泥于资源约束条件下的快速行动、富于创新并积极承担风险等本质特点而不同于常规的企业经营活动。学者们从早期关注创业者个性特征转变到关注和解剖创业活动过程，进而剖析创业活动的内在规律；从关注个体创业延伸到对公司创业、非营利组织乃至社会创业的研究工作上；从关注绩效到关注机会；从习惯与大企业的比较转变到创业活动及新创企业群体内部的比较研究。② 概言之，创业的研究情境也日益丰富。

至于创新与创业的关系，一般认为，创新泛指"创新成果被商业化的价值实现过程"，而创业则特指"创建企业的过程"。前者完全可以在已有的企业组织框架内实现，不一定涉及企业组织制度的建设；而后者则必然要涉及企业组织

① 在英文中"企业家（精神）"、"创业者"与"创业（精神）"都是 entrepreneur (entrepreneurship)。

② 张玉利等. 创业管理. 北京：清华大学出版社，2010.

制度的建设。从熊彼特"生产函数"的角度来分析,"创新"主要是通过改变函数的自变量来建立新的生产函数,而"创业"则必须通过改变函数式来建立新的生产函数①。近年来,涉及两者关系的研究日渐增多。

本丛书跨越这两个交叉的领域,结合创新创业中一些新的、具体的情境和问题展开。丛书由浙江工商大学相互交叉重叠的两个中心承担,其中技术与服务管理研究中心以创新研究为主、鲍莫尔创新研究中心以创业研究为主。②

浙江经济社会发展与"两创"战略

浙江工商大学地处浙江省省会杭州市。浙江省作为中国经济社会最发达的省份之一,依靠从计划经济向市场经济体制转轨过程中改革的先发优势及民间活跃的制度创新,形成了以乡镇企业、个体私营经济、专业市场和块状经济为特色的区域经济社会发展模式,全国闻名。但发展到今天,也存在很多挑战。如发展速度虽然很快,但资源要素和环境承载力的制约却不断加大;块状经济发达,但产业层次较低,高技术产业和服务业比重低;企业市场意识强、应变速度快,但技术创新和研发能力相对较弱,产品技术含量低,等等。浙江经济面临着如何继续保持全国领先的巨大挑战。

因此,2007 年 6 月浙江省第十二次党代会做出"创业富民、创新强省"重大决策(以下简称"两创战略")。同年 11 月,浙江省委十二届二次全体(扩大)会议做出决定,按照科学发展观的要求,扎实推进"两创"战略,加快建设惠及全省人民的小康社会。该战略强调全面推进个人、企业和其他各类组织创业与再创业,全面推进制度、科技等方面的创新,建设全民创业型社会和全面创新型省份,推进经济社会又好又快发展。

国家自然科学基金委管理学部倡导,管理学研究应"顶天立地",即努力保持理论前沿性和实践结合性③。浙江发展的"两创"战略,恰好与浙江工商大学技术与服务管理研究中心和鲍莫尔创新研究中心的研究主题契合。我们长期

---

① 刘健钧.创新、创业与创业经济.中国创业投资与高科技,2003(6):35—37.

② 盛亚为技术与服务管理研究中心主任;李靖华为技术与服务管理研究中心副主任、鲍莫尔创新研究中心主任;黎常为鲍莫尔创新研究中心副主任兼秘书长;俞荣建为鲍莫尔创新研究中心副主任。

③ 该观点首先由美国亚利桑那大学徐淑英教授在国内倡导,后被国家自然科学基金委管理学部采纳。

以来始终密切关注企业创新实践，近年来又加入鲍莫尔全球创业研究网络，开始将“两创”加以结合。此外，伴随着与国外研究机构的交流和合作，中心研究也开始从纯微观的层面向中宏观政策层面扩展，从纯管理学向与经济学、社会学结合相扩展，以及从纯定量研究向定量与定性相结合扩展。这些对于理解处于转型发展背景下的浙江实践，展开有灵魂、可持续的研究，都具有深远的意义。

可以说，置身于浙江省这样一个经济社会发展的环境中，中心和团队成员都深感幸运。这里是中国发展的“实验室”，有最新鲜的实践，每天都在发生着最生动的故事。这些都引发我们的思考，鼓励我们的探求。

浙江工商大学的创新创业管理研究

浙江工商大学的创新创业管理研究，主要传承浙江大学管理学院许庆瑞院士的创新管理研究学脉。其中创新管理研究又分为技术创新和服务创新，创业管理研究则主要沿着威廉·鲍莫尔的企业家理论展开。① 我们的标志性研究是对企业技术创新利益相关者的长期研究。将技术创新管理从关注创新过程中的活动、关注创新过程中活动的主体，进一步推进到关注创新过程中活动主体的权利。此外，我们提出的基于大规模定制的服务创新理论，用以化解现代服务业生产率悖论、应对服务业与制造业的融合趋势，在服务创新研究领域颇具特色。

研究主要以校A级研究机构——技术与服务管理研究中心（以下简称中心）和全球鲍莫尔创新网络中国节点之一——鲍莫尔创新研究中心为依托展开。② 其中，涉及的主要学科有技术经济及管理博士学科③、技术经济及管理硕

---

① 前者与英国曼彻斯特大学 MIoIR（Manchester Institute of Innovation Research）和丹麦奥尔堡大学 DRUID（Danish Research Unit for Industry Dynamics）有学术联系，后者与美国纽约大学 Berkley Center for Entrepreneurial Studies 有学术联系。

② 浙江工商大学鲍莫尔创新研究中心的英文名称为 Baumol Center for Entrepreneurial Studies in ZJGSU。

③ 浙江工商大学技术经济及管理博士学科，前身为企业管理博士学科“营销与创新管理”方向。根据国务院学位委员会《关于下达2010年审核增列的博士和硕士学位授权一级学科名单的通知》（学位〔2011〕8号），浙江工商大学已获准设立工商管理博士学位授权一级学科。工商管理一级学科下设企业管理、技术经济及管理、财务管理、旅游管理4个二级学科。

士学科，涉及的学院级机构有工商管理学院和现代商贸研究中心[①]，涉及的省级科研平台主要是浙江省重点文化创新团队——“生产性服务业与区域发展”[②]，涉及的校级研究平台还有校级重点研究基地——技术经济及管理。

2005 年以来，中心已主持承担国家自然科学基金项目 7 项。[③] 中心的学科特色是：第一，鲜明的技术管理（创新管理）基础。目前全国技术经济及管理学科大致分布在两类学校：一是研究传统技术经济评价的学校；二是以现代技术管理为研究对象的学校。浙江工商大学属于后者，这与国际上的技术管理（创新管理）学科相对应。本学科在基于利益相关者的企业技术创新管理主题处于国际前列。

第二个特色是鲜明的服务业应用背景。依托浙江工商大学传统的商科背景，技术经济及管理学科在金融、零售等多服务领域对企业的创新活动展开研究。特别是面对近年来服务业与制造业不断融合的趋势，将技术创新理论运用于商业和服务业研究，基于大规模定制的服务创新研究主题处于全国前列。

中心的发展目标是，在 2011—2020 年，继续坚持“立足浙江、放眼全球”的学术视野，进行“（理论）顶天（情境）立地”的学术研究，持续奉献中文系列研究丛书和外文国际期刊论文精品，逐渐形成网络化的创新和创业研究的国际领先地位，成为国内特色鲜明的顶尖学术研究机构之一。

中心的网址是：http://gsgl.zjgsu.edu.cnjsfw。

丛书的规划

2004 年 12 月中心成立以来，在学术原创和知识传播两方面的学术影响力

---

① 浙江工商大学现代商贸研究中心为教育部省属高校人文社会科学重点研究基地。

② 主要涉及其子团队“服务创新与服务业转型升级”。

③ 7 项国家自然科学基金项目分别是“基于大规模定制的服务产品创新策略研究”（70402016）、“CoPS 创新的利益相关者管理模式研究”（70772104）、“新服务开发的前后台知识转移机制及其管理策略研究：知识密集型服务业案例”（70972136）、“基于本土高新技术企业海外嵌入的逆向知识溢出过程、模式和机制研究”（71002091）、“企业社会资本对产学研合作中知识转移的作用机制及结构优化：多层次研究”（71102171）、“CoPS 创新风险的生成机理及控制策略研究：利益相关者网络视角”（71272142）、“根植网络治理、升级能力建构与租金攫取绩效：本土代工企业根植升级机理研究”（71273238）。

日渐提升。中心和编委会成员陆续出版了10种与创新创业有关的著作译著[①]，其中纳入文库、丛书的5种[②]，译著2种。[③] 2010年12月，中心成为校重点研究基地。以此为契机，为在"十二五"期间集中呈现中心在创新创业方面的研究成果，现组织出版"创新创业管理丛书"。选题来源为国家级和省部级科研项目的研究成果以及国际学术经典，由浙江大学出版社承担出版任务，2011—2015年计划每年出版3～4本。

丛书的选题包括：CoPS创新的利益相关者管理、制度与企业家才能配置、医疗服务接触与创新、金融服务业的产品创新、全球价值链中的零售创新、从技术引进走向自主创新、新服务开发的前后台知识转移、国际新企业网络动态演化、城市创新能力、本土高新技术企业海外嵌入的逆向知识溢出、顾客参与的服务创新、企业社会资本对产学研合作中知识转移的作用、基于知识管理的企业技术创新能力提升、中国流通业商业模式等。相对来说，创新的选题多于创业的选题。[④] 各项选题均有省部级以上课题研究的支撑，也是作者长期研究的领域。

丛书的出版所费资金较多，我们有幸得到浙江工商大学校级重点学科和校级重点研究基地——技术经济及管理的资助，也得到浙江省重点人文社科基地——浙江工商大学企业管理学和浙江省重点文化创新团队——"生产性服务

---

① 5种未纳入文库、丛书的是：盛亚：《企业创新管理》，浙江大学出版社2005年版；缪仁炳：《创业导向的文化根植：基于温州与关中两地的实证分析》，上海三联书店2006年版；盛亚等：《零售创新：基于系统的思想与方法》，浙江大学出版社2007年版；项国鹏：《转型经济中的企业家制度战略能力和企业绩效：浙商实证》，浙江大学出版社2009年版；韦影：《企业社会资本与技术创新：基于吸收能力的理论和实证研究》，浙江大学出版社2010年版。

② 5种纳入文库、丛书的是：陈学光：《企业网络能力——网络能力、创新网络及创新绩效关系研究》，经济管理出版社2008年版，"经济管理学术文库"；盛亚等：《企业技术创新管理：利益相关者方法》，光明日报出版社2009年版，"光明学术文库·当代浙江学术文丛"；李靖华等：《大规模定制化服务创新》，科学出版社2009年版，"服务创新系列丛书"；以及2种译著。

③ 2种译著是：李靖华等：《服务创新：对技术机会和市场需求的组织响应》，知识产权出版社2010年版，"智慧树经管书系——汉译创新管理丛书"；盛亚、李靖华、胡永铨等：《日本零售业的创新和动态：从技术到业态，再到系统》，知识产权出版社2010年版，"智慧树经管书系——汉译创新管理丛书"。

④ 目前已经出版的4部是：《复杂产品系统创新的利益相关者管理》、《制度与企业家才能配置：中国经验》、《医疗服务接触与创新：浙江实证》、《金融新服务开发：荷兰银行和保险公司实证研究》。其内容提要见本书最后。

业与区域经济发展”的资助，以及其他一些出版基金的资助，在此一并表示感谢！

丛书的出版得到编委会成员的大力响应和积极支持，得到浙江大学出版社的大力支持，特别是朱玲编辑，她已经帮我们编辑出版了多本专著，在此深表感谢！

由于水平有限，错误疏漏在所难免，敬请读者不吝赐教。读者对本丛书的任何意见、疑问、建议、勘误，都请反馈：inno_entr@126.com。

李靖华

于浙江工商大学技术与服务管理研究中心

2013年9月1日

前 言

在知识经济时代，知识已成为企业获得持续竞争优势的重要资源。尤其在以顾客需求为导向的市场环境下，获取稀缺的顾客知识对企业发展至关重要。对高度知识密集、高度互动的知识密集型服务企业来说，则更是进行服务创新的关键驱动力。当今的顾客已经发展成为企业网络的重要组成部分，同时扮演着企业新产品和新服务的共同开发者、企业的合作者及价值的共同创造者等多重关键角色。顾客对企业产品或服务不断变化的需求，在购买、使用或维护产品（服务）中所积累的经验与技能等知识，常常是企业预测市场发展趋势、识别新的市场机会、改进产品与服务，并合理确定企业目标所必需的关键信息。顾客知识有利于提高企业的产业预测能力、应变能力和价值创造能力，是企业形成自身竞争优势的基础。因此企业如何管理顾客知识资源，即企业如何获取、利用顾客知识资源，已成为当前研究的热点问题。

知识密集型服务企业知识获取过程既是一个增加企业知识存量、不断学习的过程，也是一个企业开展服务创新的必备过程。一方面，企业将从外部获取的知识、自身拥有的知识及在互动中所产生的新知识转移给顾客，赢得顾客、市场的认同；另外一方面，企业自身也不断扩大自己的知识储量，增进对行业和市场的了解，并积累更多的顾客知识，为服务创新活动提供基础。本书在研究过程中力求实现规范研究与实证研究相结合、定性研究与定量研究相结合，遵循“文献阅读与理论推演—形成假设—数据收集—实证分析—结论形成”的研究思路逐步深入，主要采用了以下几种研究方法：文献研究法、访谈调查、问卷调查以及定量实证研究。

本书构建了顾客知识来源、顾客知识获取与创新绩效关系的理论分析框架，沿着“知识来源—顾客知识获取—创新绩效”的逻辑思路，对各个顾客知识来源如何通过顾客知识获取这一中介传导机制影响企业的创新绩效进行了理论探索与实证检验，更为深刻地揭示了顾客知识来源、顾客知识获取与创新绩效之间的内部机理。本书的研究工作主要在以下几个方面进行了深化和拓展：第一，探索影响企业创新绩效的顾客知识来源，并提炼出顾客知识来源的独特性表现。尽管从资源观视角出发，揭示影响企业服务创新绩效差异因素的文献较多，但是很少有文献将顾客知识来源作为变量独立出来。本书通过详细梳理文献，对影响企业服务创新绩效的知识来源，从社会资本、网络能力、顾客参与和领先顾客在线参与四个视角进行切入，在每个视角下梳理出影响服务创新绩效的具体维度。第二，拓展了顾客知识获取的内涵、构成要素及对创新绩效的作用机制，弥补了现有研究的不足。本书回顾了组织能力理论、核心能力观的基本内容和主要观点，提出当前从顾客知识获取入手对企业服务创新绩效进行研究的重要意义。将顾客知识获取的内涵、特征和构成要素进行具体化和操作化。在文献梳理基础上，结合企业实地调研的素材，对访谈数据进行归类整理，对顾客知识获取的维度和测项进行深入考量，最终形成顾客知识获取的多维度概念模型。第三，构建了“知识来源—顾客知识获取—创新绩效”的理论分析框架，深入剖析顾客知识来源影响企业创新绩效的作用机制。通过实证研究，得出了顾客知识来源通过顾客知识获取进而影响企业服务创新绩效的基本结论，揭示了知识来源维度影响企业服务创新绩效的具体路径和内在机制。该理论以资源基础理论和组织能力理论为依据，相关理论分析框架得到了实证数据的有效支持，具有较强的理论解释力，并为企业如何通过顾客知识获取来提升服务创新绩效提供了现实指导。

本书是我主持在研的浙江省自然基金项目“顾客在线参与服务创新氛围及其对顾客创造力的影响研究”(LY15G020004)、浙江省高校人文社会科学重点研究基地(浙江工商大学工商管理学科)重点课题“基于虚拟社区的顾客在线参与新服务开发研究”(JYTgs20141502)，及若干已完成科研项目的部分研究成果。这些成果大多发表在《科研管理》、《科学学研究》、《软科学》等学术期刊上，这次整理成书时进行了一定的扩充、修改和完善。

本书的完成要感谢我的博士研究生高孟立，从本书的脉络梳理、文献收集、整理成稿、修改完善到最终出版，他为之付出了大量的劳动。同时还要感谢我的硕士研究生王进伟、郭立强、邓丰田和叶聘等同学，他们参与了与本书内容相关的大量研究工作。感谢浙江工商大学工商管理学院盛亚教授、李靖华教授及其领导下的创新管理研究团队，他们给予本研究极大的支持和帮助。感谢浙江工商大学营销与商务管理研究团队的李颖灏副教授、楼天阳副教授、侯旻老师及所有团队成员，本书相关研究成果的取得，正是得益于全体团队成员的共同努力。

感谢浙江省自然科学基金、浙江省高校人文社会科学重点研究基地（浙江工商大学工商管理学科）、浙江省哲学社会科学重点研究基地（浙商研究中心）、浙江工商大学重点学科和重点研究基地（技术经济及管理）提供的出版资助。也要感谢浙江大学出版社朱玲编辑，她的敬业精神是本书顺利出版的重要保证。

范　钧

浙江工商大学

2015 年 5 月

目 录

1 绪 论

1.1 研究背景和研究意义

1.1.1 研究背景

伴随着知识经济时代的发展，知识密集型服务业(Knowledge-Intensive Business Service，KIBS)取得了较快的发展。知识密集型服务业以产品无形化、顾客专业化、雇员知识化、高增值性、强时效性和高科技性等为特征，已经成为知识经济社会知识基础结构的重要组成部分，在国民经济发展中起着前瞻性、领导性和新驱动者的作用。尽管我国知识密集型服务业发展速度较快，但是在商业运作模式、创新水平等方面与国外发达国家相比仍不具备竞争优势，因此我国的知识密集型服务业需要通过不断加强自主服务创新才能更具竞争力。而知识已经成为企业的重要资产，知识基础观认为知识是组织持续竞争优势的源泉，企业只有不断地从外界吸收知识，增加自身的知识存量才能保持竞争力。知识密集型服务业知识获取过程既是一个增加企业知识存量，不断学习的过程，也是一个企业开展服务创新的必备过程。一方面企业将从外部获取的知识、自身拥有的知识以及在互动中产生的新知识转移给顾客，赢得顾客、市场的认同。另外一方面，企业自身也不断扩大自己的知识储量，增进对行业和市场的了解，并且积累较多的顾客知识，为服务创新活动提供基础。

知识经济时代，知识已经成为企业获得持续竞争优势的重要资源，尤其在以顾客需求为导向的市场环境下，获取稀缺的顾客知识对企业的发展至关重要，对于高度知识密集、高度互动的KIBS中小企业而言更是服务创新的关键驱动力。当今的顾客已经发展成为企业增强网络的关键组成部分，同时扮演着企业新产品与新服务的共同开发者、企业的合作者与竞争者以及价值的共同创造者等多重关键角色。顾客对企业产品或服务不断变化的需求，在购买和使用或维护产品中所积累的经验与技能等知识常常是企业预测市场发展趋势、识别新的市场机会、改进产品与服务以及合理确定企业目标所必需的关键信息。顾客知识有利于提高企业的产业预测能力、应变能力和价值创造能力，是企业形成自身竞争优势的基础。因此企业如何管理顾客的知识资源，即企业如何获取、利用顾客知识资源，成为当前社会研究的热点问题。Nonaka认为顾客知识管理是通过和顾客的互动及社会化过程，提高顾客的亲和性，获取顾客拥有的知识(Nonaka Ikujiro & Konno Noboru，1998)。如何通过更有效的途径获取顾客拥有的知识资源，与顾客合作，共同创造顾客价值也就成了顾客知识管理的核心内容。

因此本研究在当前特殊的宏观经济环境下，以KIBS企业为研究对象，以顾客知识获取为切入口，基于社会资本、网络能力、顾客参与以及领先顾客在线参与等视角，研究顾客知识获取对创新绩效、突破性创新绩效和新服务开发绩效的影响。

1.1.2 研究意义

1. 社会资本视角研究服务创新

(1)当前关于社会资本、知识获取和创新绩效的研究主要聚焦于企业外部知识获取或者是内部知识获取、转移和利用，很少有学者专门针对企业与顾客社会资本对顾客知识获取和创新绩效的影响进行研究，尤其在顾客知识获取的类别上，诸多学者的研究都是将知识获取当作一个整体，没有针对顾客知识进行分类研究(Tsai & Ghoshal，1998；Yli-Renko，Autio & Sapienza，2001；Presutti，Boari & Fratocchi，2007；朱亚明，2005)，从关于顾客的知识和顾客拥有的知识两个维度来进行针对性的研究为这方面的研究引入了一个新的视角。

(2)对KIBS中小企业顾客知识获取的研究，可以为当前的KIBS中小企业研究提供一个新的视角和参考，因为目前国内外基于社会资本视角的顾客知识获取研究，往往出于研究背景、研究目的不同，所得出的结论并不完全一致。本研究针对性地研究KIBS中小企业的顾客知识获取，从企业与顾客社会资本的视角研究三者间的关系，可以为社会资本、顾客知识获取和创新绩效理论的应用研究提供一种新思路，而且国内学者关于这三者间关系的研究主要针对制造类、技术类企业，本研究选取的对象是服务业中的中小企业，可以为这方面的研究在服务行业的运用提供一种途径和参考。

(3)用社会资本的理论来研究顾客知识获取在我国特殊国情背景下更具有现实意义。Chen(2003)指出，亚洲中小企业特别是知识密集型企业以擅长构建关系网络而闻名，它们之所以能够快速实现国际化，主要是因为它们善于在新市场上利用自己的社会关系网络。高质量的社会资本通常能促进企业创造知识，更有利于企业在关系网络中占据更加关键的位置(周小虎，2006)。因此从社会资本视角来研究 KIBS 中小企业顾客知识获取和创新绩效的影响，可以有效地说明企业如何通过充分发挥自身与顾客的关系资源来提升竞争能力以及提出如何充分运用社会资本的方式。作为 T-KIBS(Technology-based KIBS)中小企业典型代表——软件业企业的软件开发项目大多集中在软件定制项目，软件开发过程相当程度上依赖于需求分析的过程，这主要决定于顾客的支持和团队对顾客业务的理解程度(黄安国，2008)，获取有价值的顾客知识对软件企业所代表的 KIBS 中小企业而言尤其重要。

2. 网络能力视角研究服务创新

社会网络理论指出经济活动嵌入在社会关系网络中，在企业的服务创新活动中，外部社会网络是获取知识等稀缺资源的重要渠道(Adler & Kwon，2002)。作为一种识别、建立、管理和升级网络关系的能力，网络能力对企业利用社会网络获取外部稀缺资源有积极作用(Hagedoorn et al.，2006；Walter et al.，2006；方刚，2011)。Hakansson(1987)首次完整地提出了网络能力思想，他认为网络能力是企业提高网络地位和管理网络关系的能力。Collins(1993)、Blackler 等(1995)、Nelson 和 Winter(2002)等指出，隐性知识不仅存在于企业内部员工个体，同时还存在于企业组织群体，并对组织隐性知识进行了概念界定和维度划分。根据服务创新活动过程中的技术变化强度和对象差异，可将服务创新分为渐进性创新和突破性创新两种，其中突破性创新起源于熊彼特的“创造性破坏”思想，Dosi 于 1982 年首次建立了突破性创新理论分析框架。

隐性知识管理和企业技术创新是两个持续多年的热点话题，网络能力已开始引起学界关注，其对企业创新绩效的积极作用也已成为共识，然而针对组织隐性知识和突破性创新的细化研究尚处于起步阶段，已有研究大多停留在理论层面。网络能力对企业突破性创新绩效影响的具体作用研究也较为缺乏，而从组织隐性知识获取视角开展的相关研究则更为少见。

3. 顾客参与视角研究服务创新

(1)以往顾客参与的研究行业多是选取传统服务行业的顾客，本研究中的研究对象选取的是知识密集型服务业，知识密集型服务业面对的顾客与一般服务业不同，包含以正式组织形式出现的企业。通过实证研究验证顾客参与的三个维度信息共享、责任行为和人际互动在知识密集型服务业仍然适用，丰富了顾客参与理论的应用领域。

（2）将顾客参与对新服务开发（New Service Development，NSD）绩效的影响路径进行了实证分析和验证，知识密集型服务业顾客参与对新服务开发绩效的影响是通过顾客知识获取这一中介变量产生作用，为提升新服务开发绩效找到新的影响路径。同时证明了知识内隐性对顾客知识获取的影响作用。顾客知识与一般知识一样都具有内隐性，并且由于内隐性的存在会增加知识获取的难度，为企业找到新的提升新服务开发绩效的有效途径。新服务开发是企业服务创新的重要途径，也是企业增加顾客满意度和提升竞争力的有效方式。

（3）顾客参与三种形式对服务相关知识、消费使用知识和顾客自我知识的获取影响不同，企业应创造有利于顾客参与的环境，提高顾客参与程度，加强人际互动，促进顾客知识获取。同时顾客知识获取受到内隐性的影响，未来企业应降低内隐性以获取更多的顾客知识。

4. 领先顾客在线参与视角研究服务创新

目前，顾客参与服务创新已逐渐成为学界广泛关注的热点问题，NSD、顾客知识获取的相关研究也处于方兴未艾阶段，在具体研究中对基于网络环境下的顾客在线参与也有所涉及，但总体上来看并不多见。

（1）本部分研究更加关注更有价值的领先顾客，研究互联网环境下的顾客在线参与，进一步丰富了顾客参与研究的内容。梳理领先顾客、顾客在线参与、知识获取、新服务开发的相关理论，丰富服务创新的实证研究。以顾客知识角度，对领先顾客在线参与新服务开发进行结构模型分析，有利于明确领先顾客在线参与对顾客知识获取和 NSD 绩效的具体作用机制及影响因素。实证检验了新服务创新性对顾客知识获取和新服务开发关系的影响作用，有利于明确如何根据新服务创新性来强化顾客知识获取，发挥其对 NSD 绩效的积极作用。

（2）NSD 在服务企业创新和竞争优势获取中的地位和作用日趋重要。随着服务经济和知识经济时代的来临，服务创新已成为产业转型升级和国家竞争优势的重要动力和源泉。NSD 作为服务企业创新活动的重要工具，在当前市场竞争日趋激烈、顾客需求复杂变化、创新速度不断增强的环境下，对提高服务企业创新绩效并获取长期竞争优势有重要作用。在 NSD 过程中，通过强化顾客（特别是领先顾客）参与来高效获取顾客知识，对提升服务企业 NSD 绩效至关重要。领先顾客不是服务的被动接受者，而是主动表达自己需求和愿望，并参与到服务设计过程中，扮演着企业新服务的共同开发者、企业合作者与竞争者以及价值共同创造者等多重关键角色。

(3)网络虚拟社区已逐渐成为领先顾客在线参与NSD和顾客知识获取的重要平台。随着信息技术和互联网的高速发展,人际沟通已超越时空,人们越来越多地通过网络虚拟社区来创造、交流和分享各类资讯。加入虚拟社区的领先顾客,创造、传播知识和信息,是服务企业获取有效顾客知识最重要的来源。通过网络虚拟社区来促进顾客在线参与服务创新,也已成为服务企业提升NSD绩效的重要手段。

1.2 研究框架和研究内容

1.2.1 研究框架

基于上述分析,全书共分为6章,各章节的主要内容框架如图1.1所示,主要研究内容为第3章至第6章。

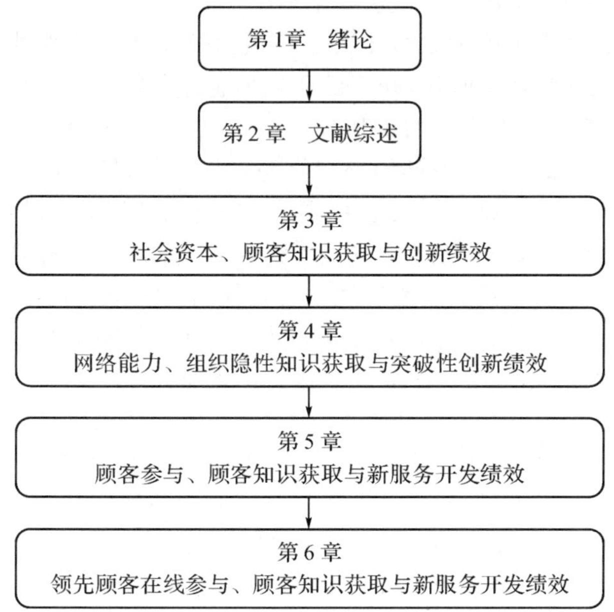

图1.1 本书研究框架

本书的逻辑结构如图1.2所示。

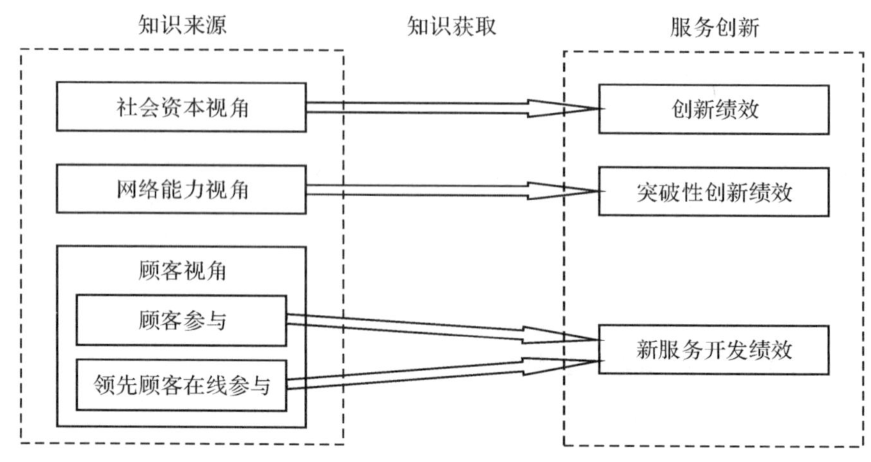

图 1.2　本书逻辑结构图

1.2.2　研究内容

1. 社会资本、顾客知识获取与创新绩效研究

我国中小企业占全国企业的九成之多，中小企业的发展对我国经济来说十分重要。同时在知识经济时代，知识已经成为企业获得持续竞争优势的重要资源，尤其在以顾客需求为导向的市场环境下，顾客知识作为企业一个重要的创新来源，对企业来说是一种关键的外部资源，是不可或缺的，因此获取稀缺的、有价值的顾客知识对企业的发展至关重要。通过梳理相关文献，从社会资本视角来研究 KIBS 中小企业顾客知识获取、创新绩效的关系。并且针对当前基于社会资本视角关于知识获取和创新绩效研究的结论并不一致，中国和西方国家背景下的研究结论、不同的行业背景下的研究结论、不同企业规模背景下的研究结论并非完全一致，故对这三者关系进行深入研究。

本部分研究内容：(1)对社会资本、顾客知识获取以及创新绩效的基本理论进行阐述。(2)提出假设并构建关于社会资本(自变量)、顾客知识获取(中介变量)以及创新绩效(因变量)的理论模型。其中企业与顾客社会资本包括结构维度、关系维度和认知维度(结构维度从网络联系、网络结构和专门组织来衡量；关系维度从信任、满意和道德规范来衡量；认知维度从共享语言、共享陈述和共同价值观来衡量)。KIBS 中小企业顾客知识获取包括关于顾客的知识和顾客拥有的知识(关于顾客的知识获取主要从顾客的需求信息、顾客的背景信息、顾客历史购买信息来衡量；顾客拥有的知识主要从关于企业的知识、关于产品的知识、关于服务的知识、关于市场的知识、关于竞争者的知识来衡量)。创新绩效则主要从产品创新和组织创新来整体衡量。(3)基于相关理论基础进行问卷设计以及根据CITC(Corrected Item-Total Correlation)法和Cronbach's α信度系数修改初始问卷形成最终的大样本调查问卷。(4)回收整理问卷,进行数据分析,通过信度、效度检验(因子分析)、相关分析、回归分析等对研究模型和假设进行实证检验与分析。(5)得出结论,同时结合本研究的研究对象、研究背景、研究目的等提出相应的建议。

2. 网络能力、组织隐性知识获取与突破性创新绩效研究

突破性创新是知识密集型服务业中小企业开拓市场、获取竞争优势的一个有效策略。作为较高层次的创新,突破性创新对企业组织惯例、组织结构、组织文化等均提出了较高的要求,但受制于自身成长年限和资源的局限性,KIBS中小企业往往对此类组织隐性知识比较匮乏,从而影响其突破性创新的绩效。为提高KIBS中小企业突破性创新绩效,企业需通过网络能力不断地从外部社会网络中获取其所需组织隐性知识和各类匮乏资源。因此本部分研究主要通过梳理相关文献,探索网络能力对KIBS中小企业组织隐性知识获取及突破性创新绩效影响的机制。

本部分研究内容:(1)在综述分析企业网络能力、组织隐性知识获取和突破性创新绩效的相关理论研究基础上,借鉴已有研究和相关理论,提出相关假设。(2)将网络能力划分为网络规划能力、网络配置能力、网络运作能力和网络占位能力,并由此构建企业网络能力四个维度对组织根植型隐性知识和组织文化型隐性知识获取(组织隐性知识两维度)以及突破性创新绩效影响的概念模型。(3)借鉴相关研究理论展开问卷设计,形成大样本调查问卷。(4)回收整理问卷,运用SPSS 17.0和AMOS 17.0软件进行数据分析验证研究模型和假设。(5)总结出本研究结论与实务建议。

3. 顾客参与、顾客知识获取与新服务开发绩效研究

伴随知识经济时代的到来,知识是企业保持竞争优势和不断创新的基础资源,对企业的重要作用日益显现。新服务开发是知识密集型服务业创新的重要途径,企业为了提高新服务开发绩效需要加强顾企互动,引导顾客积极参与到企业的新服务开发活动中。顾客参与不仅可以让企业及时获取顾客的需求信息,不断完善新服务的内容,而且还可以使顾客更好地了解新服务,提高新服务开发绩效。

本部分研究以知识密集型服务企业作为研究对象,从顾客知识获取角度研究顾客参与对新服务开发绩效的影响。从影响新服务开发绩效的角度将顾客知识获取的维度重新划分,并且将顾客知识内隐性作为顾客知识获取的调节变量来研究,试图探索顾客参与对新服务开发绩效影响的具体路径,寻找企业有效获取顾客知识和提升新服务开发绩效的途径。

4. 领先顾客在线参与、顾客知识获取与新服务开发绩效研究

随着知识经济时代的来临和信息技术的高速发展,网络环境下的顾客在线

参与已成为知识密集型服务企业获取顾客知识并提升新服务开发绩效的重要途径。而领先顾客作为对 KIBS 企业新服务开发最有价值的顾客，他们通过网络在线参与服务企业的新服务开发对提升企业的开发绩效有着极其重要的意义。通过领先顾客的在线参与，顾客信息可以高速、高效地传递到企业内部，使企业不断改善新服务内容，同样企业的任何新产品改进也可以更快地被顾客所知晓，提高顾客的满意度。

本部分研究以 KIBS 企业作为研究对象，探索领先顾客在线参与对新服务开发绩效的影响机制。在综合分析领先顾客、顾客在线参与、顾客知识获取、新服务开发绩效等的相关理论研究基础上，提出相关假设，构建领先顾客三维度对顾客知识获取和新服务开发绩效的概念模型，并且将新服务创新性作为新服务开发绩效的调节变量进行研究。最后通过实证分析总结出本研究的研究结论，并提出相应的策略。

1.3 研究方法和主要创新点

1.3.1 研究方法

本书在研究过程中力求实现规范研究与实证研究相结合、定性研究与定量研究相结合，遵循“文献阅读与理论推演—形成假设—数据收集—实证分析—结论形成”的研究思路逐步深入。具体而言主要采用以下几种研究方法：

1. 文献研究法

在本书写作过程中笔者阅读了大量关于社会资本、网络能力、顾客参与、顾客知识获取、创新绩效以及新服务开发绩效方面的中外文献和书籍，通过大量的文献阅读，全面了解关于顾客知识获取的视角，以及顾客知识获取对创新绩效的已有研究成果，同时通过归纳演绎、逻辑推理和理论总结，分析知识来源视角、顾客知识获取和创新绩效之间的作用机制，从而构建本书的理论模型。

2. 访谈调查和问卷调查相结合

首先通过理论分析、专家讨论和深度访谈，基于相关文献的理论基础，参考领域专家的意见，同时结合代表性企业访谈对象的实际经验，形成调查问卷。其次对相关企业的访谈和问卷发放，了解每一类顾客知识获取视角对创新绩效的影响，在大样本调查之前通过小样本测试，删除信度和效度较低的问项，净化问卷。

3. 定量实证研究

在文献研究、问卷设计基础上，采用大样本问卷调查和统计分析方法检验命题假设的合理性以及适用条件。在数据收集的基础上，运用SPSS软件和AMOS软件进行相关统计分析和假设检验。

1.3.2 主要创新点

本研究构建了顾客知识来源、顾客知识获取与创新绩效关系的理论分析框架，沿着“知识来源—顾客知识获取—创新绩效”的逻辑思路，对各个顾客知识来源通过顾客知识获取这一中介传导机制影响企业的创新绩效进行了理论探索与实证检验，更为深刻地揭示了顾客知识来源、顾客知识获取与创新绩效之间的内部机理。本研究主要在以下几个方面进行了深化和拓展。

1. 探索出影响企业创新绩效的顾客知识来源，并提炼出顾客知识来源的独特性表现

尽管从资源观理论出发，揭示企业服务创新绩效差异的影响因素的文献较多，但是很少有文献将顾客知识来源作为变量独立出来，而且将知识来源细分为不同的视角方面的研究也相对较少。本书通过详细梳理文献，对影响企业服务创新绩效的知识来源从社会资本、网络能力、顾客参与和领先顾客在线参与四个视角进行切入，每个视角下梳理出具体影响服务创新绩效的维度。

2. 拓展了顾客知识获取的内涵、构成要素以及对创新绩效的作用，弥补了现有研究的不足

本书回顾了组织能力理论、核心能力观的基本内容和主要观点，提出当前从顾客知识获取入手对企业服务创新绩效进行研究的重要意义。将顾客知识获取的内涵、特征和构成要素进行具体化和操作化。在文献梳理基础上，结合企业实地调研的素材，对访谈数据进行归类整理，对顾客知识获取的维度和测项进行深入地考量，最终形成顾客知识获取的多维度概念模型。

3. 构建了“知识来源—顾客知识获取—创新绩效”的理论分析框架，深入剖析顾客知识来源影响企业创新绩效的作用机制

本书构建了“知识来源—顾客知识获取—创新绩效”的理论分析框架，实证得出了顾客知识来源通过顾客知识获取进而影响企业服务创新绩效的基本结论，揭示了知识来源维度影响企业服务创新绩效的具体路径和内在机制。虽然该理论还是显得比较粗浅，但是其以资源基础理论和组织能力理论为依据，而且理论框架得到了实证数据的支持。因此该理论分析框架具有较强的理论解释力，并为企业如何通过顾客知识获取开展服务创新活动提供了现实的指导意义。

2 文献综述

2.1 社会资本

2.1.1 社会资本概念

20 世纪 90 年代以来，社会资本成了经济学、社会学等众多学科的热门话题，众多学者从多个角度界定了其基本内涵，目前学术界对社会资本的定义还未达成统一。社会资本这一概念最早出现在美国经济学家劳瑞(Loury)的著作中，作者在考察美国经济如何按照种族来进行分割的过程中创造了“社会资本”这一概念，他将社会资本定义为：“促进或帮助获得市场中有价值的技能或特点的人与人之间自然产生的社会关系。”他认为黑人的后代之所以处于不利地位主要是由于在社区环境和可获得的社会资源上所存在的巨大差别，导致他们在成人后仍然处于不利地位，但他没有就社会资本与其他形式资本之间的关系进行系统阐述。当代第一个对社会资本做出系统分析的学者是法国社会学家布迪厄(Bourdieu)，他认为社会资本是实际或潜在的资源集合体，这些资源与占有人们共同熟悉或认可的制度化关系的持久网络联系在一起。美国社会学家科尔曼(Coleman)对社会资本进行了较为全面的界定和分析，他认为社会资本是根据其功能定义的，它不是一个单一体，而是有多种，且彼此间有两个共同之处：第一，它们都包括社会结构的某些方面，而且有利于处于同一结构中的个人的某些行动；第二，与其他形式的资本一样，社会资本也是生产性的，使某些目的的实现成为可能，而在缺少他的时候，这些目的不会实现。Burt(1992)是第一个将企业作为社会资本研究的主体，明确指出了企业内部和企业间的关系是社会资本，并且认为社会资本是可以通过朋友、伙伴和一些更广泛的社会接触得以获取、利用金融、人力等资本的机会和结构洞。之后，大量对社会资本进行理论分析的研究开始兴起，研究者们从不同的研究领域和研究对象出发，对社会资本给予了不同的界定。在社会资本的界定对象上主要有以个体为单位和以整体(例如企业)为单位两种，依据界定角度的不同，可以将社会资本的定义归纳为四种视角，具有代表性的社会资本定义以及相应的视角主要有表 2.1 中列出的几类。

表 2.1 社会资本的定义总结

<table>
<tr><th>学 者</th><th>社会资本定义</th><th>视角</th></tr>
<tr><td>Loury
(1977)</td><td>社会资本是促进或帮助获得市场中有价值的技能或特点的人与人之间自然产生的社会关系</td><td rowspan="3">基于社会资本是一种社会关系网络的观点</td></tr>
<tr><td>Ingehart
(1997)</td><td>社会资本是一种诚信和宽容的文化，在这种文化中形成了大量自愿联合的网络</td></tr>
<tr><td>张其仔
(2000)</td><td>社会资本是指人与人之间在信任和合作基础上形成的社会关系网络</td></tr>
<tr><td>Bourdieu
(1985)</td><td>社会资本是实际或潜在的资源集合体，这些资源与占有人们共同熟悉或认可的制度化关系的持久网络联系在一起</td><td rowspan="4">基于资源的观点</td></tr>
<tr><td>Baker
(1990)</td><td>行为主体从特定的社会结构中获得的资源，并利用这些资源来追求他们的利益，它是通过行为主体间关系的变化而产生的</td></tr>
<tr><td>Burt
(1992)</td><td>社会资本是可以通过朋友、伙伴和一些更广泛的社会接触得以获取、利用金融、人力等资本的机会和结构洞</td></tr>
<tr><td>Nahapiet & Ghoshal
(1998)</td><td>社会资本是指个人或社会单元所拥有关系网络中嵌入的、可通过其获取和派生的显现和潜在资源的总和。包括三个维度：结构维度、关系维度和认知维度。结构维度是指社会网络结构。关系维度是指根植在上述关系之中的资产，例如相互信任和信赖。认知维度是指嵌入在社会系统中的一个共享范式，它简化了个体对群体目标的理解以及推动个体的行为方式符合组织要求</td></tr>
</table>

续表

学　者	社会资本定义	视角
Coleman (1988)	社会资本是根据它们的功能定义的，其不是一个单一体，而是有许多种，彼此间有两个共同处：它们都包括社会结构的某些方面，而且有利于处于同一结构中的个人的某些行动；与其他形式的资本一样，社会资本也是生产性的，使某些目的的实现成为可能，而在缺少它的时候，这些目的不会实现	基于能力（功能）的观点
Schiff (1992)	社会资本是社会结构中一组影响人与人之间关系的要素，并且这些要素是生产功能或效用的要素输入变量	
Portes (1995)	社会资本是个人通过他们的成员身份在网络中或者在更宽泛的社会结构中获取稀缺资源的能力。获取能力不是个人固有的，而是个人与他人关系中包含着的一种资产。社会资本是嵌入的结果	
边燕杰和丘海雄 (2000)	社会资本是指行动主体与社会的联系以及个人通过社会联系摄取稀缺资源并由此获益的能力。从社会资本理论的角度，将这种联系概括为企业的纵向联系、横向联系和社会联系三类	
Putnam (1995)	社会资本是一种组织特点，如信任、规范和网络等，他们能使参与者在追求共同目标的过程中更有效地集中行动。简而言之，这类资本是社会联系以及参与者的规范和信任	基于社会资本主要体现为规范、信任的观点
福山 (1997)	社会资本应当被简明地表述为一系列非正式的价值和规范，享有这些价值和规范的个体和群体愿意在他们中间进行合作。	
弗泰恩和阿特金森 (1997)	社会资本一个最关键的特征就是信任的可传递性，即如果A相信B，而B又相信C，则A也会相信C。他认为社会资本表示的是一个组织网络、共同准则和信任所具有的那些能够降低协调与合作成本、增加集体生产能力的特征	

资料来源：根据相关资料整理。

2.1.2 社会资本维度

1. 从社会资本维度视角进行分类

Granovetter(1992)最早提出社会资本包括结构嵌入和关系嵌入两个方面，其中结构嵌入是指社会系统和关系网络作为整体的资产，关系嵌入是指人们在长期互动过程中形成的人际关系类型，比如尊重和友谊。之后 Gabbay(1997)

将社会资本划分为结构维和认知维。基于诸多学者的研究，Nahapiet 和 Ghoshal(1998)从企业社会资本自身特征提出了最具代表性的分类，主要分为结构维度、关系维度和认知维度。其中结构维度是指个体之间联结的模式，包括网络联系、网络结构和专门组织，这个维度主要关心的是网络联系是否存在以及通过网络密度、连通性和层次等描述联结形成的网络结构。关系维度是指通过创造关系或由关系力量获得的资产，包括信任和可信度、规范与认可、义务与期望以及可辨识的身份。认知维度是指提供不同主体共同理解、解释和含义系统的资源，包括共享的语言、编码和共享的陈述。在 Nahapiet 和 Ghoshal 的三维度基础上，Yli-Renko，Autio 和 Sapienza(2001)将企业社会资本的维度概括为社会互动、关系质量和网络联系三个方面。

2. 从内外部企业社会资本视角进行分类

从社会资本内外部视角进行划分的国内外代表性学者主要有郑胜利和陈国智(2002)、Westlund(2003)、张方华(2003)、韦影(2005)等，他们从不同的角度对内部社会资本和外部社会资本所包含的具体内容进行了界定，其中主要内容见表 2.2。

表 2.2　社会资本的内外部分类

学者	内部社会资本	外部社会资本
郑胜利和陈国智(2002)	存在于工人之间的社会资本 存在于工人与管理者之间的社会资本 存在于管理者之间的社会资本 存在于各部门之间的社会资本	企业的纵向联系(企业与上级领导机关、当地政府以及下属企业、部门的联系) 企业的横向联系(企业与其他企业、科研院所及高校、金融机构和中介组织等)
Westlund(2003)	企业内管理者及员工个人之间的关系	与生产相关、环境相关和市场相关的社会资本
张方华(2003)	各部门之间的信任和合作程度 知识员工的轮岗制 知识型员工间的信任和知识共享度 企业文化 内部培训 团队学习	商业网络(包括与顾客、供应商、竞争对手、咨询机构等之间的关系网络) 信息网络(包括各种展览会、专业期刊、互联网、数据库、政府发布的信息和专利文献等) 研究网络(包括与公共研究机构、技术转移组织、大学等之间的网络) 关系网络(企业高层经理人员和知识型员工与外部的顾客、供应商、竞争对手、大学和科研机构等之间的个人关系网络) 参与网络(包括参与各种区级、国家级和国际级的关系网络的程度)

续表

学者	内部社会资本	外部社会资本
韦　影 (2005)	生产部门与研发(技术)部门间的联系 生产部门与营销部门间的联系 研发(技术)部门与营销部门间的联系	企业与顾客、供应商及其他企业间的联系 企业与科研院所、高校及技术中介组织间的联系 企业与政府部门、银行、行业协会间的联系

资料来源:根据相关文献整理。

(1)针对企业内部社会资本进行维度划分

根据企业内部各种联系进行企业社会资本划分的代表性学者主要有张其仔(2000)。张其仔(2000)研究企业社会资本对国有企业经营绩效的影响时,将社会资本分为三种类型:一是存在于工人之间的社会资本;二是存在于工人与管理者之间的社会资本;三是存在于管理者之间的社会资本。

(2)针对企业外部社会资本进行维度划分

根据企业与外部联系的特征进行企业社会资本划分的代表性学者主要有边燕杰和丘海雄(2000)、陈劲和李飞宇(2001)、Cooke 和 Clifton(2002)以及张方华(2004)。边燕杰和丘海雄(2000)从社会资本理论的角度将企业社会资本划分为企业的纵向联系、横向联系和社会联系,并且用企业家的纵向、横向和社会联系来衡量企业社会资本。其中纵向联系是指企业与上级领导机关、当地政府部门以及下属企业、部门的联系,这种纵向联系的取向主要是向上的,目的是从"上边"获得和摄取稀缺资源。横向联系是指企业与其他企业的联系。社会联系是指企业经营者的社会交往和联系,这虽然不是企业的属性,但却是企业必要的财富,这是因为企业经营者非经济的社会交往和联系往往是企业与外界沟通信息的桥梁和与其他企业建立信任的通道,是摄取稀缺资源和争取经营项目的非正式机制。陈劲和李飞宇(2001)在研究中将企业社会资本分为与企业之间的横向社会资本,与企业供应链之间的纵向社会资本,与企业外界的社会资本。Cooke 和 Clifton(2002)则将社会资本按与外部联系的特征分为企业的非正式联系和正式联系。张方华(2004)则将企业社会资本分为纵向关系资本、横向关系资本以及社会关系资本三类。其中纵向关系资本指企业与顾客和供应商之间的关系,横向关系资本指企业与竞争对手和其他企业之间的关系,社会关系资本指企业与大学和科研机构、中介组织、政府部门、行业协会、金融机构、风险投资机构等的关系。

综上所述,关于社会资本的维度划分,无论是针对企业内部社会资本还是企业外部社会资本都可以用结构维度、关系维度和认知维度三个维度来进行划分(Nahapiet & Ghoshal,1998;Yli-Renko,Autio & Sapienza,2001;王凤彬等,2008)。因此本研究将选用这三个维度来测量企业同顾客之间的社会资本。

2.1.3 社会资本应用

自从20世纪90年代后期社会资本理论被引入管理领域以来,运用该理论的观点和研究方法进行管理研究取得了较大的进展。国外诸多学者就社会资本对企业资源获取、技术创新和竞争优势等的作用机制进行了研究(Baker,2000;Gulati,et al,2000;Yli-Renko,Autio & Sapienza,2001;Woolcock,2001;Landry,et al,2002)。国内,近年来社会资本的研究也日渐成熟,在管理学领域的研究成果也较多。例如:社会资本理论功能研究(边燕杰和丘海雄,2000;武志伟,2003;韦影,2005);社会资本对竞争优势的研究(周小虎和陈传明,2004;王华,2007;王凤彬等,2008);社会资本对技术创新机制的研究(陈劲和李飞宇,2001;张方华,2003;王勇,2006;韦影,2007);社会资本对中小企业发展作用机制的研究(储小平和李怀祖,2003;王霄和胡军,2005;周小虎,2006;欧阳峣和徐姝,2007);社会资本对企业绩效的研究(蒋春燕和赵曙明,2006;贺远琼等,2007;韩子天等,2008)。

2.2 网络能力

2.2.1 网络理论

企业网络是指由两个或两个以上独立而相互联系的企业或机构,由于某种任务的需要,依据专业化分工和协作而建立形成的契约关系以及制度安排(Brad & Johne,1993)。"网络"是社会学家们用来研究人与人之间各种交往活动、各种类型的关系而提出的一个概念。但是伴随着企业网络现象开始越来越受学者们的关注,经济学家开始借鉴网络分析方法,将其应用于经济研究领域,由此逐步形成了企业网络理论(Gulati,1998)。随着研究的进一步发展,企业网络理论也由最初的只是用于对传统的企业理论提出质疑,开始转向融合相关学科,细分为不同学科的研究理论。

1. 社会学视角下的企业网络

Mitchell(1969)最先对社会网络进行了定义,他认为社会网络是处于同一组织团体的人们之间所存在的各种特定人际关系总和。已有关于企业外部网络的研究主要是借助数理统计方法来进行的,借助数学研究中的图形理论,对社会网络进行了大量的定量研究，并形成了一系列定量分析的指标，比如中心性等。也有学者开始从个体和企业角度对企业网络展开研究。

社会学视角下比较著名的网络理论主要为Granovetter的强弱关系理论，Bourdieu的社会资本理论和Burt的结构洞理论等。Granovetter(1985)在《经济行为与社会结构嵌入性问题》一文中首次引入了嵌入性(embeddedness)概念，认为企业经济活动是嵌入于其所在的社会网络中的，其经济活动的有效性很大程度上受制于其所嵌入外部企业网络的质量，并将嵌入分为结构嵌入和关系嵌入。其中关系嵌入主要是关于企业网络活动参与主体在交往互动过程中所产生的信任、协作等。基于结构嵌入的分析视角则主要是研究网络整体结构特征和企业所处位置特征对经济活动的影响。国内学者林竞君(2006)从新经济社会学的视角将网络和嵌入性两方面相结合研究集群生命周期，研究发现嵌入性对经济行为的影响是结构性的。Bourdieu(1986)将企业资本划分为经济资本、社会资本和文化资本，其中社会资本主要是指企业网络，他认为企业所拥有的社会资本主要受制于企业所嵌入的外部网络的大小和主要网络交往伙伴所拥有的资本数量和质量。Burt(1992)认为无论是组织或个人都存在于两种关系结构中，一是与其他个人或组织发生直接联系，二是通过第三方与网络中的其他人或组织间接联系，由此首次提出了结构洞(structural hole)概念。所谓结构洞是指网络中个体之间缺乏直接联系，导致彼此间出现空洞。占据结构洞位置的企业能够协调处于空洞关系的两个网络活动参与者的关系，扮演“桥”的作用，企业应尽可能占据有利位置，成为较多结构洞的拥有者，更好地获取外部网络中的各种稀缺资源(Zaheer & Bell,2005)。

2. 经济学视角下的企业网络理论

一般认为交易成本理论是经济学视角下企业网络研究最重要的理论。传统经济理论中企业一般被当作单个体，忽视了企业间的联系，比如科斯提出了市场与企业的两分法，认为在经济模型中应将市场考虑进去，随后理查德森指出：“企业与市场，指导性协调和自发性协调之间的区分会产生误导，这种区分忽略了企业之间的合作制度。”同时，Wiliamson(1979)从交易费用的观点出发研究指出了中间混合组织的存在，他认为企业与企业、企业与市场之间存在着的各种关系、交易制度和交易方式等，这些就是中间混合组织，并且在《交易费用经济学：契约关系的规则》一文中实证验证了企业网络中间组织的存在。他从企业网络的交易频率、不确定性和资产专用性三重维度入手，研究发现：当三者均较弱时，市场机制可以较好地协调经济的发展，当三者均较强时，企业是经济发展最有效的调节者，当三者处于中间状态时，单边、多边和交互的中间“组织形态”发挥着最重要的调节作用，并且其能够比市场机制和企业更好地协调经济的发展。Jones 等(1997)继承并发展了 Wiliamson 关于交易费用的研究，将任务复杂性引入其模型中，这样企业网络包含有工作内容的复杂性、需求的不确定性、特定活动中人力资本的专属性、成员间的交易频率四重维度。Madhok 等(1994)提出了准租的概念，即企业在合作过程中会产生很多相关利益(合作价值)。他指出企业在交易协作的互动中主要有三种准租：第一是组织专有准租，主要是指企业因占有某些稀缺有价值的资源或资产从而在经济活动中所获取的收益。第二是交易专有准租，是指企业在某一交易中所获取的收益。第三是合作专有准租，是指企业间在通过协作运用相关企业的特有资源和交易专有租基础上所创造出的，大于企业独自生产运作所创造出的利益的那部分价值。当这些准租总值大于交易成本时，企业就获得收益，这种收益的获取主要依靠企业科学管理其所拥有的关系网络以降低交易成本。他们的观点要求企业在进行社会网络管理时，不仅要考虑网络管理成本，更要关注利润。

3. 管理学战略理论视角下的企业网络

经济全球化和区域化发展，使企业间的合作交流日益频繁，企业组织间的界限开始变得模糊起来。基于资源观的理论分析，已成为战略管理领域进行企业网络分析最有影响力的分析框架之一。Jarilo(1988)首次比较详尽地提出了“战略网络”的概念及其内涵，他认为企业可以运用社会网络来进行市场定位，确定彼此在市场竞争中的地位。Eisenhardt 等(1996)研究指出企业网络构建的两种情形，一是企业处于较弱的战略地位，可以在外部社会网络中弥补自己资源、技术、经验等方面的不足，依附丰富的网络资源取得竞争优势。二是企业在网络中战略地位较强，此时企业可以在组织创建企业社会网络共享资源时，利用地位优势获取、使用其中的关键资源，并从中获取更多价值。Gulati(2000)在对 20 世纪 80 年代以来战略管理视角下企业间联盟、外部网络相关研究的综述分析中，发现关于社会网络的研究开始越来越多地偏向社会学视角，其进一步研究还指出企业外部网络对企业间战略联盟有重要的影响。Scott(1987)、Cooke(1988)等人在研究企业间联盟关系时指出，地方联盟的形成就是基于企业间构筑社会网络的需要。处于同一地域的相关企业，通过成立行业协会或建立相关合作制度而形成了一个个相互协助、共同发展的社会网络。目前越来越多产业区的成功发展，正是源于其广泛的社会网络及其附属的经济因素(刘艳艳，2011)，竞争环境的变化使得企业开始越来越多地借助于外部网络，以此来弥补自身资源的不足。

2.2.2 网络能力概念

有关网络能力的概念，很多学者从不同的研究角度对其进行了描述。

Håkansson(1987)最早对网络能力(network competence)进行了定义,认为网络能力能够帮助企业巩固和提升其在所处网络中的地位,同时帮助企业更好地处理与特定网络伙伴的关系。此后,Ritter 等学者进一步深入探讨了网络能力的内涵,并在相关研究基础上认为网络能力是企业维护外部网络的良好运行,以获取自己所需资源的一种能力,这种能力是企业获取竞争优势的一个有效依托(Ritter,1999;Ritter et al.,2002;Ritter & Gemünden,2003,2004)。他们认为网络能力主要包含任务执行和资格条件两个维度,两者是相互促进、相互依赖的关系,其中资质条件是基础,是企业开展网络活动的保障,同时企业在任务执行时可以增强企业的资格条件,反过来又会促进资格条件的升级。徐金发等(2001)研究指出企业与外部组织之间存在着一种密切的交往关系,这种关系能够帮助企业取得其所需的资源与信息,促进企业的发展壮大,企业必须培育和发展其管理外部社会网络关系的能力,这种能力就是企业网络能力,它有助于帮助企业通过获取和运用外部网络中的稀缺资源来获得或维系竞争优势。马刚(2005)在其研究中将网络能力定义为帮助企业与合作伙伴、竞争者、供应商等建立起一种特殊的关系体系,并通过有效的方式吸收、应用和管理外部社会网络资源,并不断更新升级自身行为的能力。朱秀梅等(2011)基于转型期经济环境,借鉴并融合网络能力的行为观和资质观,创造性地从网络导向、行为和资质三方面来深入解析企业网络能力,认为网络能力是企业基于网络导向,通过较好地运用所掌握的各种关系技巧,建设和管理其网络活动的一种能力。

在总结现有文献基础上,笔者认为企业网络能力是企业在仔细审视自身未来发展与内部资源匹配程度基础上,通过对外部网络活动的战略定位,发掘网络中蕴藏的价值与机会,建立、管理和不断升级各种网络关系,以有效获取企业所需资源的一种动态能力。

2.2.3 网络能力模型

对网络能力内容构建的研究有利于深入挖掘网络能力的内涵,为进一步研究网络能力对企业、企业网络的影响及其构建机理提供帮助,因此本部分内容将对网络能力的内容构成进行综述。目前学术界比较认可的关于网络能力的研究理论模型主要有以下几种:

1. Möller 和 Halinen(1999)网络管理理论框架

Möller 和 Halinen(1999)基于战略层次和执行层次视角,认为管理和构建企业网络可以从产业层面、企业层面、整体关系层面和单一关系层面四个层面有针对性地进行。因此企业构建和管理外部网络的能力也要划分为四个维度:第一个维度是网络愿景能力,企业要构建一个有效的外部网络,必须制定好战略规划，形成对网络的整体看法，预测网络未来演化方向，以此制定好企业网络发展的目标与愿景。网络愿景能力是一种战略性的能力，指导着企业管理和构建网络的一切活动，是企业的一种高端能力。第二个维度是网络管理能力，是指企业从整个网络角度对网络成员进行定位，通过指定或执行不同的网络管理工作来维护网络的高效运行，实现彼此价值的能力。网络管理层能力主要是针对企业处理所在产业层次网络关系的一种能力。第三个维度是网络组合管理能力，主要是企业管理供应商、各种顾客等方面的能力。第四个维度是关系管理能力，是企业处理与特定网络参与者关系的能力，关系管理能力是其他三种能力的基础，可进一步细分为分析能力和组织能力。

2. Ritter 网络能力构成模型（图 2.1）

Ritter 等（2003）最早研究了网络能力测量的问题，开发出有 22 条测度问项的精简量表和含 89 个问项的详细测量量表。他认为网络能力是企业运用商业关系网络来获取各类资源，从而建立竞争优势的能力。Ritter 等在研究中，将网络能力划分为任务执行和资格条件两个维度，其中任务执行可以划分为特定的某一关系任务执行与多层次关系任务执行两方面，而资格条件分为特定专属资格条件和普适社会交往资格条件两类。其中特定的某一关系任务主要包含以下几种活动：（1）发起网络行为，构建新的网络伙伴关系，发现具有较大潜力的网络参与者，采取措施与之成为良好的合作伙伴。（2）交换活动，两个企业间各类稀缺资源的流动，即各种专业知识、人才资源、产品等的交换活动。（3）协调活动，主要为企业制定和发挥网络运行规则，协调各个网络参与者活动，保证网络有效运行的活动。多层次任务执行主要是指以下几种活动：（1）计划活动，指企业对未来可能状况的一种描述，主要为内部优劣势分析、企业所处网络资源状况、市场微观环境分析。借助以上分析活动，企业可以更好地为其网络活动计划提供一定的依据和参考。（2）组织活动，即计划活动的具体落实，主要是指企业将所拥有的资源用于某些特定的网络关系中，使计划的各项活动得以较好地落实。（3）人员安排，针对不同的网络活动需要安排员工，并通过合适的权利责任来激励员工对企业具体的各项网络活动进行协调运作。（4）控制活动，主

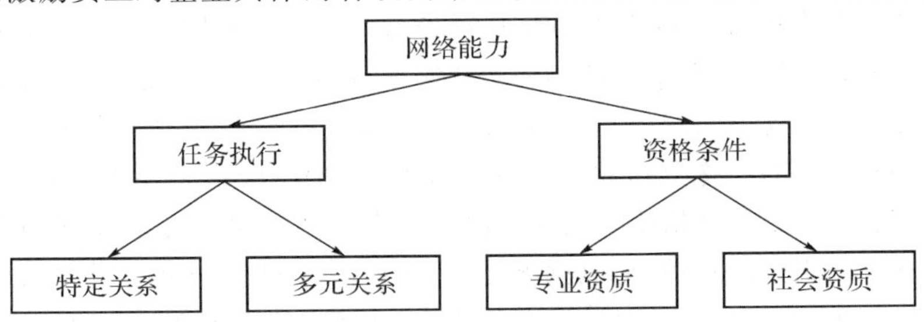

图 2.1 Ritter 等学者的网络能力构成模型

要包含内部控制与外部控制，内部控制主要是实时监控展开网络活动员工的行为，保证其工作绩效，减少或避免因员工个人行为而导致网络活动失败，而外部控制主要是监控网络整体运行状况和网络伙伴的行为，使其按照计划良好运行。资格条件中的特定专属资格条件主要为技术技能、经济技能等，普适社会交往资格主要是指个人或企业的沟通能力、自我表达等。

3. 徐金发、许强和王勇(2001)网络能力构成模型(图 2.2)

徐金发、许强和王勇(2001)指出企业与外部组织间的关系在很大程度上影响着企业的发展状况，企业组织应该重视建立、发展和处理外部网络关系的能力。在其研究中，企业网络能力主要由以下三个维度构成：(1)网络构想能力，为帮助企业组织识别外部网络机会，建立和发展网络关系的宏观能力。(2)角色管理能力，是指企业在外部网络中选择自己角色，维系自己角色地位并履行角色范围内的义务，享有角色权益的能力。(3)关系组合能力，主要是指企业将其各种社会关系进行组合的能力，企业通过网络关系组合能力将其与供应商、顾客、竞争对手等的关系以一种对自己最优的方式进行组合，从整体上运用这些关系来为自己服务。

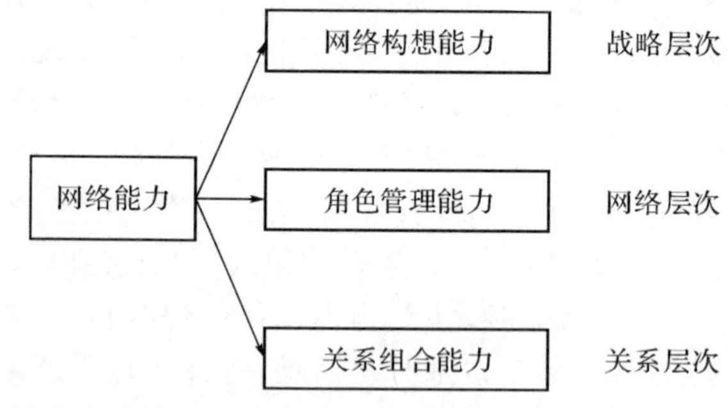

图 2.2　徐金发等(2001)网络能力构成模型

4. Walter 等(2006)网络动态能力研究框架

Walter 等(2006)将网络动态能力划分为四个维度：(1)协作安排，主要是指对企业外部网络进行评估，调配网络中的资源，处理网络伙伴间关系，调控共同行动等内容，它是企业跨组织活动的重要组成部分。(2)关系能力，是指企业根据外部环境的变化，通过采取一定的措施，避免企业网络受到外部不良影响的能力。(3)伙伴知识，主要指通过网络获取有关合作伙伴、竞争对手信息，并根据这些信息采取针对性措施来处理彼此间关系以及公司运营策略，从而使企业较好地获取网络中的资源，形成竞争优势。(4)内部沟通，主要是指企业在吸收外部网络资源或信息后，及时进行内部消化，使企业内部相关人员及时掌握、使用这些资源，使之尽快转化为公司的生产力。内部沟通一般主要通过内部会议、跨部门合作、上下级交流等方式来进行。

5. 邢小强等(2006)研究结构模型

邢小强等(2006)把网络能力定义为:在内部环境资源分析基础上,企业通过战略分析发掘外部网络中的各种机遇,并组建有效的网络规则与规模,保证网络有效运行,从网络中吸收各类稀缺资源的一种动态能力。在其研究模型中,网络能力主要是由组合管理、网络愿景、关系管理以及网络管理四维度能力构成。组合管理能力主要是指组织从网络整体高效运营角度,明确企业在网络中的地位,采取有效措施对网络进行管理,改善网络运营状况的能力。组合管理能力是指企业管理各个网络成员之间综合关系的能力。愿景能力是关于网络活动战略层次上的一种能力。关系管理能力主要是指企业管理与其存在特定关系的特定网络伙伴之间单一关系的能力。

6. 方刚(2008)、范钧和王进伟(2011)研究模型

方刚(2008)借鉴已有关于网络管理的研究,认为网络能力是由战略性和操作性网络能力所构成的。其研究认为企业网络能力主要包含着企业开展网络活动所进行的战略性部署和规划,这实质上就是指企业的战略性网络能力。同时,企业网络能力还涵盖着对外部网络关系的建立、伙伴的选择、合作伙伴管理和居于网络中有利位置等相关内容,即所谓的网络操作性能力。据此方刚(2008)认为网络能力主要是由网络规划、网络配置、网络运作、网络占位能力四种能力组成。范钧和王进伟(2011)关于新创企业网络能力对其成长绩效影响的研究中,借鉴并发展了方刚对网络能力四维度的划分,从而进一步完善了四个维度的内涵。

7. 邓英(2009)研究框架

邓英(2009)将企业网络能力定义为组织为获取、保持竞争优势,利用一定资源或技巧,构建、利用和升级外部网络关系的一种能力。他认为企业网络能力是一种具有层次性和动态性的战略能力,并借鉴 Dess 的 ADI 框架和 Teece 的 SSR 框架,创造性地将企业网络能力划分为三个维度,即网络决策能力、网络协控能力和网络运营能力。

8. 朱秀梅等(2010)研究模型

朱秀梅等(2010)在其研究中将网络能力定义为组织按照网络规划,通过各种运作手段建立外部网络体系,管理网络运行,以此来吸收组织各类资源的能力。在对新企业网络能力与资源获取关系的研究中,他认为网络能力主要是由网络导向、构建能力以及管理能力三维度构成。网络导向主要是指企业组织构架管理各种网络关系的指导方针,是企业创建和管理外部网络的基础。构建能力主要是指企业选择网络成员的能力,关系着企业外部网络的构成。管理能力

则主要是指企业组织管理外部各种社会关系的能力。

综合已有研究发现，Ritter 等(1999,2002,2003,2004)的研究为网络能力的测量提供了比较具体的量表，为网络能力的进一步实证研究提供了一定的基础。其他学者(如 Walter et al.,2006;邢小强等,2006;邓英,2009;朱秀梅等,2011;范钧、王进伟,2011)则基于协调管理外部网络的需要，从不同的研究视角，按照管理结构层次的不同对网络能力进行了细分。本研究认为方刚(2008)、范钧和王进伟(2011)对网络能力内涵的剖析和定义及维度划分具有较强的系统性，因此在本研究中将借鉴他们对网络能力维度的划分，即将 KIBS 中小企业网络能力划分为网络规划能力、配置能力、运作能力和占位能力四个因子。

2.3 顾客参与

2.3.1 领先顾客

1. 领先顾客概念

由于顾客在新产品(服务)开发过程中的重要性，深入挖掘顾客的需求对于企业的新产品或者新服务开发来说是不可或缺的。然而，并非每一个顾客对企业开发新产品(服务)的作用都是一样的。在众多不同的顾客中，往往不同的顾客在创新倾向、创新能力方面有着不同的能力与表现。其中有一部分顾客，他们乐于创新，并希望通过创新来获取大量的收益，常常可以为企业提供大量的信息，以帮助企业实现创新，这部分顾客便是所谓的领先顾客。

Von Hippel(1986)最早将领先顾客从普通顾客中区分出来，并将其界定为能够提前察觉到新的市场需求，且从该需求的满足中获取收益的顾客。Franke 和 Von Hippel(2006)又将领先顾客定义为位于市场发展趋势的最前端，正在体验着市场中更多的用户在未来数月甚至数年之后将经历的需求，并期望自己能够从创新性的满足中获取收益的那一部分顾客群体。国内学者雍灏等(1999)认为若一种产品(服务)将在未来的市场上流行，而现在就对其有着强烈需求，并能从中获取收益的顾客就是这种产品(服务)的领先顾客。这里需要说明的是，一种新产品(服务)的领先顾客与其早期采用者并不相同。早期采用者是指最早购买当前市场上存在的产品或者服务的顾客，而领先顾客所面临的产品(服务)需求在当前市场上还并未出现，因此领先顾客必须在自己或者其他顾客成为购买者或使用者之前发现或者明确表达自己的需求。

2. 领先顾客特征

在当前有关领先顾客的相关研究中，很多学者都重点关注领先顾客的特征及其测量方法，以便更有效地识别领先顾客并对其进行管理。领先顾客作为顾客的一部分，却与普通顾客又有明显的不同之处，需要通过借助一系列的特征和维度将其从一般顾客中区分出来，以更好地对其进行管理。

Von Hippel(1986)将领先顾客从一般顾客中分离出来，并发现领先顾客与普通顾客在对需求和创新的认识、创新的过程控制等多方面都存在显著的差异。Urban 和 Von Hippel(1988)指出，领先顾客具有两个关键特征：首先他们往往能够在大量社会需求形成之前几个月或者几年就已经察觉到了这种需求。其次他们可以通过找到满足这种需求的过程来获得巨大的收益。正是因为有了这两个明显的特征，领先顾客比一般顾客表现出更强的创造性，更有可能实现创新。之后一系列学者的相关研究也进一步证实了大部分领先顾客都具备上述两个特征，并根据实际情况对领先顾客特征的测量指标进行了改进。Urban 等学者(Urban & Von Hippel，1988；Herstatt & Von Hippel，1992)对第二个特征进行了改进。Morrison 等(2004)提出了领先优势状态，并利用这一概念来识别领先顾客。Luthje(2004)则通过对新需求、现有产品的不满足程度、货币回报、解决问题的乐趣、使用经验等方面来识别领先顾客。国内学者何国正、何荣秋(2009)则通过顾客能力来识别领先顾客。相关研究汇总见表 2.3。

表 2.3 领先顾客特征的测量及相关研究的主要结论

学者(年份)	领先顾客特征及测量	主要研究内容和结论
Von Hippel (1986)	较早发现需求 较高的期望收益	把领先顾客方法运用到了一般市场领域，对工业品和消费品市场进行分析，提出了领先顾客识别应注意的三个问题
Urban & Von Hippel (1988)	较早发现需求 产品开发或改进的证据 顾客对现有产品的不满程度 采用创新产品的速度	在 PC-PAD 行业中，将领先顾客运用到新产品开发之中，通过领先顾客的特征来识别和区分领先顾客，再与领先顾客一起进行新产品的开发。该研究揭示了影响偏好的关键要素以及相对重要性
Herstatt & Hippel (1992)	较早发现需求 实际的创新行为	在对管件吊架设备相关产品的研究中，运用领先顾客方法，提供了运用领先顾客参与新产品开发的成功案例，其结果表明领先顾客参与新产品开发花费更少的时间和成本

续表

学者(年份)	领先顾客特征及测量	主要研究内容和结论
Morrison et al.(2004)	较早发现需求 较高的期望收益 自己感知的领先优势状态 他人感知的领先优势状态 应用的创新性等	在对OPAC图书馆信息系统的研究中,通过对领先优势状态、内外部环境等方面的测量,从定量关系上探讨了这些变量对创新行为的影响,结果表明领先优势状态的影响最大,同时将领先优势状态与企业自有的创新和采用创新的行为相联系
Luthje(2004)	新需求 现有产品的不满 货币回报 解决问题的乐趣 使用经验 产品相关知识的研究	在户外消费品领域,探索区分领先顾客与普通顾客的变量。指出与创新相关的核心利益对创新行为的影响最大,其次是对产品的投入和货币回报的期望值
陈劲等(2003)	较早发现需求 较高的期望收益	对移动电话业的创新源与领先顾客研究证明:移动电话创新主要是由制造商和顾客共同完成的,而利用领先顾客研究能够帮助厂商进行创新开发
何国正、陈荣秋(2009)	顾客能力	以顾客能力作为衡量领先顾客的指标,构建了使用顾客能力识别领先顾客的计算模型,对消费品行业领先顾客进行识别

资料来源:根据相关文献整理。

尽管领先顾客特征的测量方法经常在文献中得到引用,但是迄今为止仍无被学术界广泛接受的、定量化的指标来测量领先顾客的特征,在实践中总是通过创新活动或者创新行为、对现有产品(服务)的改进程度或者采用创新产品(服务)的速度来反映。

3. 领先顾客作用

众多学者的研究成功地对以领先顾客为中心的新产品(服务)开发思想进行了探索。领先顾客在某些领域较普通顾客表现出更巨大的创造力。Shah(2000)在对户外运动装备领域的创新研究中发现,有58%的主要改进或完善是由领先顾客完成的。Lilien(2002)通过实证研究证明:领先顾客的创新产品在创意的新颖性等方面比一般顾客具有更多的优势。Carbonell等(2012)、王永贵等(2011)指出,领先顾客是对企业最有价值的顾客群,他们具有把握市场的前沿趋势和较高的期望收益这两个关键特征,因而较普通顾客表现出更强的创造性,大多数创新都集中在他们身上。此外,领先顾客的创新性思想通常具有较高的商业吸引力，Luthje(2004)对德国大学诊所的手术研究中发现，48%的创新都是由外科医生推动的，并最终成为商业化的手术服务。

领先顾客对促进产品(服务)的创新过程同样具有积极效应。由于领先顾客掌握着丰富的产品(服务)创新知识，对市场上的潜在需求较为了解，能经常为满足自身需求而为企业提供有价值的产品(服务)设想与原型设计，因而会在创新早期发挥重要的作用(Morrison et al.,2004)。Lilien(2002)的实证研究发现，领先顾客可以系统性地产生突破性的创新性思想，可以开发出超过现有销售总额20%的新产品。领先顾客会积极想办法解决现有产品(服务)的不足之处，而且他们是比普通顾客具有更丰富、更准确的未来市场需求信息的来源(雍灏等，1999)。因此，通过对领先顾客的研究，可以加速领先概念开发过程，减少产品(服务)概念产生所需要的时间，并且能够有效地提高企业的产品(服务)开发绩效。

2.3.2 顾客参与

1. 顾客参与概念

国外学者从不同角度给出了顾客参与的定义，早期的定义都强调顾客参与是顾客在服务传递过程中不同程度的投入。Silpakit 和 Fisk(1985)认为顾客参与是顾客产品和服务提供过程中的三种投入，包括智力上、实体上和情感上的努力与投入，这与国内学者范秀成(2004)的研究相一致。之后 Cermak，File 和 Prince(1994)综合以上学者对顾客参与的定义提出顾客参与是一种顾客涉入，这种参与行为包括与服务的生产和传递相关的精神和物质方面的具体行为，并指出顾客的这种行为是与服务的规格设计和使用有关的行为。Kelley，Donnelly 和 Skinner(1990)则将顾客的这种参与行为进行了具体化，指出顾客在服务中的参与可通过信息的提供以及自己的努力等方式来实现。Bettencourt(1997)将顾客参与的范围扩大到整个公司治理方面，认为参与是顾客主动地、负责任地参与到公司的治理和发展中的行为。Lloyd(2003)认为顾客参与是顾客在服务过程中所做出的贡献，最终将影响他们所接受的服务和服务质量。Hsieh 和 Yen(2005)把顾客参与定义为：顾客在服务的生产与传递过程中以时间或精力、信息提供、合作生产的形式提供资源的程度。除了强调顾客的投入，还有学者从顾客角色角度给出顾客参与的定义，如 File，Judd 和 Prince(1992)的定义强调顾客的角色，认为参与指的是行为的类型和水平，通过这些行为，顾客明确自己在服务传递过程中的角色和所期望的价值。Namsivayam(2002)则将顾客参与的顾客角色由服务领域扩大到服务和产品领域。相关学者对顾客参与的定义汇总见表2.4。

表 2.4 不同学者对顾客参与的定义

学者(年份)	顾客参与的定义
Silpaldt & Fisk(1985)	顾客在智力上、实体上和情感上的努力与投入
Dabholkar(1990)	顾客被卷入生产和传递服务的程度
Kelley,Donnelly & Skinner (1990)	顾客在服务中的参与可通过信息的提供以及自己的努力等方式实现
Cermak,File & Prince (1994)	顾客参与是指与服务的生产和传递相关的精神和物质方面的具体行为,反映了顾客在服务中的努力程度和卷入程度
Kellogg Youngdahl & Bowen (1997)	顾客参与是一种顾客购买行为的形式,这种形式包括事前准备、关系建立、信息交换和干涉
Rodi & Klein(2000)	顾客参与是顾客在服务传递过程中所提供的资源或从事的行为
Gruell,Snmmers & Actio (2000)	顾客参与衡量的是顾客在企业中的贡献程度,通过使用企业所提供的产品、服务或者活动的频率高低来反映顾客的贡献程度
Claycomb (2001)	顾客参与不仅仅是一种顾客在服务中的行为表现,而更多的是指顾客在服务中所担任的角色和所起到的作用
LIoyd(2003)	顾客参与是顾客在服务过程中做出的所有贡献
范秀成、张彤宇(2004)	顾客在服务过程中的智力、实体和情感投入
Hsieh, Yen & Chin (2005)	顾客参与是指在服务传递过程中,顾客以时间、努力程度、信息供应和共同制造者的形式投入到企业的程度

资料来源:根据相关文献整理。

2. 顾客参与维度

(1)从顾客投入的角度划分。Silpakit 和 Fisk(1985)从顾客投入角度将顾客参与划分为智力上、实体上和情感上的努力和投入。Cermak,File 和 Prince(1994)指出顾客参与企业活动的过程中存在物质和精神两个方面的投入,显然这里的物质投入包含了 Silpakit 和 Fisk(1985)的智力投入中的信息投入和实体投入,而精神投入则更多指的是脑力和情感的投入。Kelley(1990)认为顾客参与包含顾客在服务中投入的技术质量和功能质量,技术质量是指顾客作为企业临时员工所提供的具体行为以及反馈信息,功能质量是指顾客与员工的人际互动,以及顾客表现出的友好等方面的内容。

(2)从顾客参与过程角度划分。Kellogg(1997)等利用关键事件法通过对食品、教育等 9 个行业研究列出了 521 个关键事件,发现顾客的参与活动包括事前准备、信息交换、关系建设和干涉行为4种。后来众多的学者在研究中采用了此划分法,如彭家敏(2009)研究旅行社顾客参与和满意度的关系时就采用该维度划分方法,An Tien和Wen Ting(2004)将顾客参与划分为准备、关系建立、信息交换、介入四个维度,并通过研究表明前三个维度与价格敏感度负向相关。张祥、陈荣秋(2006)参照波特的价值链模型提出了顾客参与链模型,将顾客参与定制的过程分为准备阶段、参与阶段和评价阶段,并且认为需求确认、服务支持和共同开发是3个重要的增值活动。

(3)从顾客参与程度角度划分。Hubbert(1995)将顾客参与程度分成3类:第一类低度参与,即仅需要顾客出现在服务现场,企业工作人员将完成全部的服务工作,比如航空旅行等;第二类中等水平的参与,要求顾客投入包括信息、精力或者相关有形物等资源,帮助企业完成任务,比如体检等;第三类高水平参与,此时顾客成了企业的一员,即生产者的角色,如果角色作用发挥不好就会影响服务结果的质量,比如培训、管理咨询等。之后Claycomb(2001)参照Hubbert(1995)的划分,依据服务体验的不同提出了顾客参与的三个维度:出席、信息提供和共同制造。出席即低程度的顾客参与,要求顾客出现在服务现场,可以通过消费次数和频率来衡量。信息提供,可以通过顾客在参与服务的过程中给企业或其他顾客提供信息或建议的程度来衡量。共同制造,可以通过顾客提供的努力程度来衡量,此时顾客作为临时员工参与生产和制造。这三个维度就是按照三种不同的参与程度来划分的,从出席到共同制造体现出顾客在企业活动中的参与程度逐渐提高。

(4)从顾客与企业的互动角度划分。Ennew和Binks(1999)将顾客参与划分为三个维度:第一是信任共享,顾客需要与服务提供者分享信息来保证服务提供者可以提供满足自己需要的服务;第二是责任行为,顾客需要明确服务双方各自的责任,需要亲自完成服务中的部分内容,需要承担相应的责任;第三是人际互动,包括顾客与企业员工之间的互动,也包括顾客之间的互动。这个维度划分方式被后来很多学者采用,耿先锋(2008)对杭州医疗服务业的研究得出顾客参与的三个维度,包括责任行为、信息搜索和人际互动,并开发出量表,给今后学者研究医疗行业的顾客参与提供了借鉴。Skaggs和Youndt(2004)认为,顾客参与的内涵包括三个方面:合作生产、顾客接触以及服务定制。顾客在合作生产中会有三种投入,即智力投入、实体投入和情感投入。顾客接触是顾客在参与服务的生产和传递过程中与服务人员接触的程度。服务定制是指服务过程中针对顾客的个性化需求制定不同服务的程度。

(5)其他角度。还有学者从其他角度来划分顾客参与的维度,比如从顾客在服务生产和传递中的角色角度。Bettencourt(1997)的研究发现,顾客在服务中扮演着赞助者、员工和顾问三种角色，依据角色的不同顾客参与会表现出三种不同的行为，即忠诚、合作和信息分享。Fitzsimmonst(1985)认为存在三种顾客参与策略：用顾客劳动直接替代服务提供者的劳动；通过调整自己的消费时间来匹配企业的服务能力；用技术替代个人关注，如自助服务等。

综上所述，关于顾客参与维度的主要研究成果见表2.5。

表2.5　顾客在线参与维度划分方式

作者(年份)	角度	维度
Silpakit & Fisk(1985)	顾客投入	智力投入、实体投入和情感投入
Cermak et al.(1994)		物质投入、精神投入
Kellogg et al.(1997)	参与过程	事前准备、信息互换、关系建立、影响干涉
An Tien & Wen Ting(2004)		准备阶段、关系建立阶段、信息交换阶段和介入阶段
张祥、陈荣秋(2006)		准备阶段、参与阶段和评价阶段
彭艳君(2010)		事前准备、信息交流、合作行为、人际互动
Claycomb(2001)	参与程度	出席、信息提供和共同制造
Fang(2008)		信息提供、共同开发
朱俊、陈荣秋(2007)		为顾客创新、与顾客共同创新、由顾客创新
王莉、罗瑾琏(2012)		信息提供、共同开发
Ennew & Binks(1999)	顾企互动	信息共享、责任行为、人际互动
Skaggs & Youndt(2004)		合作生产、顾客接触、服务定制
耿先锋(2008)		责任行为、信息搜索和人际互动
姚山季、王永贵(2011)		信息提供、共同开发、顾客创新

资料来源：根据相关文献整理。

3. 顾客参与研究视角

(1)从企业视角研究顾客参与。主要探讨顾客参与对企业绩效的影响，认为顾客参与可以提高企业的生产效率(Lovelock&Young，1979；MillsChase & Margules，1983)。Fitzsimons(1985)认为通过顾客劳动可以替代劳动者的劳动，减少企业生产成本。Gummesson(1998)指出顾客参与企业的生产活动中，可以将顾客看作企业的生产要素，能够带来顾客满意，减少企业支出。以往相关文献关于顾客参与对企业服务开发绩效影响的研究见表2.6。

表 2.6 顾客参与对企业服务开发绩效影响

学者(年份)	研究方法	结论
Shaw (1985)	与 34 家医药设备公司经理深度访谈	76%的创新通过顾客参与开发,在这其中 65%的创新是成功的
Magnusson (2003)	将移动电话顾客分三类进行研究	顾客参与企业的活动将提高产品新颖性,带来更高的顾客价值
Marvin & Gioconda (2004)	通过案例研究顾客对电子银行的看法	顾客参与提高服务质量和顾客满意度,提出质量功能展开
Victorino,Verma, Plaschka(2005)	网络调查了美国酒店业和休闲行业的 1000 名顾客	服务创新会影响顾客选择,围绕顾客需求设计运作战略
Alam (2006)	对 26 家金融服务公司进行案例研究	顾客参与降低服务创新不确定性
Zhang Ruo-yong (2007)	对 7 个服务行业 122 家服务企业进行实证研究	顾客参与会通过知识转移影响企业创新效率
王琳、魏江 (2007)	对 141 家知识密集型服务企业实证研究	服务开发过程中顾客互动对创新绩效有显著影响
陈晓红 (2007)	对台湾地区数字电视企业实证研究	企业在新产品开发阶段与顾客密切合作对商品化成功程度会产生正向的影响

资料来源:根据相关文献整理。

(2)从顾客视角研究顾客参与。主要探讨顾客参与对感知质量、顾客满意、行为意向等方面的影响。实证研究表明,顾客参与可以提高顾客满意度,增加对服务质量的感知(Mills & Morris,1986;Cermak,File & Prince,1994;Ennew & Binks,1999)。国内学者范秀成、张彤宇(2004)认为顾客参与可以提高实际的服务质量、降低顾客服务获取成本(货币和非货币成本),通过归因进一步影响顾客满意。贾薇(2009)的研究表明在顾客参与和顾客满意关系中顾客价值起到了中介效应,从而更加明确了顾客参与导致顾客满意的影响路径。同样是从顾客价值角度研究顾客参与,汪涛(2009)则通过心理账户理论来解释顾客参与对顾客价值的影响。

(3)从归因角度研究顾客参与。这一视角对顾客参与的研究有两种相反的观点,一种观点认为参与度高的顾客会因为对服务的理解增加,而将不满意结果归因到自己,Silpakit 和 Fisk(1985)的研究支持了上述观点;另一种观点与自我服务偏见相一致,认为高参与顾客更可能将责任归于公司和服务提供者,

Yenetal(2004)的实证研究支持这种观点。

(4)从顾客参与有利于知识转移角度。随着知识管理研究的逐渐兴起,学者也开始关注顾客对知识转移的影响作用。张若勇(2007)基于知识转移的视角,提出了顾客参与的三个维度如何影响顾客知识转移,并进一步影响服务创新绩效的研究框架,揭示了顾客参与服务过程与服务创新绩效的关系。此研究中将顾客参与划分为合作生产、服务接触和服务定制化,研究表明顾客参与有助于顾客知识转移,对企业的服务创新绩效有显著的影响。贾鹤(2009)基于感知风险理论和归因理论,通过两个连续的实证研究,同时采用角色扮演法调查了美发行业的顾客,分别探讨了服务情境中顾客知识对创造型顾客参与意愿和顾客满意所产生的影响,从而为企业进行与顾客教育活动相关的决策提供了新的分析视角。另外,卢俊义(2009)从社会资本视角研究顾客参与服务创新和顾客知识转移的关系,提出了一个理论模型,该理论模型中将顾客参与划分为四个维度:参与动机、参与程度、参与方法和参与阶段,并分别论述了四个维度对知识转移的影响。

4. 顾客在线参与概念

随着互联网和信息技术的不断普及,越来越多的顾客通过虚拟网络环境,以在线的形式实现顾客参与,即顾客在线参与。从产品信息发布、FAQ、网络调查问卷、留言信箱等单向信息转移模式,逐渐发展到E-mail、虚拟实验室、虚拟社区、SNS、即时通讯等双向沟通模式,顾客参与的形式也日趋多样化。Nambisan等(2009)提出了虚拟顾客环境(Virtual Customer Environment,VCE)概念,他认为企业需要主动构建虚拟顾客环境,来吸引顾客参与,并且引导顾客担任特定的角色,比如优化在线互动环境、设计虚拟实验室等。Fuller等(2006)、Chan(2010)更强调"基于虚拟社区的创新"(Community Based Innovation,CBI)概念,认为顾客是服务创新中必不可少的外部源,并分析了如何将在线社区成员融入企业的新服务开发。

5. 顾客在线参与研究

(1)顾客在线参与动机研究。迄今为止,国内外学者从心理学、社会学、市场营销学、消费者行为学、管理学等多种不同学科视角,对顾客在线参与的动机进行了探索研究。根据学者的相关研究,可以将顾客在线参与的动机分为内部动机和外部动机。内部动机主要是与顾客心理有关的动机,主要包括个体的本质动机和基于社区内部的动机。Fuller等(2006)认为顾客在线参与主要是出于内在兴趣和挑战欲望的娱乐动机,或是对完成某些工作的成就感和胜任感。Chu和Chan(2009)认为顾客在线参与是出于社区内部的互惠行为。常静、杨建梅(2009)则认为引导顾客在线参与的主要动机包括实用价值动机、兴趣动机、胜任性动机、交往动机以及满足自己的求知欲。外部动机主要是指与环境相关的动机，包含顾客期待的未来回报以及独特需求。Wang(2005)在对软件社区的研究中发现顾客在线参与主要是为了获得经济以及社会上的回报，并以求改进自己的技术。王莉、罗瑾琏(2012)将工作的相关性、感知有用性和易用性视为顾客在线参与的主要动机。

(2)顾客在线参与主要方式。顾客可以通过多种不同的方式参与到企业的新服务开发，Alam(2002)通过探索性研究总结出了顾客在传统模式下参与到新服务开发的六种不同方式：访谈、顾客访问和会议、头脑风暴、顾客观察和反馈、电话与邮件、焦点小组。Sanden(2007)总结出五种顾客参与方式：内部收集顾客信息、调查、访谈、顾客观察、领先顾客法。随着电子信息技术的不断发展，顾客在线参与的方式有了新的发展。比如 Fuller 等(2006)提出了"基于社区的创新"方式，并在奥迪公司信息娱乐系统开发中得到了应用。Chu 和 Chan (2009)、Chan(2010)对"基于社区的创新"进行了进一步分析，得出基于社区创新的三阶段模型。Prahalad 和 Ramaswamy(2004)提出了由对话、访问、风险评价、透明度构成的 DART 顾客价值共创方式。Von Hippel 等(2002)提出的"顾客创新工具箱"概念，彻底改变了顾客参与的方式，是指为顾客在线参与新产品(服务)开发的一种平台，其主要通过计算机软件系统来实现。企业借助网络平台将创新工具箱交给顾客，顾客通过使用创新工具箱发现问题、解决问题，以实现创新。之后不少学者(Frank & Von Hippel，2006；Jeppesen，2005)的研究证明了创新工具箱的有效性。

(3)顾客在线参与的影响。根据以往研究显示，顾客在线参与会对企业和顾客产生正面和负面的影响。顾客作为服务企业的一种资源，参与到生产活动中，付出努力，减少企业生产成本，提高组织的生产力与生产效率(李琛，2008)。Chan(2010)通过实证研究表明，在新产品(服务)开发的各个阶段，顾客在线参与对新产品(服务)的市场投放速度均有显著的正向影响。Fang(2008)通过对中国制造业的研究发现，顾客参与可以提高企业在产品质量、服务质量等多方面的竞争优势。顾客在参与过程中，更好地表达自己的需求，使自己的需求更好地获得满足，从而提高了顾客的满意度。由于顾客的在线参与，顾客与企业之间产生更多的接触，增进相互间的信任，从而能够有效地提高顾客忠诚度。然而顾客在线参与同样存在着负面影响，由于顾客能力素质、参与水平、参与意愿等的参差不齐，使得顾客参与增加了企业的管理成本。当顾客分享的信息与企业需求的信息不对称时，顾客在线参与反而会造成企业的信息过载，增加企业信息处理的难度。如果顾客需求不统一，企业无法同时满足所有参与顾客的意愿，则会影响部分顾客的满意度和参与热情。

2.4 顾客知识获取

2.4.1 顾客知识概念

顾客知识的英文表述是“Customer Knowledge”，在国内学者的研究过程中主要有“顾客知识”和“客户知识”两种表述方式，本研究在梳理文献的过程中为了尊重原文的表述方式，将使用顾客知识这一表述。顾客知识的研究在国外开始于20世纪90年代初，最早Bruns(1992)在其文章中指出应该增加企业顾客的知识来促进销售。之后诸多学者从不同角度对顾客知识进行了界定，主要的代表性定义见表2.7。

表 2.7 不同学者对顾客知识的定义

学者(年份)	顾客知识定义
Gordon (1993)	顾客知识是指厂商对众多间接或终端顾客业务的理解，这些知识可以用来开发和提供更高的顾客价值
Alan Cooper (1998)	顾客知识是关于产品和服务满足顾客需求的情况、顾客的具体需求与欲望、顾客与企业互动的难易程度甚至顾客是如何应对人生压力的知识
Blosch(2000)	顾客知识是顾客与公司积极相互作用的潜力
Yli-Renko (2001)	从基于关系和基于知识的角度，认为顾客知识是企业从外部获取的一种战略资源，嵌入于与外界的社会交互中
Gebert & Geib (2003)	顾客知识是顾客与企业在交易及交流过程中，需要、产生或拥有的一种经验、价值、情境信息和专家洞察力的动态组合，它所构成的框架能够提供评价和吸收新的经验与信息
Li & Calantone(1998)；Campbell(2003)	顾客知识可以认为是经过系统化处理的有组织的和结构化的顾客信息
郭　清(2004)	顾客知识就是组织关于顾客的对组织有价值的知识
Jos hi & Sharma (2004)	从新产品开发(NPD)的角度，顾客知识即企业对顾客偏好的理解，体现在NPD过程中，是产品创意、概念以及产品原型等
Natt(2006)	顾客知识是指有关特定顾客需求、顾客特点、交易历史以及来自于未来潜在顾客关系等方面的顾客信息，由企业与顾客共同创造，并时常在企业与顾客的交互中得到更新
倪自银、季凤仙 (2009)	顾客知识就是企业在与顾客沟通和交易中积累的顾客需求数据、信息及经验等方面的一种知识

资料来源：根据相关文献整理。

2.4.2 顾客知识分类

1. 根据顾客知识的内容分类

叶乃沂(2002)将顾客知识分为五个层次:(1)顾客界定:包括顾客的基本信息和顾客的特征信息。(2)沟通渠道:包括人与人之间的沟通,人与计算机或一个企业系统之间的沟通,以及一个企业的计算机系统和另一企业的计算机系统之间的沟通。(3)顾客需求:包括质量、功能、价格,要求供货时间准确,产品的使用得到长期保证,能对问题作出快速反应,对产品的特殊要求,对融资的需求等。(4)顾客行为:大多数购买行为是一种反复的产品选择和购买决策过程。(5)顾客价值:辨别哪些顾客在什么时候以何种方式为企业创造了多大的价值。

2. 根据顾客知识的性质分类

郭清等(2004)从知识的处理特性出发,将顾客知识分为:(1)顾客信息知识:主要包括顾客自然情况,如姓名、年龄、性别等;顾客社会属性,如地址、职业、特长、信仰等。(2)顾客操作知识:主要包括顾客习惯、爱好、需求、个人位置信息、购买信息等。(3)顾客隐藏知识:是在顾客信息和顾客操作知识的基础上,采用数据挖掘技术来推断和预测关于顾客的对组织有价值的知识。卢启程(2007)参考 Nonaka 对知识的划分,从顾客知识的性质角度将知识分为显性顾客知识和隐性顾客知识。显性顾客知识是经过人的整理和组织的知识,可以以文字、公式、计算机程序等形式表现出来,并可以通过正式的、系统的方式加以传播。隐性顾客知识是与人结合在一起的经验性知识,很难将其文字化或公式化进行传播。

3. 根据顾客知识获取途径和方式分类

卢启程(2007)根据获取顾客知识的途径和方式分类:(1)对话性顾客知识:通过与顾客、供应链上的其他合作伙伴等正式或非正式对话,以及相互接触等途径来了解顾客的需求。(2)观察性顾客知识:通过观察顾客怎样购买和使用产品或服务的状况而获得的顾客知识。(3)预测性顾客知识:根据分析模型确定、预测的结果而获得的顾客知识。

4. 根据顾客知识来源分类

Jennifer E. Rowley(2002)认为有两种类型的顾客知识:(1)关于顾客的知识(knowledge about customers),包括潜在的顾客、顾客细分以及单个顾客的知识。(2)顾客拥有的知识(knowledge possessed by customers),包括新产品需求偏好与预期,已有产品的改进方向,产品零部件的兼容性,产品的使用功效、使用环境以及产品应该进入的目标市场等。Osterle(2001)认为顾客知识包括四个方面:(1)一般顾客知识(knowledge of customers):包括谁是企业的顾客，他们需要什么，有关顾客环境的知识和观点，以及顾客的关系网。(2)关于顾客的知识(knowledge about customers)：包括顾客的特征、困难和观点，交易历史以及再次光临本企业的可能性，企业需要这些知识来了解顾客的需求并及时满足这些需求。(3)为顾客的知识(knowledge for customers)：主要是企业提供给顾客的关于企业产品和服务等的知识。(4)来自顾客的知识(knowledge from customers)：主要是顾客对企业提供的信息和知识的反应，以及顾客对企业产品或服务的评价。卢启程(2007)在其研究中将顾客知识分为：关于顾客的知识、来自顾客的知识、顾客需要的知识和与顾客共同创造的知识。

Gebert 和 Geib(2003)对顾客知识的界定是依据来源分类中比较有代表性的，也得到了大部分研究者的认可，基于顾客关系管理，Gebert 等认为顾客知识包括三个部分：(1)顾客需要的知识(knowledge for customer)：这类知识是指满足顾客需求、使他们满意的知识，包括关于产品、供应商和市场的知识。这类知识是由企业传递给顾客，帮助顾客更好地了解企业的产品和服务，从而使顾客的需求与企业的产品达到有效匹配。(2)关于顾客的知识(knowledge about customer)：这类知识是指被公司收集来用于了解顾客动机的知识，包括顾客的历史记录、背景、需求以及购买活动。这类知识是顾客传递给企业的基本信息，是企业进行顾客分析的重要基础，能帮助企业准确地分析和定位顾客资源，了解顾客需求，并据此为顾客定制相应的个性化服务。(3)顾客拥有的知识(knowledge from customer)：是指顾客通过各种途径收集和形成的关于企业、市场及其他竞争者的产品、服务等方面的知识。这类知识是根植于顾客头脑中，并与顾客经验和经历相结合的，是企业通过与顾客深入交流获取的，帮助企业改进产品、提升服务、了解市场状况和及时响应顾客需求的变化。

2.4.3 顾客知识管理

20 世纪 90 年代中期以来，随着知识经济研究的兴起和对智力资本的重视，知识管理成为企业界和学术界新的研究热点，众多学者对企业经营中的各种知识进行了研究。Yogesh Mathotra 将知识管理定义为是在日益加剧的不连续的环境变化情况下服务于组织适应、生存和能力等关键问题的活动，其实质在于信息技术处理数据与信息的能力同人们创造和创新能力有机匹配的组合过程。顾客知识管理是知识管理和顾客关系管理相结合的一个新思想(周晓宁和李永健，2007)，这一概念首次由 Wayland 和 Cole(1998)在《走进顾客的心》一书中完整提出，他们认为，顾客知识管理是指顾客知识的来源与运用，以及怎样运用信息技术建立更有价值的顾客关系，它是在获取、发展和保持有利可图的顾客组合过程中，发挥信息和经验的杠杆作用。随着顾客导向、顾客需求为中心的企业经营理念兴起，对于顾客知识管理的研究正逐渐受到重视，顾客知识的获取、整合和利用也受到了学术界的广泛关注。虽然顾客知识管理来源于知识管理，但又有别于知识管理，常规知识管理与顾客知识管理的区别见表 2.8。

表 2.8　常规知识管理与顾客知识管理的区别

比较对象	常规知识管理	有关顾客的知识	内化的顾客知识
知识存在位置	程序、数据库、知识产权、员工、团队、公司或企业网络	顾客数据库和旨在发掘顾客需求、偏好与行为模式的模型以及员工技能	在顾客头脑中、顾客的经验、顾客的创造力、顾客对产品或服务的满意或不满意度
哲理	最好清楚自己具有哪些知识和存在的知识缺口	顾客挽留成本低于顾客获取	最好清楚哪些顾客拥有哪些知识和如何激励这些顾客
合理性	释放和整合员工有关顾客服务的流程、销售流程、研究与开发流程、进货与出货物流和生产流程的知识	发掘企业数据库中包括的有关顾客的知识（如顾客需求和顾客行为模式等）	直接从顾客那里获取知识并分享、开发和积累顾客知识
收益与结果	效率型收益、成本节约和避免重复发明	顾客基础的培育、巩固和扩大；顾客关系的广度与深度	与顾客合作，联合创造产品与产品知识，共同创造价值和开发竞争能力
绩效测度与评价	基于预算的绩效评价和有关知识获取、知识积累、知识更新和知识运用的评价	基于顾客满意、忠诚与投入以及关系强度（关系质量）的绩效评价	基于竞争对手的绩效评价，主要考察企业的创新与成长绩效和对顾客感知价值的贡献
目标与导向	知识的创造与更新 顾客满意	顾客挽留与获取	顾客的成功与感知价值、顾客参与和贡献、创新与组织学习以及持续的学习关系
激励对象	员工和团队	顾客与员工	顾客
顾客角色	产品与服务的被动接受者	忠诚计划的吸引对象，并与产品或服务建立密切关系	主动的价值创造伙伴和新思想的直接贡献者 特殊的企业员工
公司角色	鼓励员工与同事分享知识、运用知识、更新知识和积累知识	构建持久的顾客关系、提升关系盈利性和创造基于关系的竞争优势	使顾客从产品与服务的被动接受者转变为主动的价值共同创造者，提供更能满足其需求的产品与服务

资料来源：王永贵. 顾客资源管理——资产、关系、价值和知识[M]. 北京：北京大学出版社，2005：254.

2.4.4 顾客知识获取研究

关于顾客知识获取，诸多学者从不同角度进行了研究，国外学者 Cohen 和 Levinthal(1990)，Yli-Renko、Autio 和 Sapienza(2001)，Simmie(2003)，Inkpen 和 Tsang(2005)，Presutti、Boari 和 Fratocchi(2007)等从顾客知识获取的影响因素、知识转移、知识吸收等方面研究了顾客知识获取。在国内，目前对顾客知识获取的研究正在兴起，因此在界定上并不是那么准确，在关于知识获取、知识转移、知识共享、知识吸收的研究中通常存在较多交叉，其研究内容主要表现在以下四个方面：(1)基于顾客知识获取影响因素的研究(张方华，2004；王立生，2007)。(2)基于顾客知识获取是知识管理流程第一步骤的研究(张建林和胡剑，2005；周晓宁和李永健，2007)；从状态角度，通常从知识共享、吸收的角度研究顾客知识获取(万胜，2005；孟庆良和邹农基，2008)；从过程角度则通常从知识转移的角度研究顾客知识获取(黄毅德和万江平，2006；王学东和赵文军，2008)。(3)基于顾客知识获取的获取过程分析(方凌云，2005；沈娜利等，2007；牛丽娟和卢启程，2007)。(4)基于顾客知识获取与企业创新绩效的关系研究(李纲和刘益，2007)。

2.5 隐性知识获取

Polanyi(1958)最早提出了隐性知识获取的概念，按明晰程度将知识分为显性知识与隐性知识，其中那些能够使用语言、表格、图形等明确记录、传递的知识为显性知识；而那些不易通过明确语言、图表等进行描述、转移和学习，但是能够为人们所感知的知识是隐性知识。

2.5.1 隐性知识分类

关于隐性知识的分类，学者们进行了深入的研究，目前被学术界比较认可的分类主要有以下几种：

(1)Ikujiro(1999)研究认为企业中的隐性知识主要可以划分为技能型隐性知识和认知型隐性知识。其中，存在于组织中的那些难以言状、难以通过明确文字或语言传递的技能、诀窍等就是组织中的技能型隐性知识，而蕴藏在企业文化(企业价值观、理念等)中的那类隐性知识就是企业的认知型隐性知识。Ikujiro 的分类方法主要依据的是隐性知识在本质内涵方面的差异，这一分类法具有一定的科学性，得到了众多学者的认可。

(2)Sternberg(1999)基于隐性知识产生环境的不同,认为隐性知识应根据组织所处行业、员工所处职位、具体工作类型进行分类。在其研究中,Sternberg指出隐性知识可以被认为是员工工作水平、组织运营水平的一个函数。员工工作内容的不同影响着其所掌握的隐性知识的组成成分和结构,所以在进行隐性知识分类时应从具体情况出发,结合研究情景的不同进行分类。

(3)Clement(2002)认为企业所掌握的隐性知识主要可以分为三类:第一类是知识主体没有感知,但却对主体行为产生较大影响的知识。这类知识具有数量巨大、难以进行有效传递的特点,只能通过主体间的直接接触进行获取,这类隐性知识对企业发展贡献较小。第二类是知识主体能够感知,但是却不能够明确表达,难以言传的知识。这类隐性知识在传递过程中往往要耗费企业较多的资源。第三类是能够通过一些相对清晰的语言或文字描述的隐性知识,这类知识往往是企业核心竞争力的来源,对企业发展有重要影响。由此可见,Clement对隐性知识的分类更多的是基于隐性知识隐秘性的差异。

(4)Veronique(2001)认为企业所蕴藏的隐性知识可以依据载体的不同划分为个人和组织隐性知识。企业员工在工作中会表现出不同的效率,其根源就在于个体所掌握的隐性知识存在一定的差异。个体隐性知识主要是指员工个人所拥有的独特的技能、诀窍等。而组织隐性知识主要是组织在运行中形成的一些惯例,影响着企业的运营效率。个体隐性知识是构成组织隐性知识的重要成分,但其总体价值要大于个体隐性知识的简单累加。同时组织隐性知识也影响着个体隐性知识的形成和发挥,并深入影响着个体隐性知识的累积。

(5)Lubit(2001)通过研究隐性知识之间的内在联系,从纵向角度对隐性知识创造性地划分为四大类别:不能或难以用语言形式表达出来的技术诀窍;企业员工的心智模式,企业员工对待周边事物的态度;面对问题时的思考方式,不同企业的员工在面对同一个问题时会有不同的思考方式和思索视角;企业惯例,主要是指企业所拥有的独具特色的运营制度、组织文化和沟通机制等。

(6)Collins(1993)和 Blackler(1995)在对企业所掌握的知识进行分类中,将企业知识分为五类:第一是显性知识,是指企业中所具有的使用文字、语言符号详尽描述的知识。第二是个体根植型隐性知识(embodied knowledge),主要是指企业员工所拥有的个人独特技能方面的隐性知识。第三是个体认知型隐性知识(embrained knowledge),主要为涉及员工个人认知方面的隐性知识,如个人的思维习惯等。第四是组织根植型隐性知识(embedded knowledge),主要是指企业组织在日常运营中所积累的,以组织整体作为载体所拥有的一类隐性知识。第五是组织文化型隐性知识(encultured knowledge),主要指各个企业组织所特有的组织理念等方面的隐性知识。

2.5.2 隐性知识测量

由于隐性知识自身特性的原因，隐性知识的测量是一个十分复杂和困难的工作，目前具有代表性的测量方法主要有以下几种：

(1)Sternberg(1990)最早对隐性知识进行了定量研究。在其研究中认为隐性知识主要可以分为自管理隐性知识、被管理隐性知识和任务管理隐性知识。其在研究中创造性地开发出了“管理者隐性知识衡量量表”，通过设置不同的研究情景，来测量被调查人员所拥有的隐性知识的种类和储量的差异，并由此成功区分出被调查者处于管理岗位的年限与管理能力的差异。

(2)Busch 和 Richards(2000)参考 Wagner 等(1990)的研究成果，创造性地使用计算机技术对企业组织中蕴藏的隐性知识进行了测量。他们首先采用心理学、社会学中的定性研究，结合数学中的计算方法，从三个不同角度进行测量。然后通过一般概念模型分析，构建被研究者所具有的隐性知识模型，以此来衡量不同被调查者所具有的隐性知识的差异。

(3)Sloan(2004)通过融合人格量表和管理人员隐性知识测量量表，研究了经理人个性和隐性知识的关系。通过对美国 93 位处于大公司经理人职位的被调查者的问卷调查获取了经理人的开放性思维与隐性知识水平的关系，并且发现在级别、职位不同的情况下，相关性强度水平也有所差异。

(4)国内学者也对隐性知识的测量进行了研究。李作学(2006)在借鉴国外相关研究基础上，充分考虑国内外研究情景的差异，开发出一个全新的个体隐性知识测量量表。其量表主要从五个方面(价值观、情感、认知、人际交往和专业技能)展开设计，对个体隐性知识进行全面测量。马伟群等(2004)通过理论分析与专家定性测评，设计了一个测量个体隐性知识水平的量表，这一量表主要通过对个体工作技能、人际交往、工作精神的测量来获取被调查者所具有的知识水平。程钧漠(2005)则对企业整体所具有的隐性知识进行了衡量，其主要通过对企业所掌握知识的竞争力、知识有效性和知识分享程度来测量企业所掌握的隐性知识数量。郑兰琴和黄荣怀(2005)在对我国高校学生发展状况的研究中，开发出了一个用于测量大学生隐性知识存量与种类的量表。范钧和王进伟(2011)借鉴相关研究开发出新创企业认知型隐性知识和技能型隐性知识获取的量表。

综合分析，可以发现尽管隐性知识的测量存在一定的难度，但学者们还是通过不懈努力，开发出了一系列有效的测量量表，并得到了学术界与实业界的高度认可。但是现有研究量表更多的是侧重于对个体层面隐性知识的测量，而对组织层面的测量则相对较少。

2.5.3 影响因素分析

影响隐性知识获取的因素主要可以分为以下几类：

(1)隐性知识所具有的特性。Szulanski 研究发现知识自身所具有的模糊性、复杂性会对知识的转移造成负面影响，相对于其他资源，知识资源的获取和消化吸收需要消耗企业较多的资源。而隐性知识除了具有知识资源的一般属性外，还具有其独特的属性，如隐性知识的缄默性。隐性知识的缄默性主要是指隐性知识往往生成于特定的环境中，并深嵌于此，不易为外界所获取，这正是导致隐性知识获取处于较低效率水平的一个重要原因(Zander & Kogut, 1995)。

(2)隐性知识转移双方的关系。Gupta 和 Gpvindarajan(2000)认为高效的知识获取主要受到知识所有者提供意愿的影响，企业组织双方良好的交往关系，可以使知识所有者在知识转移中拥有较强的热情，从而提升知识获取的效率。Rubenstein(1989)研究发现企业组织间的非正式交流比正规渠道的交流更适合于隐性知识的传播，频繁的交流可以使企业组织更好地接触到彼此的隐形文化知识，同时也有利于企业间良好友谊的建立。Granovetter(1985)研究发现人们由于受到获取认同、获得权利与支持的影响，更倾向于与熟人进行交流，对企业而言亦是如此。宋建元和陈劲(2005)研究发现除了隐性知识传授方的传输能力和接收方的学习能力外，彼此之间的信任程度、互惠程度和激励水平等对隐性知识转移有重要影响。宁艳阳和常立农(2004)研究认为隐性知识自身的内隐性、难以描述性和不确定性以及知识传输方的传授意愿和传输渠道等都影响着隐性知识的共享。

(3)隐性知识源与隐性知识受体之间的距离也是影响隐性知识获取的重要因素。主要有三层含义：第一是文化距离，即知识接受者与传递者之间的文化差异，例如双方在语言、价值观念等方面的差异。Nahapie 和 Ghoshal(1998)研究发现共同的语言会帮助人们更好地接触彼此，更好地获取所需信息等资源。第二是知识传递双方地理位置上的差异，作为隐性知识的一个重要属性，黏滞性导致隐性知识与企业所处社会环境具有较强的黏性，导致不同地域企业间隐性知识传输存在一定的困难，同时地理距离较大的企业间高密集的接触，也会加大隐性知识获取的成本，致使隐性知识获取效率降低。第三是双方隐性知识的差异，知识源和知识受体在某一特定隐性知识存量和质量上的差异，也会加大隐性知识传授的难度。尽管知识距离会对隐性知识的传输产生重要影响，但Hamel(1991)通过实证研究指出，良好的组织学习能力可以在很大程度上抵消或减弱知识距离对隐性知识转移所带来的负面影响。

(4)隐性知识获取者。隐性知识获取者的组织文化、学习能力、组织惯例等都会极大影响组织获取隐性知识的效率。Yeung(1999)研究发现如果知识获取方拥有较强的组织学习欲望及较强的学习能力,那么知识在主体间的转移将会更加具有效率。Wick 和 Leon(1993)研究发现知识接收公司管理人员对外部知识获取的兴趣和知识转移管理的经验都会对隐性知识的传输产生重要影响。Szulanski(2000)在其研究中也发现知识接收方的吸收能力和学习意愿影响着隐性知识的获取效率。此外已有研究(Bettenhausen & Mumighan,1985;Louis & Sutton,1991;Nelson & Winter,2002)也发现企业组织对吸收外部知识的惯例和规则、企业内部对吸收外部知识的价值观,也会对企业隐性知识获取产生重要影响。

2.6 突破性创新绩效

2.6.1 创新绩效概念

创新的概念最先由 Schumpeter 在其 1912 年的著作《经济发展理论》中提出,强调创新是指"企业家对生产要素的新组合"。这些新组合包括:创造一种新的产品;采用一种新的生产方法或新的商业方式;开辟一个新的市场;取得或控制原材料或半成品的一种新的供给来源;实现任何一种新的产业组织方式或企业重组。由于创新研究的研究领域、研究目的、研究视角等方面的差异,因此相应的创新绩效也包含了不同内涵。关于创新绩效的分类见表 2.9。

表 2.9 创新绩效类型

学者	创新绩效类型
Knight (1967)	产品与服务创新:指产品与服务的生产、销售方面的创新 生产流程创新:包括工作任务、决策与信息系统的创新以及生产作业流程与技术上的创新 组织结构创新:组织架构、工作分派、权责关系、沟通与奖惩制度的创新 人员创新:组织成员的知识更新、行为模式与信念的改变等
Daft (1978)	技术创新:关于组织核心技术的创新,包括关于组织的产品服务,制造与生产过程与设备,为了提供服务所需的技术方面的创新 管理创新:关于组织的管理系统方面的创新,包括用人、领导、管理流程与制度方面的创新

续表

学者	创新绩效类型
Betz (1993)	产品创新:将新技术生产的产品导入市场 流程创新:将新的技术生产流程导入公司或市场 服务创新:将以新技术为基础的服务导入市场
Nonaka & Takeuchi (1995)	产品创新:指产品开发能力、商品化速度、对顾客需求特性的掌握等 流程创新:指产品优良率、流程质量、流程弹性以及降低生产成本等方面的能力 组织创新:指销售、维修、服务、品牌以及管理销售渠道的经验与能力 策略创新:指新产品的定位、新用途以及价值活动的重建
Tidd (1995)	产品创新:新产品可以使企业维持与提高市场占有率及获利能力,企业除了能开发新产品之外,还要比竞争对手更快引入新产品 流程创新:企业必须超越竞争者,能够做到竞争者无法做到的,或者比竞争者更优越的办法 服务创新:指企业能提供更快速、物美价廉的服务
Song & Parry (1996)	新产品获利能力;相对的销售绩效 相对的市场占有率;提供公司新的机会
Fritsch & Lukas (2001)	流程创新 产品创新

资料来源:王立生.社会资本、吸收能力对知识获取和创新绩效的影响研究[D].博士学位论文,浙江大学,2007.

2.6.2 突破性创新概念

关于突破性创新的英文专用词语,学术界比较认同的主要为“breakthough innovation”和“radical innovation”(例如Song&Di,2008;Tellis等,2009;陈劲,2002;张洪石,2005;秦剑,2009、2010、2012等)。Abernathy和Utterback(1978)最早提出了有关突破性创新的理论与概念,此后学者们基于不同的研究视角以及科学技术创新发展的现状,对突破性创新的内涵与概念进行了更加深入的挖掘与发展。Henderson和Clark(1990)在对技术创新分类比较中,认为突破性创新主要是指通过开发全新的科学技术来替代现有技术,这种创新将使产品架构发生彻底的改变,甚至能挖掘出全新的市场或产业。Vadim(2000)则认为突破性创新是导致产品(服务)拥有一种全新的性能特征,或是质量与性能获得大幅提升,甚至出现一种新产品的一类创新。国内学者张洪石(2005)将突破性创新定义为使产品性能指标得到突飞猛进的发展,对当前市场规则和竞争状态产生巨大影响,会带来市场结构调整、产业重新洗牌等一类的创新。

关于突破性创新的内涵，Kotelnikov(2000)在对突破性创新的定义中指出突破性创新虽然也借鉴于已有技术，但它却能使产品性能的各种指标或主要指标发生巨大变化，甚至演变为一种全新的产品。这种创新能够很大程度上降低现有产品的成本，创造出一个全新的市场或产业，改变市场或所处行业的现状。Leifer(2000)在对突破性创新的研究中，总结了突破性创新的一些特征，这些特征主要包括：使现有产品的生产成本降低至少30%；使产品现有性能指标大幅提升，提升幅度达到5倍以上；使产品具有一系列全新的性能。陈劲(2005)则将突破性创新描述为脱离行业现有主流顾客需求，针对市场潜在需求而进行的一种创新，这种创新在开始阶段可能得不到主流顾客的认可，但前景广阔。由于突破性创新与现有技术有较大差异，成功的突破性创新技术有可能会改变现有技术的发展路线。

综合已有研究关于企业突破性创新的界定，能够看出虽然关于企业突破性创新概念的描述存在一定的差异，但其中也存在很多共同点，即突破性创新会对产品性能、市场竞争、产业版图产生巨大影响。综合已有研究成果，本研究认为突破性创新主要是指通过对现有技术的大幅升级，使产品(服务)的主要性能指标发生重大改变，甚至创造出一种全新的产品，对市场竞争状态、产业结构造成重大冲击的高层次创新模式。

2.6.3 突破性创新类型

目前关于突破性创新类型的研究还比较少，比较有代表性的主要是Leifer等(2000)基于市场和技术标准对突破性创新进行的分类以及Tushman和David(1986)和Utterback(1994)基于实证研究角度所进行的分类。

Leifer等(2000)通过长达6年时间对通用电气等11家公司的突破性项目跟踪研究，以技术演化和市场应用为标准对企业突破性创新的类型进行了划分。他们认为突破性创新主要可以分为三种类型：第一种是基于现有技术或市场的突破性创新，这类创新主要是为更好满足企业现有顾客发展的需求，通过研发一种全新的工艺或产品来代替已有的技术或产品，帮助企业更好地保持现有市场。第二种是与已有业务相关的全新业务的突破性创新，这类创新主要是企业在已有的一系列业务基础上，借助现有业务开拓出一个全新的业务单元。第三种是公司发展规划外的突破性创新，这种突破性创新是企业在发展中没有预期的，能够开辟一个“蓝海”市场，对企业影响巨大，能够为企业创造出巨大的机遇，当然这种创新的不确定性也最强。

Tushman等(1986)和Utterback(1994)基于研究的需要，创造性地结合实证分析与企业访谈结果，认为突破性创新主要是由产品创新和过程创新构成。

其中产品突破性创新主要是指开发出一种能够显著改善产品主要性能指标，甚至创造出全新产品的突破性创新。过程创新主要是针对产品生产技术或流程而进行的创新，这种创新能够显著降低产品成本。Tushman 等人的分类法为对突破性创新的实证研究提供了便利条件。

2.6.4 突破性创新管理

突破性创新具有极强不确定性与对原有技术和经验的摒弃性，这就导致突破性创新管理成了企业实施突破性创新策略的一大难题。创新过程中的不确定性是一种偶然事件，企业可以很好地进行"例外管理"，但是突破性创新本身的特点就具有极强的不确定性，不确定性是其必然事件，传统的对不确定性进行"例外管理"并不一定适合于开展突破性创新（张洪石，2005）。

Leifer 等（2000）在跟踪研究美国 12 家实施突破性创新的企业基础上，总结出了企业在管理突破性创新时需要关注的事项：(1)突破性创新实施过程中不确定性的降低是没有规律可循的，它不会随着项目的进行而减弱。(2)开展突破性创新的企业必须具有应对资源、技术、市场和组织方面所存在的极强不确定性的管理能力。(3)突破性创新实施过程中各阶段、各项目之间的不确定性有可能存在一种交互关系，彼此影响。(4)对项目中断的处理重要性要大于降低创新过程中的不确定性。

在长达 6 年关于突破性创新的案例研究中，Leifer 等人进一步总结出了进行突破性创新管理的 7 大挑战以及相应的管理对策。这 7 大挑战以及相应策略主要为：(1)创新前期的"模糊前端"所收集的各种构想和创意。在新产品开发的"模糊前端"，企业会收集到大量的富有创意的构想，这些构想将对项目产生重大影响，但是却需要花费企业很大的时间、资金等资源去处理。企业的应对策略主要为尽可能搜集卓越的创意，提升自己识别优秀创意的能力，同时开发出与这些优秀创意相辅助的各种管理实施办法。(2)突破性项目研发中的管理。对此企业应招募好适合于进行该项目的各种人员，尽可能地预测各种可能存在的不确定性并提前制定好应对措施，以及有效地开展部门互动，提升组织学习能力。(3)新市场的研究。针对突破性创新所面对的市场进行研究，要求企业深入分析项目在市场中的前景，研究如何更好地打开市场。(4)商业模式的探索。针对不同的项目企业应细分各阶段、各组成部分的重要性，确定项目外包部分，优化配置企业有限的资源。(5)资源与能力不匹配的应对。突破性创新对企业的资源和能力提出了更高的要求，为此企业应充分利用其所处社会网络中的各种资源，协调好企业内部资源。(6)新项目进入实际运营阶段的挑战。为使突破性项目研发顺利推进，企业应充分衡量项目实际运营中的各种问题，在组织构建、人员配置、资源分配方面做好准备，并组织好内部学习活动，使项目得以顺利进入实施阶段。(7)培育开展突破性创新的能力，并构建相应的管理体制。为有效开展突破性创新，企业首先应在人员招募配置上进行良好的协调，构建适合于创新的研发团队，并构建合理的激励薪酬措施。

Leifer 的突破性创新管理挑战及能力分析框架，得到了众多学者的认可与引用，我国学者张洪石(2005)在对突破性创新动因与组织模式的研究中，秦剑(2009)研究跨国公司在华资源配置对突破性创新绩效的影响机理时，均引用或采用了这一框架进行案例分析。Leifer 等(2000)通过微观的层次详细总结研究突破性创新管理过程中所遇到的问题与对策，具有较强的可操作性，为开展突破性创新的公司提供了较好的参考。

2.6.5 KIBS 中小企业与突破性创新关系

Ali(1994)研究发现大型企业相对于中小企业拥有研发经费充足、规模经济和技术实力雄厚的优势，更有利于开展突破性创新。Chandy 和 Gerard (2000)的研究指出大型企业往往拥有较大的市场力量和丰富的顾客知识，更有利于发现突破性创新的商机。由于突破性创新具有的市场、技术和组织等不确定性，对企业的各项能力与资源提出了较高的要求，对于自身资源匮乏的中小企业是否适合开展突破性创新一直以来都是学术界和实业界讨论的热点话题。

但是大量的研究发现相对于大型企业，中小型企业在开展突破性创新时也有其独特的优势。Hewitt 和 Roper(2000)在对英国 39 个中小企业创新绩效的研究分析中，发现中小企业在开展突破性创新时所遇到的组织结构障碍和企业战略阻碍较小，更有利于开展突破性创新。Abernathy 和 Utterback(1978)研究发现市场主导企业在开展突破性创新时绩效往往会下滑。我国学者薛红志和张玉利(2007)在研究互补性资产与既有企业突破性创新关系时发现既有企业在进行和适应突破性创新时，往往会比新进入企业面临更多的困难。

此外，总结已有研究可以发现，突破性创新往往更适合于那些具有高知识密集、高创新性特征的行业。秦辉和傅梅烂(2005)研究了科技型中小企业在不同生命周期、不同创新类别上对渐进性创新和突破性创新的选择策略。梅德强和龙勇(2012)通过对我国 164 例中小型高新技术企业的调研数据分析，检验创业能力、创新类型和融资方式之间的关系。张洪石和付玉秀(2005)通过对 350 家高新技术企业问卷调查数据的分析，验证了各个环境因素对突破性创新和渐进性创新的不同影响。潘松挺和郑亚莉(2011)以 273 家覆盖大型和中小型，涉及商贸、通讯等多个行业的企业为样本，实证分析了创新网络关系强度对突破性创新和渐进性创新的影响。

KIBS中小企业往往处于高新技术产业，创新意识强，创新资源丰富，具有开展突破性创新的独特技术和知识优势。KIBS中小企业拥有对市场变化适应性强、机制灵活等特点，非常适合开展突破性创新。同时突破性创新可以帮助企业开辟出一片蓝海市场，是KIBS中小企业在激烈的市场竞争中与大型企业博弈的一个有效策略。

2.7 新服务开发绩效

2.7.1 新服务开发概念

Johne 和 Storey(1998)定义新服务开发为一种新的服务产品，而 Menor(2002)等人提出，新服务开发更多强调的是提供开发而不单单是产品开发。国内学者蔺雷和吴贵生(2007)首次提出新服务开发(New Service Development, NSD)，并将其定义为：服务企业在整体战略和创新战略的指引或影响下，根据顾客和市场需求，或在其他环境要素的推动下，通过可行的开发阶段和过程向企业现有顾客或新顾客提供包含从风格变化到全新服务产品等各种正式或非正式的服务开发活动，它是实现现有服务或新服务价值增值的重要途径。新服务开发主要包括服务概念开发、服务系统开发和服务过程开发三个要素，新服务开发是服务创新的重要工具。服务企业的“新服务开发”是与制造企业的“新产品开发”相对应的，强调为企业的顾客提供创新型的新服务，以更好地满足顾客需求。

2.7.2 新服务开发过程

新服务开发过程是影响新服务开发绩效的关键环节，也是研究新服务开发的基础。现有文献中由于实证研究所选取的行业不同，对新服务开发过程的划分存在较大的差异。早期学者对新服务开发过程的研究多数是基于产品创新过程的基础上提出来的，如 Reidenbach 和 Moak(1986)将 NSD 过程总结为创意产生与评估、概念开发与测试、经济分析、产品测试、市场测试和商业化 6 个阶段。Bowers(1989)提出的八阶段 NSD 模式，包括制定企业经营战略、新产品战略、新服务创意、概念构造与评估、商业分析、产品开发与测试、市场测试和商品化。最具代表性的研究是 Scheuing 和 Johnson(1989)在调查了 66 家金融机构后提出的包含 15 个阶段的新服务开发模式，被称为“NSD 标准模式”，是一个关于新服务开发过程比较全面的模型，将企业战略、环境分析等环节纳入新服务开发过程，使得新服务开发管理日益系统化。国内外学者对新服务开发过程的研究见表 2.10。

表 2.10　新服务开发过程划分

学者	新服务开发过程划分
Scheuing & Johnson (1989)	新服务目标形成、概念产生、概念筛选、概念开发、概念检验、商业分析、项目授权、服务设计和测试、过程和系统的设计和分析、营销项目设计和测试、人员培训、服务检验和小规模测试、营销检验、大规模投放市场和投放后评价
Claude Martin & David A. Horne(1995)	通过对比利时 88 家金融服务企业的调查，将创新过程分为概念开发、商业化分析、营销投放计划制定三个阶段
Lee & Yong(1996)	提出五阶段新服务开发模型，包括创新产生和筛选、商业分析和市场战略、技术开发、测试、商业化/投放
Edvardsson(1996)	将 NSD 过程概括为概念、项目成型、设计和实施四个阶段
Jon Sundbo(1998)	提出三阶段的创新过程模式，包括概念阶段、发展阶段和保护阶段，是一个适用于大部分服务企业的典型的创新模式
Zeithaml & Bitner(2000)	划分了 NSD 的前期规划和后期实施两大阶段，分别包括一系列具体 NSD 活动
Johnson 等(2000)	提出了新服务开发过程周期模型，包含设计、分析、开发、市场投放四个阶段
Alam & Perry(2002)	通过对金融服务业的案例研究，将 NSD 划分为 10 个阶段：战略规划、概念产生、概念筛选、商业分析、跨职能团队的构成、服务设计和过程系统设计、人员培训、服务检验和小规模试验、营销检验和商业化，并指出顾客参与对概念产生、服务设计、服务检验和小规模试验三个阶段至关重要
袁春晓(2004)	将金融业中新服务开发过程归结为 9 个环节，即战略分析、概念构思、项目成型、商业分析、服务运作设计、服务营销组合制订、市场测试、商业化和运行绩效评估
蔺雷、吴桂生(2005)	概念开发与评价、商业分析、服务开发与实施、市场测试和商品化、投放后的评价

续表

学者	新服务开发过程划分
魏江、陶颜(2006)	将金融服务创新过程划分为三个阶段:概念阶段、发展阶段和引入阶段,主要有服务企业前台员工、后台员工和顾客三类参与者,各参与者在不同阶段的参与程度和任务目的均不同。概念阶段包括新服务创意产生、概念构造与开发、概念检验;发展阶段包括商业分析、服务运作设计、人员培训;引入阶段包括小规模测试、市场投放、跟踪改进
Froehle & Roth(2007)	提出了将资源导向和流程导向整合的新服务开发框架,指出新服务开发过程包括设计阶段、分析阶段、开发阶段和最终的市场投放阶段
王红军(2009)	提出了知识密集型服务业的新服务开发两阶段模式,即检索阶段和实施阶段。检索阶段包括创意产生、创意筛选和商业评价,实施阶段包括创意的发展、测试和市场投放
王琳、魏江(2009)	将新服务开发过程分为三个阶段:创意概念阶段,包括锁定目标顾客、需求分析、概念产生筛选三个子阶段;设计开发阶段,包括服务内容与过程设计、内部论证、外部检验三个子阶段;交付跟踪阶段,包括服务方案的交付和跟踪评估两个子阶段

资料来源:根据相关资料整理。

2.7.3 新服务开发绩效

国内外学者对NSD绩效的评价标准是基于企业绩效和服务创新绩效的评价指标而提出的,大部分指标集中于产品的市场占有率和服务相对于竞争对手的成功率。在衡量服务创新绩效时,比较常用的是Voss等(1992)将服务创新的绩效衡量分为结果和过程的衡量。服务创新结果的衡量包括财务衡量、竞争力衡量、品质衡量。之后参考Kaplan Norton(1992)提出的平衡记分卡方法,Storey Kelly(2001)制定了更全面的衡量指标,包括财务、顾客为基础的衡量、内部衡量、行动方案层级的衡量(学习和成长)。学者们对新服务开发绩效的研究见表2.11。

表 2.11　新服务开发绩效研究

学者(年份)	新服务开发绩效内容
蔺雷、吴贵生(2003)	产品效益:包括销售额、收益率绩效 企业效益:包括吸引新顾客、提高顾客忠诚度、改善企业形象、竞争力的改善等方面
张若勇、刘新梅、张永胜(2007)	创新过程:创新过程花费的成本、开发周期长短以及有效性等 创新结果:财务绩效、顾客关系、市场地位
王春(2007)	财务指标、竞争力指标和品质指标三方面测量
刘顺忠(2009)	利润、投资回报期、投资回报率和销售量指标测量
王琳、魏江(2009)	提供商视角:新服务开发进度控制、预算控制 顾客视角:顾客再次合作意向、顾客对新服务质量满意度
魏江(2009)	项目标准性绩效:团队达成预期产出质量的程度、项目的工效、是否按计划控制成本 成员获得性绩效:团队成员满意度以及提供学习机会
朱兵(2010)	企业的新产品和服务得到顾客认可、企业的竞争优势建立在技术之上、与竞争对手相比企业盈利水平很好
Chyi-Jaw,Jyue-YuLo,Yi-Hsing Lin(2010)	新服务达到先前目标的程度、新服务的市场份额、新服务创造的利润率、新服务的销售量和新服务超过竞争者的总数

资料来源:根据相关资料整理。

3 社会资本、顾客知识获取与创新绩效

3.1 问题提出

3.1.1 中小企业现状分析

1. 中小企业的重要地位

随着改革开放和经济的高速发展，我国中小企业迅速成长为推动国民经济和社会发展的重要力量。根据国家发展和改革委员会、信息产业部、国务院信息化工作办公室委托中国社会科学院信息化研究中心组织编写的《中国中小企业信息化发展报告(2007)》[①]，到2006年10月底，我国中小企业和非公有制企业的数量已经超过4200多万户，占全国企业总数的99.8%。其中经工商部门注册的中小企业数量达到430多万户，个体经营户达到3800多万户。改革开放以来，中小企业不仅对经济增长的贡献越来越大，而且已成为技术创新与机制创新的主体和扩大就业的主渠道，在繁荣城乡市场、增加财政收入、优化经济结构、增强经济活力、促进社会稳定等方面发挥着日益重要的作用。

2. 当前中小企业面临的问题

当前中小企业在外部发展环境和自身发展能力上仍存在着一定的问题，主要表现在政策法规和社会化服务体系尚未健全，

① 中国网 http://www.china.com.cn/news/2008-02/29/content_11114159.htm.

企业金融资本、人力资本、社会责任意识、技术创新能力、管理能力、国际化能力等可持续发展能力较为薄弱(国家发改委中小企业司,2008 年 1 月)。同时由于全球金融危机的影响,融资难、成本攀升,人民币升值等因素让中小企业陷入困境,全国 2008 年上半年就有 6.7 万家规模以上中小企业倒闭,超过 2000 万工人被解聘①。如何让中小企业尽快度过这个"冬天"已经成为我国各部门、各行业关注的焦点。目前制造型企业正在向创新型企业转变,注重通过自身的创新能力培养来提升自己的核心竞争力,这一大环境对中小企业而言更是一种挑战。

3. KIBS 中小企业的特殊地位

知识密集型服务业作为知识经济时代的产物,具有产品无形化、顾客专业化、雇员知识化、高增值性、强时效性和高科技性等特征,并且随着知识资源爆炸性扩张和信息技术的迅猛发展,已经成为社会经济中产业结构的重要组成部分,承担了基础性知识生产和重新配置的双重功能(Hipp,Thether&Miles,2000),在国民经济发展中起着前瞻性、领导性和新驱动者的作用(魏江等,2007),比如在发达国家的经济增长结构中有 75%靠知识创新和科技进步,25%靠能源、原材料和劳动力投入(朱秀丽,2007)。目前我国虽然还是以能源、原材料和劳动力投入为主,但是 KIBS 企业已逐渐受到重视,并且其在 GDP 中的比重也越来越大,尤其针对我国当前经济正处于重要的转型期,KIBS 中小企业的发展变得至关重要,其必将成为我国经济由粗放型向集约型转变、制造型向创造型转变的重要推动力。

3.1.2 顾客知识管理兴起

知识经济时代,知识已经成为企业获得持续竞争优势的重要资源,尤其在以顾客需求为导向的市场环境下,获取稀缺的顾客知识对企业的发展至关重要,这对于高度知识密集、高度互动的 KIBS(知识密集型服务业)中小企业而言更是发展的关键驱动力。当今的顾客已经发展成为企业增强网络的关键组成部分,同时扮演着企业新产品与新服务的共同开发者、企业的合作者与竞争者以及价值的共同创造者等多重关键角色(王永贵,2005),顾客拥有对企业的产品或服务不断变化的需求,同时也有在购买、使用或维护产品中所积累的经验与技能,这些常常是企业预测市场发展趋势、识别新的市场机会、改进产品与服务以及合理确定企业目标所必备的关键信息(Thomke&Von Hippel,2002),有利于提高企业的产业预测能力、应变能力和价值创造能力,是企业形成企业竞

① 陈乃醒.中国中小企业发展报告(2008—2009).北京:中国经济出版社,2009(6).

争优势的重要基础。因此企业如何管理顾客知识资源，即企业如何获取、利用顾客知识资源，成为当前社会研究的热点问题。Nonaka 认为顾客知识管理是通过和顾客的互动及社会化过程，提高顾客的亲和性，获取顾客拥有的知识(Nonaka Ikujiro&Konno Noboru，1998)。如何通过更有效的途径获取顾客拥有的知识资源，与顾客合作，共同创造顾客价值也就成了顾客知识管理的核心内容。但是顾客知识并非都是显而易见的，有显性和隐性之分，通常显性知识只占 10%，另外 90%则是隐性知识(魏钢焰，2007)。显性知识可以用语言和其他方式容易地表达并被编码，而隐性知识通常和行动联系在一起，通常是情境依赖的，通过非正式的学习行为和程序而获得的，难以编码和难以表达的专门诀窍(陈方丽、慕继丰，2004)。因此顾客所拥有的知识更是企业尤其需要重视和挖掘的(王永贵，2005)，而顾客知识管理战略的重点应是对隐性知识的管理(韩经纶，2006)。

3.1.3 研究问题

虽然顾客知识开始受到企业界和学术界的关注，但是针对顾客知识管理中的顾客知识获取环节的研究却仍然相对较少，从企业社会资本角度研究顾客知识获取的文献就更少，只有 Yli-Renko，Autio 和 Sapienza(2001)，Presutti，Boari 和 Fratocchi(2007)，王立生(2007)等少数学者进行了较为具体的研究，然而上述学者也没有明确提出顾客知识获取一词，而只是主要研究企业外部知识获取，调查对象是企业的关键顾客。Presutti，Boari 和 Fratocchi(2007)虽然将来自国外关键顾客的知识获取作为中介变量，但是没有对顾客知识进行明确的分类。以往研究更多的是在知识管理范围下研究知识获取，而不是在顾客知识管理范围下的顾客知识获取。并且针对社会资本对于顾客知识获取的影响，在社会资本的三个维度的关系验证上也并非一致：Yli-Renko，Autio 和 Sapienza (2001)在其研究中验证了结构维度对于知识获取的正向显著影响，但是关系维度对于知识获取却是负向影响的；Presutti，Boari 和 Fratocchi(2007)则在其研究中得出结构维度对于知识获取的正向显著影响，但是关系维度和认知维度对于知识获取却是负向影响的；张方华(2004)却在其研究中验证了社会资本对于知识获取的正向影响，之后王立生(2007)在其制造业企业的社会资本对顾客知识获取以及产品创新绩效影响的研究中，关系维度对于知识获取具有正向促进作用的假设也是得到支持的。虽然不同学者在不同的背景、行业和研究目的的研究中得出的结论并不相同，但都为本研究提供了一定的理论参考。

因此本研究在当前特殊的经济宏观环境下，针对中国背景下 KIBS 中小企业的特殊性，并且主要从顾客知识管理出发，对其中的顾客知识获取环节进行实证研究，从社会资本的视角来剖析关于顾客的知识和顾客拥有的知识两方面的顾客知识获取对企业创新绩效的影响，验证这三者间的关系，并得出针对性的建议。

3.2 概念界定

3.2.1 社会资本

企业社会资本研究目前已较为成熟。Nahapiet 和 Ghoshal(1998)从资源观出发，认为社会资本是指关系网络中可利用的、并可通过其获取或派生的实际和潜在的资源，并将其分为结构、关系和认知三个维度。这一维度划分得到 Presutti，Boari 和 Fratocchi(2007)，Tsai 和 Ghoshal(1998)等学者的认同，并将其用于社会资本对组织内外知识获取的影响研究。Yli-Renko，Autio 和 Sapienza(2001)，王立生(2007)等学者进一步从社会互动、关系质量和顾客社会网络联系等出发，来研究企业社会资本各维度对顾客知识获取的作用机制。

本研究中的企业社会资本特指 KIBS 中小企业与其顾客间的社会资本，并沿用了 Nahapiet 和 Ghoshal 对社会资本的三维度划分。其中结构维度指企业与顾客间的社会网络联结机制，包括网络联系、网络结构和专门组织等；关系维度指企业通过和顾客建立关系所创造的可以获取其他稀缺资源的资产，包括信任、满意和道德规范等；认知维度指企业与顾客在交往过程中相互理解、解释的资源，包括共享语言、共享陈述和共同价值观等。

3.2.2 顾客知识获取

顾客知识及其获取研究始于 20 世纪 90 年代，Bruns(2007)最早指出应增加企业顾客的知识来促进销售。Gebert 和 Geib(2003)从顾客关系视角，指出顾客知识是顾客与企业在交易及交流过程中，需要、产生或拥有的一种经验、价值、情境信息和专家洞察力的动态组合，主要包括顾客需要的知识、关于顾客的知识和顾客拥有的知识。这一内涵界定得到了学术界的广泛认同。Yli-Renko，Autio 和 Sapienza(2001)等学者认为顾客知识获取指企业在与顾客交往的过程中，对顾客知识的取得和应用等活动。Inkpen 和 Tsang(2005)，周晓宁、李永健(2007)，李纲、刘益(2007)等学者已从顾客知识获取的影响因素、获取流程、对创新绩效的作用等方面开展相关研究。

本研究沿用 Gebert 和 Geib 对顾客知识的划分方式，并将顾客知识获取界定为：企业通过与顾客的交往，收集、整理和利用关于顾客的知识和顾客拥有的知识，并通过专业手段进行储存和管理。其中关于顾客的知识是指被企业收集以了解顾客动机的知识，包括顾客的历史记录、背景、需求以及购买活动等，它们通常源自企业对顾客数据库的应用；顾客拥有的知识是指顾客通过各种途径收集和形成的关于企业、市场及其他竞争者的产品、服务等方面的知识，它们通常存在于顾客的头脑中，如顾客的经验、创造力及对产品或服务的满意度等。

3.2.3 创新绩效

企业创新绩效是一个相对成熟的研究领域。Gallouj 和 Weinstein(1997)在对服务业创新研究中，将创新定义为产品属性增加或功能提升。Hagedoorn 和 Cloodt(2003)认为创新绩效在广义上是指从概念生成到将发明创造引入市场整个过程所取得的绩效。参考 Gallouj 和 Weinstein (1997)、Hagedoorn 和 Cloodt (2003)和张方华(2004)等学者的概念界定，本研究从产品创新和组织创新两个方面来界定 KIBS 中小企业创新绩效，其中产品创新绩效主要是指服务产品的属性增加或功能提升，组织创新绩效主要是指销售、维修、品牌等管理经验和能力提升。

3.2.4 KIBS 中小企业

1. KIBS(知识密集型服务业)

知识密集型服务业首先在 Miles 等(1995)的一份研究报告中提出，他们认为 KIBS 包括三个维度：KIBS 是私人企业或组织；KIBS 非常依赖于专业化知识，即特定领域或学科的相关知识和技术能力；KIBS 提供的是以知识为基础的中间产品或服务。之后不同的学者和组织从不同的角度对 KIBS 进行了定义(见表 3.1)。

表 3.1 KIBS(知识密集型服务业)定义

学 者	KIBS 定义	视角
Miles 等 (1995)	KIBS 非常依赖于专业化知识，也即特定领域或学科的相关知识和技术能力，提供的是以知识为基础的中间产品或服务的私人企业或组织	基于企业、产品特性
Muller & Zenker (2001)	KIBS 是为其他企业提供高知识附加价值的企业	基于生产特性
OECD (2001)	KIBS 是技术及人力资本投入密度较高、附加值大的行业	基于投入—产出

续表

学　者	KIBS 定义	视角
Nählinder (2002)	KIBS 是提供基于技术的知识密集型服务的商业企业，KIBS 企业及其顾客均拥有受过良好教育的雇员，二者之间存在高水平的交互作用	服务内容、人力资本、互动程度
国务院发展研究中心 (2001)	KIBS 企业是运用互联网、电子商务等信息化手段的现代知识服务业，其产品价值体现在信息服务的输送和知识产权上	基于运用工具

资料来源：根据相关文献整理。

由于定义视角的差异，对 KIBS 企业所涉及的行业范围、类别等方面的划分也存在着一定的差异，其中美国商务部(BEA)指出 KIBS 企业涉及信息服务、财务咨询、研发技术服务、网络服务、环境保护工程、生物科技与制药业服务、节能工程技术服务、运输仓储、传媒、报关、通信服务、全球物流服务等。国务院发展研究中心提出 KIBS 包括计算机软件和信息加工服务、研究开发与测试服务、市场服务、商务组织服务(管理咨询、员工招聘服务)和人力资源开发服务等。目前最为广泛接受的分类方法则是 Miles 提出的"两分法"：一类是传统专业服务业，这类服务业主要运用专业知识，技术含量相对较低，例如广告、金融服务、会计和法律服务等；另一类是以新技术为基础的 KIBS 企业，即 T-KIBS (Technoloy-based KIBS)，提供技术含量较高的专业服务，典型的是软件业和电子工程服务业(魏江等，2007)。

基于诸多学者的研究，本研究认为 KIBS 企业是指高度依赖于专业能力和知识，通过互联网、电子商务等信息化手段的运用，提供以知识为基础的中间产品或服务，服务提供商与顾客之间有高度互动的企业(Miles 等，1995；国务院发展研究中心，2001；Nählinder，2002)。在所涉及的行业范围和分类上，本研究采用的是国务院发展研究中心(2001)对我国 KIBS 企业提出的行业范围以及 Miles(1995)对 KIBS 的分类。

KIBS 企业的主要特征有：

(1)高度知识密集。KIBS 企业高度依赖于专业能力和知识，通常组织本身就是主要的信息和知识来源(廖兰芳，2006)。作为服务的提供方，提供的产品通常都是知识的凝结和体现，是高度知识密集的，通过结合顾客的特定知识，融合一般知识为顾客提供解决问题的方案和顾客所需要的"产品"。(2)高度技术应用。KIBS 企业的运行都和新技术有着密切的联系，它一方面积极地使用新技术为企业提供服务(例如金融、广告)，另一方面创造并扩散新技术(例如软件开发)(魏江等，2007)。同时 KIBS 企业中有一类企业借助新技术实现对其他企业的服务，例如咨询业，虽然主要提供的是知识人员关于解决顾客问题的相关知识，但是需要借助新技术来整合、提炼。(3)高度互动。KIBS企业的高度互动性是其区别于其他行业最主要的特征之一(Muller&Zenker，2001)，由于企业提供的都是结合隐性知识的知识密集型“产品”，顾客在一定程度上是“产品”的共同开发者，企业需要在与顾客不断交涉的过程中，结合顾客的特定情况，完成适合于顾客的专有“产品”。(4)高度创新。KIBS企业的创新要求相对其他行业较高，一方面企业自身要通过不断地知识更新来吸纳新技术，提升自身处理和分析顾客问题的能力；另一方面企业在向顾客提供服务的过程中就在帮助顾客创新(廖兰芳，2006)，无论是组织层面的还是其他层面的，同时顾客反馈的信息也不断地促进企业本身进行方法的改进，实现自身的创新。(5)高度渗透。KIBS企业的产品，其中结合新技术的应用部分的信息和知识，需要通过国民经济各行业的不断应用、不断渗透；同时是无形的知识类产品，以信息的方式不断在各行业渗透，推动各行业在引进新技术、新方法、新理念基础上的不断发展。

2. 中小企业

一般来说，各国界定中小企业的标准大致有两类：第一类是以企业的一些客观指标为标准，主要包括经营收入、销售额、就业人数、利润、资产额等。第二类是以行业中的相对份额指标为标准，即不管一个行业中企业实际规模的大小，只确定一个企业数目的百分比，只要在该比例以内的企业均为中小企业(杜鹃，2007)。前一类由于数量指标具有直观性，易于获得并容易进行比较，因此在实际中应用广泛，比较适合于行业之间的统计分析。如常用的“中小企业”指标为就业人数，美国用就业人数少于500人和少于100人两个标准来对中小企业进行分类统计，德国将从业人员500人以下划分为中小企业，在日本的零售、服务业则是50人以下为中小企业(许必芳，2006)。后一类则更适合于行业内的分类管理，美国常用的相对份额指标有两个：一是将每个行业中占90%的较小规模的企业定义为中小企业；二是将每一个行业总销售额中占5%的较小规模的企业定义为中小企业。世界各国对中小企业的界定标准并不一致，但是其中把从业人数和资产规模作为划分标准的占绝大多数。我国也是根据前一类的客观指标(通常是从业人员数、销售额和资产总额三个指标)对中小企业进行划分的，根据国家经贸委、国家计委、财政部、国家统计局2003年2月联合发布的《中小企业标准暂行规定》，从从业人员数、销售额和资产总额这三项指标对工业、建筑业、批发业、零售业、交通运输业、邮政业、住宿和餐饮业七个行业进行划分。2003年11月国家经贸部发布《部分非工企业大中小型划分补充标准(草案)》，对农林牧渔、仓储、房地产、金融、地质勘查和水利环境管理、文体和娱乐、信息传输、计算机服务及软件、租赁、商务及科技服务、居民服务和其他共12个行业的企业依据从业人员数、销售额、(净)资产总额三项指标中的两个指标进行划分，非工业的指标如表 3.2 所示。

表 3.2　非工企业大中小型划分标准

行业名称	指标名称	计算单位	大型	中型	小型
农林牧渔	从业人员数	人	3000 及以上	500～3000	500 以下
	销售额	万元	15000 及以上	1000～15000	1000 以下
仓储	从业人员数	人	500 及以上	100～500	100 以下
	销售额	万元	15000 及以上	1000～15000	1000 以下
房地产	从业人员数	人	200 及以上	100～200	100 以下
	销售额	万元	15000 及以上	1000～15000	1000 以下
金融	从业人员数	人	500 及以上	100～500	100 以下
	销售额	万元	50000 及以上	5000～50000	5000 以下
地质勘查和水利环境管理	从业人员数	人	2000 及以上	600～2000	600 以下
	销售额	万元	20000 及以上	2000～20000	2000 以下
文体和娱乐	从业人员数	人	600 及以上	200～600	200 以下
	销售额	万元	15000 及以上	3000～15000	3000 以下
信息传输	从业人员数	人	400 及以上	100～400	100 以下
	销售额	万元	30000 及以上	3000～30000	3000 以下
计算机服务及软件	从业人员数	人	300 及以上	100～300	100 以下
	销售额	万元	30000 及以上	3000～30000	3000 以下
租赁	从业人员数	人	300 及以上	100～300	100 以下
	销售额	万元	15000 及以上	1000～15000	1000 以下
商务及科技服务	从业人员数	人	400 及以上	100～400	100 以下
	销售额	万元	15000 及以上	1000～15000	1000 以下
居民服务	从业人员数	人	800 及以上	200～800	200 以下
	销售额	万元	15000 及以上	1000～15000	1000 以下
其他企业	从业人员数	人	500 及以上	100～500	100 以下
	销售额	万元	15000 及以上	1000～15000	1000 以下

资料来源：《部分非工企业大中小型划分补充标准(草案)》(2003 年 11 月)。

总体而言，从企业从业人数来看，大多数国家都把 500 人以下的企业视为中小企业，100 人以下的视为小企业。本研究结合研究对象的定量标准，从定性的角度界定中小企业是指生产规模小，经营方式灵活多样，组织结构相对简单，企业家拥有大部分权力以及完全决策能力，从业人数 300 人以下，年销售额 3

亿元以下的企业。相对大型企业而言,其具有以下几方面的特点:(1)生产规模小,技术装备率低。中小企业由于资本存量水平低,资信程度不高,筹措资金也相对困难(张海良,2009),技术的引进实力也没有大企业那么强,因此无论是生产的产品还是工艺的开发等,更多都是劳动密集型。(2)组织结构简单,经营方式灵活多样。中小企业通常公司内部结构简单,多个岗位可以由一个人负责,并且在经营方式上不拘一格,可以随时根据企业家的决策进行修改,适应市场的快速变化,表现出"船小好掉头"的优势。在产品的开发上,中小企业更容易和顾客直接接触,收集的信息也能更快地与产品进行结合,快速满足顾客的需求。(3)竞争力弱,停业破产率较高。中小企业在资金缺乏的竞争环境下通常是首先受到限制的,尤其在金融危机经济环境下,由于融资难、成本攀升,首先面临破产的都是中小企业。在金融风暴冲击下,从 2008 年到目前为止,已经有四成中小企业倒闭,四成仍在生死线挣扎①,尤其是外向型中小企业,正严重面临威胁。

我国 KIBS 中小企业出于自身的条件限制,更多以模仿和改进为特色,因此更应充分利用自身的灵活性,通过与顾客建立良好的关系,获取有价值的顾客知识,抓住市场的脉络,提供满足顾客个性化需求的产品或服务。

3.3 研究模型

3.3.1 理论基础

根据相关文献综述以及本研究的概念界定,本研究对 KIBS 中小企业与顾客之间社会资本的研究主要从结构维度、关系维度和认知维度展开;针对顾客知识的来源,本研究侧重从顾客那获取的知识,因此对于企业与顾客之间知识的获取,主要是通过关于顾客的知识和顾客拥有的知识两方面展开;企业创新绩效从产品、管理和服务等方面的创新来整体衡量。在对社会资本维度的划分上,主要依据 Nahapiet 和 Ghoshal(1998)对社会资本的划分,并且韦影(2005),Presutti,Boari 和 Fratocchi(2007)等诸多学者都采取此类划分进行社会资本的相关研究。另外对于社会资本、顾客知识获取和创新绩效的研究,Yli-Renko,Autio 和 Sapienza(2001),王立生(2007)的研究都为本研究提供了理论依据。

---

① 中科院网 http://www.cass.net.cn/file/20090723237543.html.

(1)社会资本的结构维度

社会资本的结构维度最早是Granovetter(1992)在其研究中以结构嵌入提出的,他将结构嵌入定义为是社会系统和作为整体的关系网络特征。Nahapiet和Ghoshal(1998)则认为社会资本的结构维度是指个体之间联结的模式,包括网络联系、网络结构和专门组织,这个维度主要关心的是网络联系是否存在以及通过网络密度、连通性以及层次等描述联结形式的网络结构。针对社会资本结构维度的衡量因素,诸多学者根据其研究目的进行了相应的选择,主要的代表性因素构成如表3.3所示。

表3.3 社会资本结构维度的衡量因素构成

学　者	网络联系	网络结构	专门机构	网络稳定性
Nahapiet & Ghoshal(1998)	☆	☆	☆	
Mark C. Bolino(2002)	☆	☆		☆
Presutti,Boari & Fratocchi(2007)	☆	☆	☆	
韦影(2005)	☆	☆		
朱亚明(2005)	☆	☆	☆	
王立生(2007)	☆			
王三义等(2007)	☆	☆		☆
Tsai& Ghoshal(1998)	☆			
频数统计	8	6	3	2

资料来源:本研究根据相关文献整理,其中☆代表学者在其研究中选择该变量来衡量这一维度。

根据Nahapiet和Ghoshal(1998),Presutti,Boari和Fratocchi(2007)对社会资本结构维度的定义,本研究认为社会资本结构维度是指企业与顾客之间的社会网络联结模式,包括网络联系、网络结构(Nahapiet & Ghoshal,1998;Tsai & Ghoshal,1998;Mark C. Bolino,2002;韦影,2005;朱亚明,2005;王立生,2007;王三义等,2007)和专门组织(Nahapiet & Ghoshal,1998;Presutti,Boari & Fratocchi,2007),其中网络联系主要体现为企业与顾客的联系频率、联系程度等;网络结构主要体现为企业与顾客之间关系网络的广泛程度;专门组织则主要指企业与顾客接触的顾客服务专门机构和人员。

(2)社会资本的关系维度

Granovetter(1992)在其研究中将关系嵌入定义为人们在长期互动过程中形成的人际关系类型,比如尊重和友谊(Nahapiet & Ghoshal,1998)。Nahapiet和Ghoshal(1998)认为社会资本的关系维度是指通过创造关系或由关系力量获得的资产，包括信任和可信度、规范与认可、义务与期望以及可辨识的身份。针对社会资本关系维度的衡量因素，诸多学者根据其研究目的进行了相应的选择，主要的代表性因素构成见表 3.4。

表 3.4 社会资本关系维度的衡量因素构成

学者	信任	道德规范	义务和期望	可辨识的身份	同一性	真诚合作	喜爱(情感方面)	满意	承诺
Nahapiet & Ghoshal(1998)	☆	☆	☆	☆					
Mark C. Bolino(2002)	☆				☆		☆		
Presutti,Boari & Fratocchi(2007)	☆	☆	☆	☆					
韦影(2005)		☆				☆			☆
朱亚明(2005)	☆	☆	☆		☆				
王立生(2007)	☆							☆	☆
王三义等(2007)	☆					☆			☆
Tsai & Ghoshal(1998)	☆								
频数统计	7	4	3	2	2	2	1	1	3

资料来源：本研究根据相关文献整理，其中☆代表学者在其研究中选择该变量来衡量这一维度。

根据 Nahapiet 和 Ghoshal(1998)对社会资本关系维度的定义，结合 Yli-Renko，Autio 和 Sapienza(2001)，王立生(2007)根据社会资本关系质量的观点，以及对顾客而言满意是较为重要的，本研究认为社会资本关系维度是指企业通过和顾客建立关系所创造的可以获取其他稀缺资源的资产，包括信任、道德规范(Nahapiet & Ghoshal，1998；Tsai & Ghoshal，1998；Mark C. Bolino，2002；Presutti，Boari & Fratocchi，2007)和满意(王立生，2007)，其中信任主要体现为企业与顾客之间的相互信任程度；满意主要体现为企业—顾客双方对于合作生产这种关系状况的认可程度；道德规范则主要体现为企业与顾客在交往中所表现出的对基本行为、合作准则的遵守程度。

(3)社会资本的认知维度

认知维度是 Nahapiet 和 Ghoshal(1998)在根据前人对社会资本维度研究的基础上提出的，指提供不同主体共同理解、解释和含义系统的资源，包括共享的语言、编码和共享的陈述。针对社会资本认知维度的衡量因素，诸多学者根据其研究目的进行了相应的选择，主要的代表性因素构成见表 3.5。

表 3.5　社会资本认知维度的衡量因素构成

学　者	共享语言	共享陈述	共享愿景（共同价值观）	共享文化	组织距离	冲突程度
Nahapiet & Ghoshal(1998)	☆	☆				
Mark C. Bolino(2002)	☆	☆				
Presutti, Boari & Fratocchi(2007)	☆	☆				
韦影(2005)	☆		☆			
朱亚明(2005)	☆		☆	☆		
王立生(2007)			☆		☆	☆
王三义等(2007)	☆			☆		
Tsai & Ghoshal(1998)			☆			
频数统计	6	3	4	2	1	1

资料来源：本研究根据相关文献整理，其中☆代表学者在其研究中选择该变量来衡量这一维度。

依据诸多学者关于社会资本认知维度衡量因素的频率，以及 Nahapiet 和 Ghoshal(1998)对社会资本认知维度的定义，本研究认为社会资本认知维度是指企业与顾客在交往过程中相互理解、解释的资源，包括共享语言、共享陈述(Nahapiet & Ghoshal, 1998; Mark C. Bolino, 2002; Presutti, Boari & Fratocchi, 2007；韦影，2005；朱亚明，2005；王三义等，2007)和共同价值观(韦影，2005；朱亚明，2005；王立生，2007；Tsai & Ghoshal, 1998)，其中共享语言主要体现为语言类型，比如方言、专业用语的使用；共享陈述主要表现为企业与顾客之间沟通等方面是否存在障碍，信息的传达是否能被正确接收等；共同价值观主要体现为企业与顾客对经营理念、产品价值、合作目的等看法的一致程度。

(4)顾客知识获取

Christine, Devinney 和 Midgley(2004)在其研究中认为知识获取是指一个企业在与外部或内部团体的互动过程中所取得的知识。黄亦潇、邵培基(2006)认为顾客知识获取是指企业通过与顾客的接触管理、开发、收集和整理企业内、外部各种顾客信息，并利用数据挖掘、知识推理等人工智能技术从中提取顾客知识。另外，诸多学者在其研究中都将顾客知识获取定义为企业在与顾客交往的过程中对顾客知识的取得和应用(Yli-Renko, Autio & Sapienza, 2001; Presutti, Boari & Fratocchi, 2007；张波，2003；王立生，2007)。同时，张波(2003)从产品相关知识和管理技能知识作为知识获取两个因素来研究其对产品开发的影响，张方华(2004)则从市场开发知识、技术研发知识和创新管理知识三个知识获取因素来研究知识获取对于创新绩效的影响，并都验证两者是显著正相关的。因此根据 Gebert 和 Geib(2003)对关于顾客的知识和顾客拥有的知识的定义，结合王永贵(2005)有关顾客的知识和内化的顾客知识的定义，本研究认为顾客知识获取是指企业通过与顾客的交往，收集、整理和利用关于顾客的知识和顾客拥有的知识，并通过专业手段进行储存和管理。其中关于顾客的知识是指被公司收集来了解顾客动机的知识，包括顾客的历史记录、背景、需求以及购买活动，通常是基于企业对顾客数据库的应用；顾客拥有的知识是指顾客通过各种途径收集和形成的关于企业、市场及其他竞争者的产品、服务等方面的知识，通常存在于顾客的头脑中，例如顾客的经验、创造力以及对产品或服务的满意或者不满意的程度等。

(5)企业创新绩效

Gallouj 和 Weinstein(1997)在关于服务业创新的研究中，将创新定义为产品属性的增加或功能的提升。Hagedoorn 和 Cloodt(2003)认为创新绩效(innovative performance)从狭义上理解是指根据企业将发明创造引入市场的程度来衡量的结果，从广义上来理解是指从概念生成一直到将发明创造引入市场整个轨迹过程所取得的包括发明、技术以及创新三方面的绩效。本研究根据 Nonaka 和 Takeuchi (1995)、Gallouj 和 Weinstein(1997)、Fritsch 和 Lukas(2001)等学者对于创新绩效的概念界定，认为企业创新就是企业生产要素的改进和新组合的产生，例如产品、服务、管理等方面的改进。因此在创新绩效的选取上主要针对产品和组织两个方面，其中关于产品的创新绩效主要是产品属性的增加或功能的提升，关于组织的创新主要指销售、维修、服务、品牌以及管理经验与能力的提升。

3.3.2 研究假设

在理论基础部分，本研究提出从企业与顾客间社会资本的结构维度、关系维度和认知维度来研究顾客知识获取以及对企业创新绩效的影响，其中结构维度主要包括网络联系、网络结构和专门组织三个要素，关系维度主要包括信任、规范和满意三个要素，认知维度主要包括共享语言、共同价值观和共享陈述三个要素；顾客知识获取主要从关于顾客的知识获取和顾客拥有的知识获取两个维度来研究。根据社会资本→顾客知识获取→企业创新绩效的研究路径，本次研究依次提出如下假设：

1. 社会资本与顾客知识获取关系

外部知识获取是一个社会性的活动，组织外部的网络联系能够很好地为组织获取外部的资源提供桥梁(Adler & Kwon，2002)，并且积累社会资本是企业获取外部知识的有效途径(Anand & Glick，2002)。Nahapiet 和 Ghoshal (1998)、Tsai 和 Ghoshal(1998)在其研究中都指出企业的社会联系网络有助于企业获取外部的知识资源，通过对获取知识的整合形成自身的智力资本。张方华(2004)、王立生(2007)在其研究中也都指出社会资本显著正向影响顾客知识的获取。对于中国背景下的KIBS中小企业而言更是如此,Park和Luo(2001)通过对128家中国企业的调查分析得出社会资本能有效促进中国企业获取外部知识资源以及竞争性资源。Hite和Hesterly(2001)在其研究中也认为对于新建小企业而言,由于缺乏资源,通过利用企业的网络联系可以有效促进企业获取外部资源,而知识资源就是其智力资本累积的重要来源。企业通常在与顾客的交往过程中与其建立社会联系网络,通过嵌入于这种联系网络中的各种资源,例如信任、关系等资源可以有效缩短企业与顾客的距离,并且这些资源能有效促进企业获取有价值的顾客知识,从而生产、提供与顾客需求更为匹配的产品或服务,因此本次研究提出如下假设:

H1:企业与顾客之间的社会资本与企业的顾客知识获取正相关。

(1)结构维度与顾客知识获取关系

社会资本的结构维度对企业的外部知识获取至关重要,通常密切的社会交往能够促使技术型企业洞察关键顾客的专业系统和结构,从而促使企业获取顾客的特殊信息、语言和知识(Dyer & Singh,1998;Lane & Lubatkin,1998)。而关键顾客是新建企业和市场的桥梁,同顾客保持联系能有效促进外部信息的交流和获取(Granovetter,1973;Yli-Renko,Autio & Sapienza,2001),尤其对于高度知识密集、高度互动的KIBS中小企业而言,更应充分利用各种资源来提升自身的竞争能力,发挥与顾客沟通的高度互动性作用,获取有效的顾客需求信息,以及顾客对产品、服务和市场的看法。Cooke和Wills(1999)、Cooke和Clifton(2002)等学者在其研究中也都指出通过网络联系可以有效促进中小企业的知识绩效。Kogut和Zander(1996)认为通常一些关于顾客的显性信息很容易被企业获取,但是在顾客头脑中的隐性知识只有通过与顾客的关系网络逐步获取,并且密切的社会交往能有效促进企业获取顾客的隐性知识。Nahapiet和Ghoshal(1998)也认为通过网络成员的关系可以增加获取有效信息的机会,并且与外界的社会联系可以有效获取知识,从而形成自身的智力资本。Yli-Renko,Autio和Sapienza(2001),Presutti,Boari和Fratocchi(2007)等学者也都验证了社会资本的结构维度与顾客知识获取之间的显著正向影响关系。当然,网络联系的程度、同顾客交往的时间长短对顾客知识的获取程度也会有很大的影响(韦影,2005),企业应当注重在与顾客的交往过程中构建一对一的方式以及多种顾客向企业传递信息的途径,从而促进企业获取有价值的顾客知识。从诸多学者的研究可以得出,企业的网络联系、网络结构以及专门组织在不同程度上促进企业获取有效的顾客知识,因此本研究提出如下假设:

H1a:企业与顾客之间社会资本的结构维度水平越高,则越有利于企业获取关于顾客的知识。

H1b:企业与顾客之间社会资本的结构维度水平越高,则越有利于企业获取顾客拥有的知识。

(2)关系维度与顾客知识获取关系

社会资本的关系维度主要可以从信任、满意和道德规范来分析,Uzzi(1996)在其研究中认为组织之间信任可以促进彼此的资源交换活动。McEvily,Perrone和Zaheer(2003)认为信任通过提高知识转移过程中的开放性以及提高联合问题的解决而影响知识共享。Bouzdine和Lorgnier(2004)则从关系和信任的角度研究了社会资本对于组织间知识共享的影响,并验证了其对知识共享的正向影响作用。满意作为顾客对与企业间关系的情感性评价,对企业有效获取顾客知识有重要的影响,顾客对企业的信赖很大程度上是通过每一次交易的满意积累而形成的。尤其在市场营销领域,对顾客满意的研究几乎已经被所有的企业和学者关注,Liang和Wang(2005)在其研究中通过对台湾地区金融服务行业的调查分析,认为交易双方对关系的满意程度是关系稳定性和可持续性的一个重要因素,通常良好的关系能促进顾客知识的有效获取。因此本研究基于企业与顾客交往过程中的知识获取研究过程,认为满意正向影响顾客知识获取。企业道德规范是企业对外交往过程中的一个信誉体现,Nahapiet和Ghoshal(1998)认为道德规范在很大程度上影响知识交换过程,并且为获取知识敞开了一扇大门。同时诸多国内学者也验证了社会资本关系维度的道德规范对获取知识的促进作用(韦影,2005;朱亚明,2005)。

社会资本关系维度对顾客知识获取影响的相关研究,国内以中国企业为背景的研究中普遍都验证了关系维度是正向影响企业顾客知识获取的(张波,2003;王立生,2007),但是在国外的部分研究中却得出相反的结论(Yli-Renko,Autio & Sapienza,2001;Presutti,Boari & Fratocchi,2007)。尽管在结论上存在不一致性,但是从关系维度的构成要素出发对顾客知识获取的研究所得出的结论普遍较为一致。从诸多学者的研究可以得出,社会资本关系维度的信任、满意以及道德规范在不同程度上促进了企业获取有效的顾客知识,因此本研究提出如下假设:

H1c:企业与顾客之间社会资本的关系维度水平越高,则越有利于企业获取关于顾客的知识。

H1d:企业与顾客之间社会资本的关系维度水平越高,则越有利于企业获取顾客拥有的知识。

(3)认知维度与顾客知识获取关系

Nahapiet和Ghoshal(1998)认为共享语言在社会关系中具有直接和重要的

功能，人们在某种程度上拥有共同的语言会提高他们接近他人并获取信息的能力，如果他们的语言和法则不同，就容易使他们分离以及限制他们的交流。同时一个团体中共享陈述可以创造和转移对事件新的理解和看法，通过这个可以整合不同形式的知识，包括大部分的隐性知识。Yli-Renko，Autio 和 Sapienza(2001)认为共同价值观能够促进企业与顾客之间的知识交流，并且当双方有共同的价值观时，双方在交换信息时的吸收能力最大，沟通障碍最小。韦影(2005)也在其研究中认为认知维度对知识获取具有促进作用。张波(2003)在其研究中通过对杭州、上海、湖北等地 131 家中小企业的调查得出社会资本认知维度正向影响企业的顾客知识获取。王三义等(2007)在其研究中验证了社会资本认知维度显著正向影响知识转移，并且认知维度通过改变企业间知识转移的机会、动机和能力进而影响企业间知识转移水平。中国 KIBS 中小企业在中国这样一个高语境的国家背景下社会资本认知维度就显得尤为重要，由于地缘思想在我国的重要性，拥有和顾客共同的语言能有效帮助企业和顾客进行联系和沟通，促进企业获取有价值的顾客知识。从诸多学者的研究可以得出，企业社会资本认知维度的共享语言、共享陈述以及共同价值观在不同程度上促进了企业获取有效的顾客知识，因此本研究提出如下假设：

H1e：企业与顾客之间社会资本的认知维度水平越高，则越有利于企业获取关于顾客的知识。

H1f：企业与顾客之间社会资本的认知维度水平越高，则越有利于企业获取顾客拥有的知识。

2. 顾客知识获取与企业创新绩效关系

关于顾客知识获取与企业创新绩效间关系有诸多学者在不同领域进行了验证，普遍认为顾客知识获取会促进企业创新绩效的提升(Yli-Renko，Autio & Sapienza，2001；张波，2003)。Von Hippel(1977)、王永贵(2005)等学者指出企业的很多创新并非来自企业内部，而是来源于最终用户，用户创新已经成为一些行业的主要创新来源。Yli-Renko，Autio 和 Sapienza(2001)在对新建高新技术企业的研究中指出通过与关键顾客之间的关系获取知识对于高新技术企业开发新产品有重要意义。李纲、刘益(2007)，朱桂龙、李汝航(2008)在其研究中也指出企业的外部知识获取会促进企业的创新绩效。王立生(2007)通过对制造业企业的研究也验证了关键顾客的顾客知识获取显著正向影响企业的产品创新绩效。Presutti，Boari 和 Fratocchi(2007)认为关键顾客知识的获取从三个方面促进新建技术企业提升创新绩效：(1)通过增强顾客关系中有用的顾客专门知识广度来提升研发行为中新资源和新想法的潜力；(2)通过提升信任、协调和沟通的程度，增加关键顾客向新建企业提供关于研发方面的知识和信息；

(3)通过提升新建高新企业和顾客合作开发新产品的意愿，加强商业关系相互联系的稳定性和长期性。本次研究将创新绩效作为一个整体变量来研究，顾客知识所包含的内容除了关于产品的知识之外，还有关于管理、服务、竞争者、市场等多方面的知识，因此本研究除了考虑产品创新之外，还需要考虑顾客知识对管理、服务等方面创新的影响。从诸多学者的研究可以得出，企业关于顾客的知识和顾客拥有的知识两类顾客知识获取都在一定程度上促进了企业创新绩效的提升，因此本研究提出如下假设：

H2：企业与顾客往来过程中的顾客知识获取与企业创新绩效正相关。

H2a：企业与顾客往来过程中关于顾客的知识获取与企业创新绩效正相关。

H2b：企业与顾客往来过程中顾客拥有的知识获取与企业创新绩效正相关。

3.3.3 模型构建

根据上述理论推理和研究假设，社会资本通过顾客知识获取对企业的创新绩效产生影响，对应的社会资本结构维度、关系维度和认知维度通过顾客知识获取中关于顾客的知识获取和顾客拥有的知识获取两个维度对企业的创新绩效产生影响，据此本研究构建了社会资本、顾客知识获取与企业创新绩效之间关系的理论模型，如图 3.1 所示。

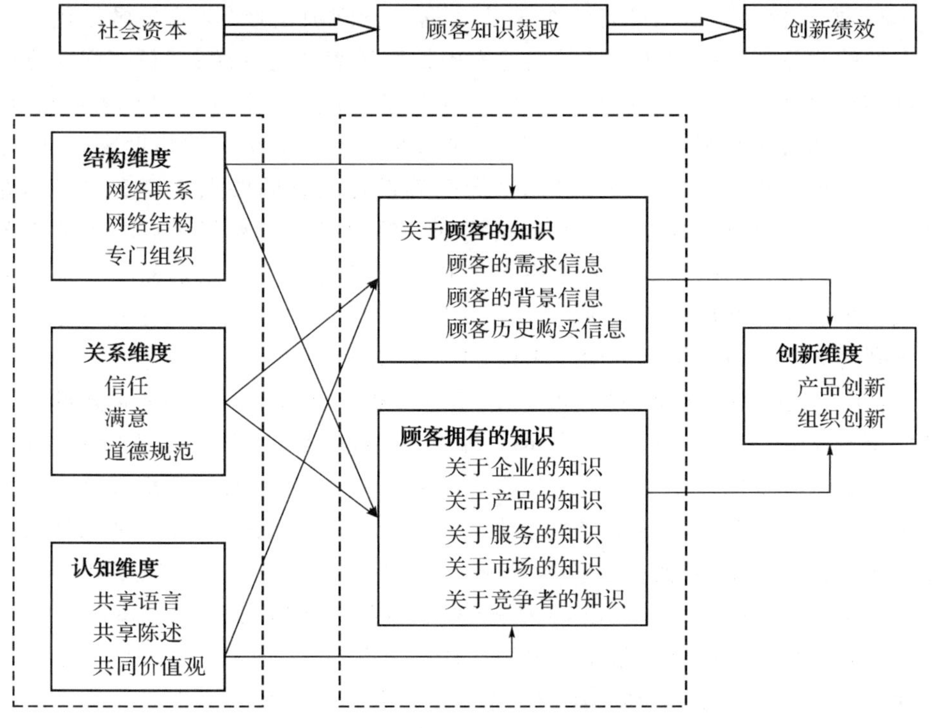

图 3.1 社会资本、顾客知识获取与企业创新绩效关系的理论模型

3.4 问卷设计与统计分析

3.4.1 问卷设计

1. 问卷设计原则与步骤

本问卷设计的目的主要是为了研究我国 KIBS 中小企业社会资本、顾客知识获取和创新绩效三者间的关系，实证检验社会资本对 KIBS 中小企业顾客知识获取以及创新绩效的影响。由于中小企业最容易受到外部关系的影响(Yli-Renko, Autio & Sapienza, 2001)，并且其通常比大企业更缺乏资源(Yli-Renko, Autio & Tontti, 2002)，因此通过外部关系获取对企业有价值的知识资源对中小企业而言则更为重要，研究这三者之间的影响关系可以更好地为 KIBS 中小企业在外部关键资源的获取上提供有益建议，通过实证研究可以准确和直观地说明这一系列问题。

问卷设计的原则方面，Churchill 在 1979 年提出：一是操作化必须建立在正确的概念化基础上，在量表开发之前需要研究测度对象，以找出一个理论框架(也就是概念化)，然后以该理论框架为依据进行问项设计(也就是操作化)；二是有效的测量工具必须从一般的问题库中抽取代表性的问题；三是多问项测度原则，对于具体的量表设计，特定的概念至少应该通过两个以上的问项来测量；四是信度和效度原则，设计完成的量表和问卷必须具备相应的信度和效度，才能应用于正式研究。马庆国(2002)认为正确设计问卷的要点主要有：(1)问卷问题要根据研究目标设立；(2)要依据调查对象的特点设置问题；(3)不能设置得不到诚实回答的问题；(4)对于有可能得不到诚实回答的问题而又必须了解的数据可以通过其他方法处理，比如变更问题的提法。本次研究在充分考虑诸多学者对于问卷设计提出的建议之后，进行相关问卷设计。本问卷采用 Likert 5 级量表形式的测量方式，即用数字 1～5 代表被调查者对问卷中所描述的状况从完全不同意(很不满意)到完全同意(很满意)的意见，其中社会资本测度和顾客知识获取测度部分主要采取主观感受评价法测量，企业的创新绩效测度则是通过与国内同行业同类型主要竞争者 2008 年业绩进行比较，基于客观绩效的主观感受评价法，以求使社会资本和顾客知识获取尽可能被精确地衡量。

本次研究在问卷设计阶段，主要通过以下四个步骤来实现问卷设计：

首先，通过文献阅读，基于国内外在社会资本、顾客知识获取和创新绩效三方面的相关文献研究，整理变量的相关量表。针对国内外学者在这三方面的研究，借鉴其中与本研究相关的量表。对于外文文献中的相关量表，本研究通过中英双重翻译进行仔细推敲，选择合适用语，对由于研究对象、研究范围所产生的差异，本研究结合实际情况进行了相应的修改和调整。

其次，通过与从事该领域研究的相关专家进行探讨来进一步修改问卷。通过与从事该领域研究的专家探讨其中存在的问题、理论测量本身可能会出现的问题以及为了避免相关问题进行问项上的调整，对整体用语、编排以及问项的合理性方面进行探讨与调整。

再者，进行企业的小规模访谈确定问项是否存在表述不清和歧义等问题，并且根据企业人员的经验补充相关问项以及修改和删除一些不合适的问项。

最后，根据小样本的调查结果，对于问卷的信度、效度检验，通过Cronbach's α 信度系数法剔除相关度较低的问项，整理出最能度量变量的问项，在此基础上调整和修改问卷，形成大规模的调查问卷。

2. 变量测量

(1)社会资本结构维度的测量

根据在理论基础部分的分析，本研究将社会资本结构维度定义为企业与顾客之间的社会网络联结模式，包括网络联系、网络结构和专门组织，其中网络联系主要体现为企业与顾客的联系频率、联系程度等；网络结构主要体现为企业与顾客之间关系网络的广泛程度；专门组织则主要指企业针对与顾客接触的顾客服务专门机构和人员。

对于结构维度的测量，Yli-Renko、Autio 和 Sapienza(2001)在其新建技术企业社会资本对关键顾客知识获取和知识开发的影响研究中，用 4 个问项来测量社会资本的结构维度(在其文中以社会交往、顾客网络联系两维度体现，信度系数分别为 0.71、0.86)，分别为：我们与此顾客保持紧密的社会关系；我们在个人层面上了解这个顾客的员工；通过这个顾客我们可以接触到新的顾客；这个顾客为我们认识其他顾客提供了一条途径。Presutti、Boari 和 Fratocchi(2007)在其研究中用 3 个问项来测量社会资本的结构维度，信度为 0.85。张波(2003)在其研究中用 3 个问项来测量社会资本的社会交往，信度系数为 0.72，用 2 个问项来测量顾客网络，信度系数为 0.75。韦影(2005)在其基于吸收能力视角下企业社会资本对技术创新绩效的影响研究中用 3 个一级问项来测量社会资本结构维度，信度系数为 0.90。王立生(2007)在其研究中用 4 个问项来测量社会资本的互动强度，信度系数为 0.72。根据上述学者对社会资本结构维度的测量，本研究提出 6 个初始测量条款，如表 3.6 所示。

表 3.6 社会资本结构维度的初始测量条款

结构维度的测量条款	参考来源
A1:我们与顾客经常进行多种形式的交流 A2:我们与顾客经常沟通关于公司各方面的问题(例如产品、服务、市场等等) A3:我们了解顾客的个人情况 A4:通过顾客的帮助,我们可以接触到更多的新顾客 A5:我们经常安排专人去了解顾客的情况 A6:我们有系统的联系顾客的平台(例如论坛 bbs、邮箱、MSN、QQ 等等)	Yli-Renko,Autio & Sapienza(2001); Presutti,Boari & Fratocchi(2007); 张波(2003); 王立生(2007)

(2)社会资本关系维度的测量

根据在理论基础部分的分析,本研究将社会资本关系维度定义为企业通过和顾客建立关系所创造的可以获取其他稀缺资源的资产,包括信任、满意和道德规范,其中信任主要体现为企业与顾客之间的相互信任程度;满意主要体现为企业与顾客双方对于合作生产这种关系状况的认可程度;道德规范则主要体现为企业与顾客在交往中所表现出的基本行为、合作准则的遵守程度。

对于关系维度的测量,Yli-Renko,Autio 和 Sapienza(2001)在其研究中用了 3 个问项测量社会资本的关系维度,信度系数 0.73,分别为:在这个关系中,双方都避免在严重损害对方利益的状况下实现需求;在这个关系中,即使存在机会双方也不会利用对方;这个顾客通常对我们信守承诺。Presutti,Boari 和 Fratocchi(2007)在其研究中用 6 个问项来测量社会资本的关系维度,信度系数为 0.84。张波(2003)在其研究中用 3 个问项来测量社会资本的信任,信度系数为 0.73。Kwuon 和 Suh(2004)用 3 个问项来测量供应链内企业之间的关系满意,信度系数为 0.87。韦影(2005)在其研究中用 3 个一级问项来测量社会资本关系维度,信度系数为 0.91,其中关于信守承诺的信度系数为 0.88,关于真诚合作的信度系数为 0.86。王立生(2007)在其研究中用 5 个问项测量关系维度的满意,信度系数为 0.72。根据上述学者对社会资本关系维度的测量,本研究提出 6 个初始测量条款,如表 3.7 所示。

表 3.7 社会资本关系维度的初始测量条款

关系维度的测量条款	参考来源
B1:我们与顾客之间相互信守承诺 B2:我们与顾客之间真诚合作 B3:我们允许顾客延期付款 B4:我们通过非正式程序与顾客完成交易(例如口头、非合同) B5:我们在与顾客的合作过程中感觉很愉快 B6:我们与顾客之间合作尽量避免损害对方利益	Yli-Renko,Autio & Sapienza(2001); Presutti,Boari & Fratocchi(2007); Kwuon & Suh(2004); 韦影(2005);王立生(2007)

(3)社会资本认知维度的测量

根据在理论基础部分的分析，本研究将社会资本认知维度定义为企业与顾客在交往过程中相互理解、解释的资源，包括共享语言、共享陈述和共同价值观，其中共享语言主要体现为语言类型，比如方言的使用；共享陈述主要表现为企业与顾客之间沟通等方面是否存在障碍，信息的传达是否能被正确接收等；共同价值观主要体现为企业与顾客对经营理念、产品价值、合作目的等看法的一致程度。

对于认知维度的测量，Presutti，Boari 和 Fratocchi(2007)在其研究中用 5 个问项来测量社会资本的认知维度，信度系数为 0.80。张波(2003)在其研究中用 3 个问项来测量社会资本的共同愿景，信度系数为 0.74。Li(2005)在研究共享愿景对跨国公司海外子公司从跨国母公司与当地市场关系知识获取的影响时，从企业惯例、组织文化、共同目标和企业经营方面的共同理念 4 个方面测量共享愿景，信度系数为 0.83。韦影(2005)在其研究中用 2 个一级问项来测量社会资本认知维度，信度系数为 0.90，其中共享语言的信度系数为 0.85，共同价值观的信度系数为 0.80。朱亚明(2005)用 6 个问项来测量部门之间社会资本认知维度，信度系数为 0.94。王立生(2007)在其研究中用 5 个问项测量企业与顾客间的认知，信度系数为 0.80。根据上述学者对社会资本认知维度的测量，本研究提出 6 个初始测量条款，如表 3.8 所示。

表 3.8　社会资本认知维度的初始测量条款

认知维度的测量条款	参考来源
C1：顾客和我们能使用相同的语言充分交流	Li(2005)； 张波(2003)； 韦影(2005)； 朱亚明(2005)； 王立生(2007)
C2：顾客和我们双方的专业背景知识、教育程度没有影响我们正常的沟通	
C3：顾客和我们双方都清楚合作的目的和意义	
C4：顾客非常认同我们的经营理念	
C5：在合作的过程中，我们能清晰地理解顾客反馈的信息(例如产品、服务、市场等等)	
C6：在合作的过程中，顾客能清晰地理解我们传递的信息(例如产品、服务、市场等等)	

(4)顾客知识获取的测量

根据在理论基础部分的分析，本研究认为顾客知识获取是指企业通过与顾客的交往收集、整理和利用关于顾客的知识和顾客拥有的知识，并通过专业手段进行储存和管理。其中关于顾客的知识是指被公司收集来了解顾客动机的知识，包括顾客的历史记录、背景、需求以及购买活动，通常是基于企业对顾客数据库的应用；顾客拥有的知识是指顾客通过各种途径收集和形成的关于企业、市场及其他竞争者的产品、服务等方面的知识，通常存在于顾客的头脑中，例如顾客的经验、创造力以及对产品或服务的满意或者不满意程度等。

对于顾客知识获取的测量，Yli-Renko，Autio 和 Sapienza(2001)在其研究中用 4 个问项来测量关键顾客的知识获取，信度系数为 0.85，分别为：通过供应这个顾客我们可以获取大量关于市场的知识；我们获取的大部分有价值的关于顾客的需求和趋势信息是来源于这个顾客；通过供应这个顾客我们可以获取大量的技术诀窍；我们大部分关于产品和服务的技术诀窍来源于与这个顾客的关系。Presutti，Boari 和 Fratocchi(2007)在其研究中用 2 个问项来测量关键顾客的知识获取，信度系数为 0.86。张方华(2004)在其知识型企业的社会资本与企业创新绩效的研究中，从市场开发方面的知识、研发方面的技术知识和创新管理知识 3 个问项来测量高科技企业的知识获取，信度系数为 0.87。李英华(2004)在其研究中用 5 个问项来测量战略合作中组织的知识获取，信度系数为 0.81。王立生(2007)在其研究中用 6 个问项来测量制造企业关键顾客的知识获取，信度系数为 0.82。根据上述学者对知识获取的测量，本研究从知识获取的数量上进行研究，分别对关于顾客的知识和顾客拥有的知识提出 3 个和 6 个初始测量条款，如表 3.9 和表 3.10 所示。

表 3.9　关于顾客的知识获取的初始测量条款

关于顾客的知识获取的测量条款	参考来源
D1：我们从顾客那里获取很多关于顾客需求的信息 D2：我们从顾客那里获取很多关于顾客的基本信息(例如购买活动、历史记录、顾客背景信息等) D3：我们从顾客那里获取很多关于顾客需求变化趋势的信息	Yli-Renko，Autio & Sapienza(2001)；Presutti，Boari & Fratocchi(2007)

表 3.10　顾客拥有的知识获取的初始测量条款

顾客拥有的知识获取的测量条款	参考来源
E1：我们从顾客那里获取很多关于产品研发的知识与技能(例如产品开发与设计、产品工艺、功能改进、产品生命周期管理等) E2：我们从顾客那里获取很多先进营销知识和技能(例如销售技能、市场开拓方式等) E3：我们从顾客那里获取很多关于市场状况分析的知识(例如产品的市场前景、品牌知名度等) E4：我们从顾客那里获取很多关于服务理念和技能的知识(例如服务途径、服务方式、服务技巧等) E5：我们从顾客那里获取很多有关行业中竞争对手的相关资料(例如竞争对手的新产品上市、技术创新、销售渠道、管理方式等) E6：我们从顾客那里获取很多先进管理知识和技能(例如公司管理、品牌管理、销售团队管理等)	Yli-Renko，Autio & Sapienza(2001)；Presutti，Boari & Fratocchi(2007)；李英华(2004)；张方华(2004)；王立生(2007)；

(5)创新绩效的测量

根据在理论基础部分的分析，本研究认为企业创新就是企业生产要素的改进和新组合的产生，例如产品、服务、管理等方面的改进。Yli-Renko，Autio 和 Sapienza(2001)在其研究中通过新产品的数量和销售成本自然对数后进行相关分析，验证知识获取与这两者的显著关系($P<0.001$)。Cooke 和 Clifton(2002)在其中小企业社会资本对绩效的影响研究中用自身的研发能力、新产品和服务、产品和服务的改进、市场占有率等 8 个方面测量中小企业的绩效，通过结构方程验证了其显著性。张方华(2004)在其研究中用 5 个问项来测量创新绩效，分别为(与国内同行业的主要竞争者相比，2003 年的情况)新产品开发速度、年新产品数、创新产品成功率、年申请的专利数和新产品占总销售额的比重，信度系数为 0.86。韦影(2005)在借鉴张方华(2004)的基础上采用这 5 个问项来测量技术创新绩效，信度系数为 0.90。李英华(2004)在其研究中用 4 个问项测量技术创新绩效，信度系数为 0.78。朱亚明(2005)则用 9 个问项来测量企业绩效(市场绩效和创新绩效)，其中市场绩效的信度系数为 0.96，创新绩效的信度系数为 0.90。王立生(2007)在其研究中用 6 个问项来测量产品创新绩效，信度系数为 0.87。根据上述学者对创新绩效的测量，在借鉴其研究成果的同时，考虑到本研究的对象侧重于服务业，产品的创新更多的是一种属性的改进，以及我国 KIBS 中小企业自身的特点，本次研究采用结合客观绩效的主观绩效评价法进行测量，从产品创新和组织创新两个方面提出 9 个初始测量条款，如表 3.11 所示。

表 3.11 创新绩效的初始测量条款(与国内同行业同类型主要竞争对手比，2008 年的情况)

创新绩效的测量条款	参考来源
F1：产品的改进速度(例如质量、工艺、功能等) F2：年新产品数量 F3：年申请专利数量 F4：新产品占销售总额的比重 F5：产品市场份额 G1：响应顾客需求的速度 G2：企业的品牌知名度 G3：服务的改进效果(例如服务质量、方式等) G4：管理水平的改进效果(例如团队管理、产品管理、成本管理、风险管理等)	Yli-Renko，Autio & Sapienza(2001)； Cooke & Clifton(2002)； 张方华(2004)； 李英华(2004)； 韦影(2005)； 朱亚明(2005)； 王立生(2007)

3. 小样本测试

小样本测试是在大规模发放问卷之前，为了提高问卷的信度和效度所进行的问卷前测，主要目的是通过对小范围被试者的测量，对问卷的项目进行净化，形成有效的大样本测量问卷。本研究在前测部分主要对杭州、台州、宁波和嘉兴等地的企业进行实地调研和问卷发放，总共发放问卷85份，回收62份，其中有效问卷为51份。

本研究前测部分主要从信度分析和探索性因子分析两个方面同时筛选变量的测量问项，其中信度分析方面使用纠正条款的总相关系数(Corrected Item-Total Correlation，CITC)来净化测量变量，并且利用Cronbach's α系数来检验问卷的信度。Nunnally(1978)认为测量条款的α系数大于0.7，说明信度符合要求，并且应保留在变量侧度项中修正后总相关系数大于0.35的问项(张方华，2004)。因此本研究以0.35作为净化测量条款的标准，对于CITC小于0.35，并且删除后α会提升的测量条款予以删除。进行信度分析后，通过KMO样本充分性测度和巴特莱特球体检验判断是否可以进行因子分析，一般KMO大于0.7则表示适合进行因子分析。在探索性因子分析中，本研究主要利用主成分方法(Principle Component Methods)，并采用最大方差法(Varimax)来进行分析，在因子个数的选择方面，采用特征值(Eigenvalue)大于1的标准，通过评价测量条款的因子载荷来判断区分效度。

(1)信度分析

第一，社会资本结构维度量表的CITC和信度分析

从表3.12可以看出，第3个测量条款(A3)的CITC值为0.133，明显小于0.35，并且删除该条款后，α系数明显上升，从0.700上升到0.746，所以将这个条款予以删除。删除A3后，剩余条款的CITC分别为：A1是0.571，A2是0.568，A4是0.441，A5是0.540，A6是0.459，都在0.35以上，并且整体的α系数为0.746，大于0.7，说明量表信度符合要求。

表3.12 社会资本结构维度量表的CITC和信度分析

测量项目	初始CITC	删除该项目后的α系数	最后CITC	α系数
A1	0.554	0.625	0.571	初始α=0.700 最终α=0.746
A2	0.497	0.642	0.568	
A3	0.133	0.746	删除	
A4	0.477	0.645	0.441	
A5	0.520	0.628	0.540	
A6	0.447	0.655	0.459	

第二，社会资本关系维度量表的CITC和信度分析

从表3.13可以看出，第3个和第4个测量条款(B3、B4)的CITC值为

0.345 和 0.286，都小于 0.35，并且删除这两项条款后，α 系数明显上升，从 0.764 上升到 0.859，所以将这两个条款予以删除。删除 B3、B4 后，剩余条款的 CITC 分别为：B1 是 0.814，B2 是 0.672，B5 是 0.722，B6 是 0.637，都在 0.35 以上，并且整体的 α 系数为 0.859，大于 0.7，说明量表信度符合要求。

表 3.13 社会资本关系维度量表的 CITC 和信度分析

测量项目	初始 CITC	删除该项目后的 α 系数	最后 CITC	α 系数
B1	0.686	0.681	0.814	初始 α=0.764 最终 α=0.859
B2	0.568	0.713	0.672	
B3	0.345	0.775	删除	
B4	0.286	0.784	删除	
B5	0.710	0.679	0.722	
B6	0.514	0.730	0.637	

第三，社会资本认知维度量表的 CITC 和信度分析

从表 3.14 可以看出，第 1 个测量条款（C1）的 CITC 值为 0.272，小于 0.35，并且删除该条款后，α 系数明显上升，从 0.818 上升到 0.840，所以将这个条款予以删除。删除 C1 后，剩余条款的 CITC 分别为：C2 是 0.553，C3 是 0.745，C4 是 0.633，C5 是 0.750，C6 是 0.578，都在 0.35 以上，并且整体的 α 系数为 0.840，大于 0.7，说明量表信度符合要求。

表 3.14 社会资本认知维度量表的 CITC 和信度分析

测量项目	初始 CITC	删除该项目后的 α 系数	最后 CITC	α 系数
C1	0.272	0.840	删除	初始 α=0.818 最终 α=0.840
C2	0.547	0.799	0.553	
C3	0.728	0.753	0.745	
C4	0.643	0.775	0.633	
C5	0.735	0.761	0.750	
C6	0.585	0.788	0.578	

第四，关于顾客的知识获取量表的 CITC 和信度分析

从表 3.15 可以看出，所有测量条款的最初 CITC 都在 0.35 以上，并且整体的 α 系数为 0.715，大于 0.7，说明量表信度符合要求，不需要删除任何问项。

表 3.15 关于顾客的知识获取量表的 CITC 和信度分析

测量项目	初始 CITC	删除该项目后的 α 系数	α 系数
D1	0.458	0.713	α=0.715
D2	0.606	0.542	
D3	0.553	0.609	

第五,顾客拥有的知识获取量表的 CITC 和信度分析

从表 3.16 可以看出,第 5 个测量条款(E5)的 CITC 值为 0.060,明显小于 0.35,并且删除该条款后,α 系数明显上升,从 0.747 上升到 0.811,所以将这个条款予以删除。删除 E5 后,剩余条款的 CITC 分别为:E1 是 0.567,E2 是 0.550,E3 是 0.646,E4 是 0.656,E6 是 0.577,都在 0.35 以上,并且整体的 α 系数为 0.811,大于 0.7,说明量表信度符合要求。

表 3.16 顾客拥有的知识获取量表的 CITC 和信度分析

测量项目	初始 CITC	删除该项目后的 α 系数	最后 CITC	α 系数
E1	0.528	0.699	0.567	初始 α=0.747 最终 α=0.811
E2	0.514	0.703	0.550	
E3	0.638	0.665	0.646	
E4	0.615	0.674	0.656	
E5	0.060	0.811	删除	
E6	0.591	0.680	0.577	

第六,产品创新绩效量表的 CITC 和信度分析

从表 3.17 可以看出,第 4 个测量条款(F4)的 CITC 值为 0.301,小于 0.35,并且删除该条款后,α 系数上升,从 0.696 上升到 0.709,所以将这个条款予以删除。删除 F4 后,剩余条款的 CITC 分别为:F1 是 0.545,F2 是 0.433,F3 是 0.536,F5 是 0.472,都在 0.35 以上,并且整体的 α 系数为 0.709,大于 0.7,说明量表信度符合要求。

表 3.17 产品创新绩效量表的 CITC 和信度分析

测量项目	初始 CITC	删除该项目后的 α 系数	最后 CITC	α 系数
F1	0.551	0.602	0.545	初始 α=0.696 最终 α=0.709
F2	0.453	0.649	0.433	
F3	0.582	0.589	0.536	
F4	0.301	0.709	删除	
F5	0.395	0.673	0.472	

第七，组织创新绩效量表的CITC和信度分析

从表3.18可以看出，所有测量条款的最初CITC都在0.35以上，并且整体的α系数为0.731，大于0.7，说明量表信度符合要求。但是同时也可以看到，虽然G2的CITC大于0.35，但是删除G2可以提升该部分量表的整体信度到0.763，考虑到本研究选取的CITC指标，先不予删除，待进行因子分析后，如果G2没有达到载荷要求，再考虑删除。因此先保留该部分量表所有问项。

表3.18　组织创新绩效量表的CITC和信度分析

测量项目	初始CITC	删除该项目后的α系数	α系数
G1	0.596	0.629	α=0.731
G2	0.352	0.763	
G3	0.561	0.647	
G4	0.592	0.626	

通过CITC对测量条款进行初步的净化后，测量指标从最初的36个减少为30个，本研究针对剔除后剩余的30个测量条款进行结构效度检验，验证其是否具有明显的区分效度，并且根据因子分析的相关指标进行条款的检验。

(2)探索性因子分析

针对因子分析的样本要求，在前测阶段当预试样本量比预试题项多时可以进行因子分析(吴明隆，2000)，本次前测小样本的样本量为51，达到前测阶段因子分析的条件，可以进行因子分析。本研究主要先通过KMO样本充分性测度(Kaiser-Meyer-Olkin Measure of Sampling Adequacy)和巴特莱特球体检验(Bartlett Test of Sphercity)判断是否适合进行因子分析。对剩余30个测量条款的检验，三个变量的KMO值分别为0.711、0.710、0.717，都大于0.7，并且巴特莱特球体检验的显著性都是0.000，适合进行因子分析，根据主成分分析法，并采用最大方差法(Varimax)来进行分析，在因子个数的选择方面，采用特征值(Eigenvalue)大于1的标准，以及选择显示载荷大于0.5的值，得到因子分析的结果如表3.19所示。

表3.19　探索性因子分析结果

变量	维度	问项	因子1	因子2	因子3
社会资本	结构维度	A1	0.712		
		A2	0.641		
		A4	0.637		
		A5	0.778		
		A6	0.671		

续表

变量	维度	问项	因子 1	因子 2	因子 3
社会资本	关系维度	B1		0.901	
		B2		0.757	
		B5		0.782	
		B6		0.809	
	认知维度	C2			0.714
		C3			0.874
		C4			0.720
		C5			0.793
		C6			0.724
顾客知识获取	关于顾客的知识获取	D1	0.725		
		D2	0.854		
		D3	0.807		
	顾客拥有的知识获取	E1		0.722	
		E2		0.704	
		E3		0.793	
		E4		0.810	
		E6		0.732	
创新绩效	产品创新绩效	F1	0.644		
		F2	0.724		
		F3	0.680		
		F5	0.776		
	组织创新绩效	G1		0.812	
		G2		—	
		G3		0.818	
		G4		0.782	

从表 3.19 可以看出,G2 的载荷小于 0.5,在进行因子分析时每一个指标项目应该只在一个公共因子上的载荷大于 0.5,在其他公共因子的载荷应不超过 0.4,否则予以删除(Tracey,1998)。因此对 G2 条款应进行删除,并且删除 G2 后,组织创新绩效部分的测量条款的信度由原先的 0.731 提升为 0.763,结合本研究的实际情况,决定对 G2 问项进行删除。

此外,其中社会资本三个维度的累积解释变异量为64.454%,顾客知识获取两个维度的累积解释变异量为59.953%,创新绩效两个方面的累积解释变异量为57.316%,可以看出都可以解释大部分的变异情况。剩余的30个条款,除G2之外测量同个变量的条款都能聚集到同一类,并且载荷都是大于0.5的,通过评价测量条款的因子载荷可以判断当前的测量量表具有一定的区分效度。

通过CITC对测量条款进行净化,以及对剩余条款的探索性因子分析结果,本次研究小样本测量部分总共删除7个测量问项,剩余29个问项,在进行相应调整后形成本研究的大规模调查问卷(见附录1)。

3.4.2 数据收集

本研究主要针对企业进行研究,但是由于本研究发放的对象是企业中顾客服务部、销售部和研发部门中了解企业状况的成员,为了避免企业之间由于样本量的不同影响企业层面相关指标所占比例的偏差,本研究在发放问卷过程中尽量注重每个企业的样本量平均。笔者通过对浙江杭州、台州、宁波、嘉兴、绍兴、温州等地62家软件类企业的调研,发放纸质问卷90份,回收76份,其中有效问卷为68份,发放电子问卷230份,回收169份,其中有效问卷为144份(企业名单见附录2),本研究发放的320份问卷中最终用于分析的有效问卷为212份。

1. 数据收集方式

本研究主要通过实地发放、建立联络人、网络平台(QQ)、电子邮件发放问卷等方式进行数据收集,主要从以下四种途径进行数据收集:(1)笔者亲自走访台州市高新技术创业服务中心、部分软件企业等,在服务中心主任、朋友等的帮助下访谈调研相关的企业;(2)以同学、朋友为联络人,发放问卷;(3)通过各软件企业的顾客服务平台与企业相关人员取得联系,通过网络平台(QQ)发放和回收问卷;(4)在朋友的帮助下获得相关调研对象的联系方式,通过电子邮件发放问卷。针对回收的问卷,本研究根据三条原则剔除无效问卷:剔除问卷中多处缺答的;剔除问卷中同一问项多个答案的;剔出问卷回答中出现多处矛盾的,主要以测量同一衡量因子的不同问项结果的一致性来体现,例如问卷中测量网络联系的A1、A2问项,测量信任的B1、B2问项。

2. 数据收集对象

本研究是基于企业层面的社会资本对KIBS中小企业顾客知识获取、创新绩效的影响研究,针对企业某一部门的调研并不一定能准确反映该企业这三者的状况,本研究针对顾客服务部、销售部门和研发部门进行调研,通过对每个企业三个部门的平均调研来反映调研企业的实际状况。在发放问卷的过程中尽量发放给企业三个部门的部门负责人，出于对企业状况的实际了解程度，以及创新绩效通常存在一定滞后性（张方华，2004）的考虑，尽量避免向刚进企业的人员发放问卷。同时为了避免每个企业样本量的差异影响企业层面相关指标的比例，尽量保证每个企业发放同样数量的问卷。

3.4.3 统计分析

1. 描述性统计分析

（1）样本基本情况描述

本研究的背景数据主要由两部分组成，一类是企业层面的，例如企业所在地区、企业成立时间、企业性质、企业规模、2008 年销售额和研发投入；另一类是填写问卷人员的工作信息，例如所在部门、在企业的工作时间。从企业样本分布状况表（见表 3.20）中可以看出，所调研的企业中，杭州的占 51.6%，台州的占 11.3%，宁波的占 6.5%，嘉兴占 19.4%，绍兴的占 3.2%，温州的占 8.1%。针对企业成立的时间，可以看出成立时间在 5 年以下的占总体对象的 19.4%，5～10 年的占 46.8%，10～15 年的占 29.0%，16 年以上的占 4.8%。从企业性质上看，国有企业占 3.2%，民营企业占 87.1%，中外合资和外商独资各占 4.8%。可以看出本研究主要调研的是民营中小企业，为此在变量的分析中可能更多地体现民营中小企业的状况。在企业规模上，50 人以下的占 40.3%，51～100 人的占 30.6%，101～200 人的占 19.4%，201～300 人的占 9.7%。在 2008 年企业的销售总额上 100 万以下的占 1.6%，300 万～1000 万的占 41.9%，100 万～300 万和 1000 万～3000 万的各占 19.4%，3000 万～1 亿的占 11.3%，1 亿～3 亿的占 6.5%。在各个企业的研发投入方面，研发投入比例在 0.5%～1%的占 22.6%，1%～1.5%的占 24.2%，1.5%～3%的占 29.0%，3%～5%的占 19.4%，5%以上的占 4.8%，总体上都是比较全面的，符合中小企业的特征。

表 3.20 企业样本分布描述性统计结果

企业特性	分类标注	企业个数	百分比(%)
所在地	杭州	32	51.6
	台州	7	11.3
	宁波	4	6.5
	嘉兴	12	19.4
	绍兴	2	3.2
	温州	5	8.1

续表

企业特性	分类标注	企业个数	百分比(%)
成立时间	5 年以下	12	19.4
	5～10 年	29	46.8
	10～15 年	18	29.0
	16 年以上	3	4.8
企业性质	国有企业	2	3.2
	民营企业	54	87.1
	中外合资	3	4.8
	外商独资	3	4.8
企业规模	50 人以下	25	40.3
	51～100 人	19	30.6
	101～200 人	12	19.4
	201～300 人	6	9.7
销售总额	100 万以下	1	1.6
	100 万～300 万	12	19.4
	300 万～1000 万	26	41.9
	1000 万～3000 万	12	19.4
	3000 万～1 亿	7	11.3
	1 亿～3 亿	4	6.5
研发投入	0.5%～1%	14	22.6
	1%～1.5%	15	24.2
	1.5%～3%	18	29.0
	3%～5%	12	19.4
	5%以上	3	4.8

针对上述企业发放的 212 份有效问卷，填写问卷人员所在部门中，来自顾客服务部门样本量为 46 个，占总体的 21.7%；来自销售部门的样本量为 74 个，占总体的 34.9%；来自研发部门的样本量为 83 个，占总体的 39.2%。其中有 9 个样本来自企业总经理，占总体的 4.2%。对于填写问卷的人员在企业的工作时间，从表 3.21 中可以看出工作经历在 1 年以下的样本量为 32 个，占总体的 15.1%，基本上都是每个企业的顾客服务部门负责人。考虑到中小企业通常安排较少人员负责顾客服务，部分企业会安排新进人员在顾客服务部门工作，在

工作的过程中了解企业的运营情况，因此在企业的工作时间通常都是比较短的。工作经历在1～2年的样本量为99个，占总体的46.7%；2～3年的样本量为62个，占总体的29.2%；而3～5年的样本量为19个，占总体的9.0%。调研人员普遍均匀来自三个部门，能较好地反映企业的总体情况。

表3.21 问卷填写人员的样本描述性统计结果

人员信息	分类标注	样本数	百分比(%)
所在部门	顾客服务部	46	21.7
	销售部	74	34.9
	研发部	83	39.2
	企业总经理	9	4.2
在企业的工作时间	1年以下	32	15.1
	1～2年	99	46.7
	2～3年	62	29.2
	3～5年	19	9.0

从上述的背景数据描述性统计可以看出，本研究在部门对象的覆盖面上是比较均匀的，普遍覆盖顾客服务部门、销售部门和研发部门，可以均衡地反映企业的整体状况，并且在区域、成立时间、调研人员的工作时间上都能较好地普遍覆盖各个层级，说明本样本具有较好的代表性。

(2)变量描述性统计分析

对有效的212份问卷，本研究利用SPSS16.0对研究变量进行平均值、标准差、偏态和峰度的统计，在样本数量的确定上，如果样本服从正态分布，则样本数量与题项之间关系应该是5倍的关系，如果不服从正态分布，则样本数量与题项之间关系应该是10倍的关系(Bentler & Chou,1987)。为了检验本研究的样本数量是否符合这个要求，进行正态分布检验。通常从变量的偏度(skewness)和峰度(kurtosis)来看，当偏度绝对值小于3，峰度绝对值小于10时，表明样本基本服从正态分布，当各变量服从正态分布时，可以进行下一步的分析(Kline,1998)。结果如表3.22所示。

表 3.22　变量的描述性统计及正态分布

因素及指标		均值	标准差	偏度	偏度标准误差	峰度	峰度标准误差
结构维度	A1	4.1321	0.74242	−0.287	0.167	−0.913	0.333
	A2	3.8396	0.79854	−0.380	0.167	0.089	0.333
	A3	3.6698	0.84564	−0.308	0.167	−0.207	0.333
	A4	3.7925	0.90514	−0.235	0.167	−0.612	0.333
	A5	4.0000	0.87623	−0.597	0.167	−0.313	0.333
关系维度	B1	4.2264	0.70587	−0.515	0.167	−0.266	0.333
	B2	4.3066	0.71897	−0.765	0.167	0.141	0.333
	B3	3.9481	0.72344	−0.149	0.167	−0.502	0.333
	B4	4.1368	0.69198	−0.274	0.167	−0.577	0.333
认知维度	C1	3.6840	0.79639	−0.108	0.167	−0.446	0.333
	C2	3.7689	0.77788	−0.364	0.167	0.211	0.333
	C3	3.6509	0.81505	−0.125	0.167	−0.208	0.333
	C4	3.7783	0.62560	0.200	0.167	−0.585	0.333
	C5	3.7028	0.72294	0.214	0.167	−0.598	0.333
关于顾客的知识获取	D1	4.0283	0.70821	−0.040	0.167	−0.992	0.333
	D2	3.6698	0.77547	0.157	0.167	−0.606	0.333
	D3	3.6368	0.80588	0.205	0.167	−0.667	0.333
顾客拥有的知识获取	E1	3.7170	0.79399	−0.308	0.167	0.051	0.333
	E2	3.5849	0.67967	−0.449	0.167	0.568	0.333
	E3	3.8160	0.75985	−0.201	0.167	0.035	0.333
	E4	3.7689	0.75938	−0.241	0.167	0.139	0.333
	E5	3.6887	0.79528	−0.123	0.167	−0.139	0.333
产品创新绩效	F1	3.5519	0.70351	0.061	0.167	−0.244	0.333
	F2	3.3774	0.61502	0.417	0.167	0.056	0.333
	F3	3.0896	0.74559	−0.285	0.167	0.399	0.333
	F4	3.3679	0.77062	−0.051	0.167	0.213	0.333
组织创新绩效	G1	3.8774	0.72469	−0.413	0.167	0.631	0.333
	G2	3.8821	0.72873	−0.260	0.167	−0.144	0.333
	G3	3.9245	0.73759	−0.452	0.167	0.196	0.333

从表 3.22 中可以看出本研究的偏度绝对值和峰度绝对值都是满足正态分布要求的，当前的样本量 212 大于 145(29×5)，可以进行下一步分析。并且从表中变量的均值可以看出社会资本三个维度水平(A1～C5)都比较高，接近或超过满意，说明当前浙江省软件业中小企业的企业与顾客间社会资本的结构维度、关系维度和认知维度的水平都较高并接近满意状况，存在研究的价值。关于顾客的知识和顾客拥有的知识两类顾客知识获取水平(D1～E5)也都处于中等偏上水平，说明顾客知识的重要性已经较为明显体现，并且获取顾客知识已经受到软件业企业的关注。在创新绩效中，与同行竞争者相比，对于产品创新绩效则普遍只是处于中等水平(F1～F4)，但是组织创新绩效(G1～G3)普遍接近满意，针对本研究所调研样本的接近性，都是 KIBS 中小企业，并且都是软件行业企业，所以体现出的差异并不是很大。由此可见对于社会资本、顾客知识获取和创新绩效三者的关系研究具有一定的理论和实践意义，可以丰富该领域的理论研究。

2. 信度分析

在问卷小样本测量的基础上，大样本仍需通过内部一致性检验，采用 Cronbach's α 系数来分析各测量指标的信度。本研究的总体信度分析结果的 Cronbach's α 系数值为 0.866，明显大于 0.7，表明本研究总体上具有较高的信度。

本研究各个变量的信度分析结果如表 3.23 所示，从表中可以看出各变量总的信度都是大于 0.7，每个测量条款的单项—总项相关系数都是大于 0.35 的，可以看出本研究具有较好的内部一致性，信度较高。

表 3.23 各变量的信度分析结果

变量	维度	测量问项	Cronbach's α 系数	单项—总项相关系数	删除该项后的 α 系数
社会资本	结构维度	A1：我们与顾客经常进行多种形式的交流	0.734	0.550	0.671
		A2：我们与顾客经常沟通关于公司各方面的问题		0.606	0.647
		A3：通过顾客的帮助，我们可以接触到更多的新顾客		0.476	0.695
		A4：我们经常安排专人去了解顾客的情况		0.456	0.705
		A5：我们有系统的顾客联系平台		0.413	0.720

续表

变量	维度	测量问项	Cronbach's α系数	单项—总项相关系数	删除该项后的α系数
社会资本	关系维度	B1:我们与顾客之间相互信守承诺	0.757	0.666	0.636
		B2:我们与顾客之间真诚合作		0.644	0.648
		B3:我们在与顾客的合作过程中感觉很愉快		0.464	0.748
		B4:我们与顾客间合作尽量避免损害对方利益		0.453	0.752
	认知维度	C1:顾客和我们双方的专业背景知识、教育程度没有影响我们正常的沟通	0.777	0.516	0.749
		C2:顾客和我们双方都清楚合作的目的和意义		0.621	0.711
		C3:顾客非常认同我们的经营理念		0.508	0.753
		C4:在合作的过程中,我们能清晰地理解顾客反馈的信息		0.585	0.730
		C5:在合作的过程中,顾客能清晰地理解我们传递的信息		0.545	0.738
客户知识获取	关于顾客的知识获取	D1:我们从顾客那里获取很多关于顾客需求的信息	0.700	0.514	0.615
		D2:我们从顾客那里获取很多关于顾客的基本信息		0.560	0.551
		D3:我们从顾客那里获取很多关于顾客需求变化趋势的信息		0.481	0.657
	顾客拥有的知识获取	E1:我们从顾客那里获取很多关于产品研发的知识与技能	0.717	0.500	0.659
		E2:我们从顾客那里获取很多先进营销知识和技能		0.432	0.686
		E3:我们从顾客那里获取很多关于市场状况的知识		0.488	0.664
		E4:我们从顾客那里获取很多关于服务理念和技能的知识		0.533	0.645
		E5:我们从顾客那里获取很多先进管理知识和技能		0.424	0.691

续表

变量	维度	测量问项	Cronbach's α系数	单项—总项相关系数	删除该项后的α系数
创新绩效	产品创新绩效	F1:产品的改进速度	0.711	0.514	0.638
		F2:年新产品数量		0.547	0.627
		F3:年申请专利数量		0.443	0.683
		F4:产品市场份额		0.503	0.646
	组织创新绩效	G1:响应顾客需求的速度	0.728	0.492	0.708
		G2:服务的改进效果		0.550	0.640
		G3:管理水平的改进效果		0.610	0.566

3. 效度分析

本研究的大样本分析主要采用因子分析来进行结构效度检验,因子分析是进行结构效度测量常用的方法,可以判断同一变量不同测量条款之间是否存在较强的相关性(吴明隆,2003),在进行因子分析时样本量与变量数比例应在5∶1以上,最好达到10∶1,总样本量不得小于100,而且原则上越大越好(Gorsuch,1993)。本研究的变量测量条款是29个,样本量是212个,比较理想。

同时本研究在因子分析前,首先通过对KMO样本充分性测度和巴特莱特球体检验判断是否可以进行因子分析,KMO在0.9以上,代表非常适合;0.8～0.9,代表很适合;0.7～0.8,代表适合;0.6～0.7,代表不太适合;0.5～0.6,代表很勉强;0.5以下,代表不适合。巴特莱特球体检验的统计值显著性概率小于等于显著性水平时,可以做因子分析(马庆国,2002)。在因子分析中,本研究主要利用主成分方法,并采用最大方差法来进行分析,在因子个数的选择方面,采用特征值大于1的标准,通过评价测量条款的因子载荷来判断区分效度。主要从各题项的载荷系数来看,如果同一变量的测量项目在对应的因子上相对于其他因子而言,具有最大载荷(超过0.5),则具有一定的区分效度(王立生,2007)。并且每一个指标项目应该只在一个公共因子上的载荷大于0.5,在其他公共因子的载荷应不超过0.4,否则予以删除(Tracey,1998)。

(1)社会资本的因子分析

根据上述的因子分析方式,提取因子前,先进行社会资本各维度的KMO样本充分性测度和巴特莱特球体检验,结果如表3.24所示。

表 3.24 社会资本各维度的 KMO 和巴特莱特球体检验结果

评价指标		社会资本
KMO		0.841
巴特莱特球体检验	Approx. chi-Square	877.572
	df	91
	Sig.	0.000

从表 3.24 中可以看出，社会资本的 KMO 值为 0.841，大于 0.7，说明社会资本各维度测量条款的相关性较强，并且巴莱特球体检验的 χ^2 统计值的显著性概率为 0.000，小于 0.01，球体假设被拒绝，说明适合进行因子分析。

根据前面的因子分析对区分效度的分析方法和评价标准，在因子数量的确定上采用特征值大于 1，利用主成分分析法，采用最大方差法(正交转)对社会资本 14 个测量条款进行因子分析，并选择显示载荷大于 0.5 的值，得到的因子分析结果如表 3.25 所示。

表 3.25 社会资本因子分析结果

变量	问项	因子 1	因子 2	因子 3
结构维度	A1	0.658		
	A2	0.715		
	A3	0.650		
	A4	0.706		
	A5	0.627		
关系维度	B1		0.831	
	B2		0.754	
	B3		0.622	
	B4		0.675	
认知维度	C1			0.716
	C2			0.798
	C3			0.625
	C4			0.650
	C5			0.702

从表 3.25 中可以看出，所有因子的载荷都大于 0.5，并且所有测量同个变量的测量条款都分布在同一个因子上，表明社会资本部分的测量问项具有较好

的区分效度，没有需要删除的问项。而且社会资本三个维度总共解释了总体方差的55.536%的变异，说明已经包含了测量变量的大部分信息。同时社会资本的碎石图也解释了社会资本可以分为三个因子（见图3.2）。

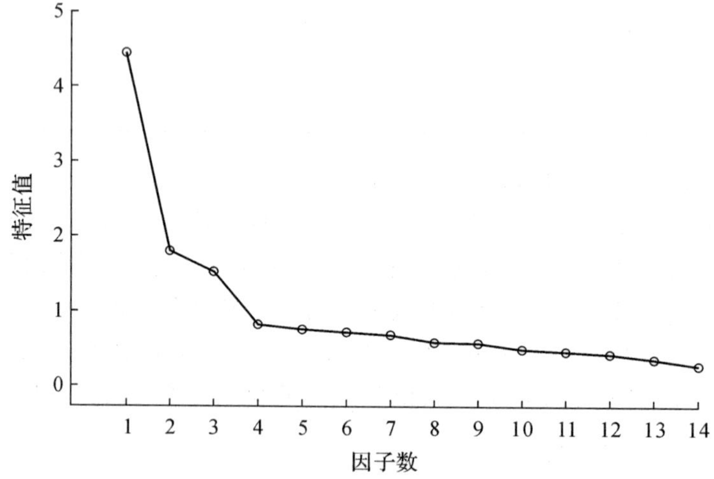

图3.2 社会资本因子分析碎石图

从碎石图可以看出，根据特征根大于1，可以明确萃取出三个因子，这和本研究的变量划分目标一致，说明社会资本部分的测量量表较为有效。

(2)顾客知识获取的因子分析

根据上述的因子分析方式，提取因子前，先进行顾客知识获取各维度的KMO样本充分性测度和巴特莱特球体检验，结果如表3.26所示。

表3.26 顾客知识获取各维度的KMO和巴特莱特球体检验结果

评价指标		顾客知识获取
KMO		0.727
巴特莱特球体检验	Approx. chi-Square	316.410
	df	28
	Sig.	0.000

从表3.26中可以看出，顾客知识获取的KMO值为0.727，大于0.7，说明顾客知识获取各维度测量条款的相关性较强，并且巴莱特球体检验的χ^2统计值的显著性概率为0.000，小于0.01，球体假设被拒绝，说明适合进行因子分析。

根据前面的因子分析对区分效度的分析方法和评价标准，在因子数量的确定上采用特征值大于1，利用主成分分析法，采用最大方差法（正交转）对顾客知识获取 8 个测量条款进行因子分析，并选择显示载荷大于 0.5 的值，得到的因子分析结果如表 3.27 所示。

表 3.27　顾客知识获取因子分析结果

变量	问项	因子 1	因子 2
关于顾客的知识获取	D1	0.792	
	D2	0.832	
	D3	0.735	
顾客拥有的知识获取	E1		0.700
	E2		0.630
	E3		0.695
	E4		0.743
	E5		0.632

从表 3.27 中可以看出，所有因子的载荷都大于 0.5，并且所有测量同个变量的测量条款都分布在同一个因子上，所以表明顾客知识获取部分的测量问项具有较好的区分效度，没有需要删除的问项。而且顾客知识获取两个维度总共解释了总体方差的 53.199%的变异，说明已经包含了测量变量的大部分信息。同时顾客知识获取的碎石图也解释了该变量可以分为两个因子(见图 3.3)。

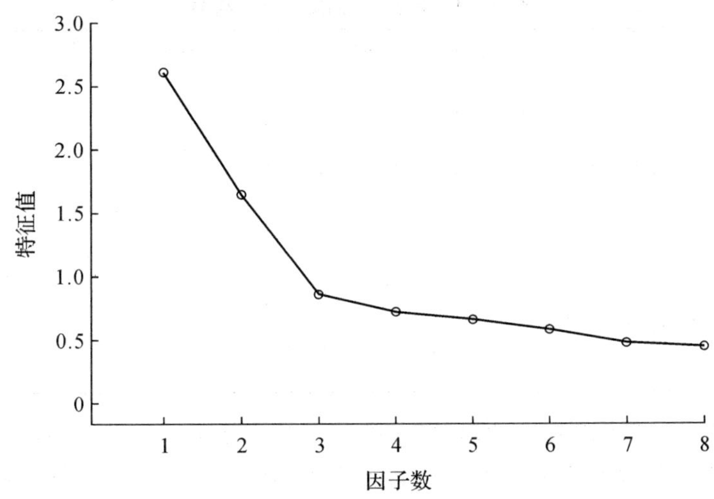

图 3.3　顾客知识获取因子分析碎石图

从碎石图可以看出，根据特征根大于 1，可以明确萃取出两个因子，这和本研究的变量划分目标一致，说明顾客知识获取部分的测量量表也是较为有效的。

(3)创新绩效的因子分析

根据上述的因子分析方式，提取因子前，先进行创新绩效各维度的 KMO 样本充分性测度和巴特莱特球体检验，结果如表 3.28 所示。

表 3.28 创新绩效的 KMO 和巴特莱特球体检验结果

评价指标		创新绩效
KMO		0.731
巴特莱特球体检验	Approx. chi-Square	324.801
	df	21
	Sig.	0.000

从表 3.28 中可以看出，创新绩效的 KMO 值为 0.731，大于 0.7，说明创新绩效各方面测量条款的相关性较强，并且巴莱特球体检验的 χ^2 统计值的显著性概率为 0.000，小于 0.01，球体假设被拒绝，说明适合进行因子分析。

根据前面的因子分析对区分效度的分析方法和评价标准，在因子数量的确定上采用特征值大于 1，利用主成分分析法，采用最大方差法(正交转)对创新绩效 7 个测量条款进行因子分析，并选择显示载荷大于 0.5 的值，得到的因子分析结果如表 3.29 所示。

表 3.29 创新绩效因子分析结果

变量	问项	因子 1	因子 2
产品创新绩效	F1	0.725	
	F2	0.789	
	F3	0.668	
	F4	0.715	
组织创新绩效	G1		0.753
	G2		0.807
	G3		0.818

从表 3.29 中可以看出，所有因子的载荷都大于 0.5，并且所有测量同个变量的测量条款都分布在同一个因子上，表明创新绩效部分的测量问项具有较好的区分效度，没有需要删除的问项。而且创新绩效两个方面总共解释了总体方差的 58.873%的变异，说明已经包含了测量变量的大部分信息。同时创新绩效的碎石图也解释了该变量可以分为两个因子(见图 3.4)。

从碎石图可以看出，根据特征根大于 1，可以明确萃取出两个因子，这和本

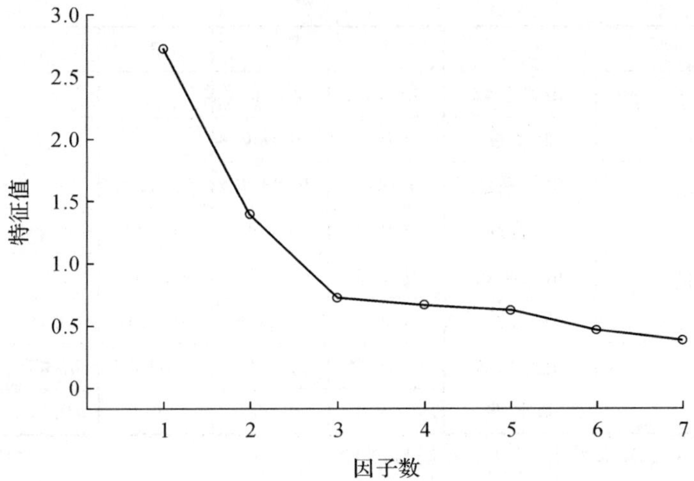

图 3.4 创新绩效因子分析碎石图

研究的变量划分目标一致，说明创新绩效部分的测量量表也是较为有效的。

总体而言，从各变量的因子分析结果可以看出，本研究的测量量表具有一定的区分效度，并且在小样本分析的基础上，大样本的信度和效度也都达到了标准要求，所有问项都达到测量标准，变量的 Cronbach's α 系数都大于 0.7，说明信度是较高的，可以进行下一步的数据统计分析，进一步研究各变量之间的关系，以及对本研究假设的验证。

4. 相关分析

本研究的创新绩效在测量中主要以产品创新绩效和组织创新绩效两方面进行，但是在实际的研究过程中，创新绩效是由上述两种绩效共同组成的整体来研究，即在接下来的研究分析中，创新绩效都是作为一个变量来分析的。

相关分析是研究变量之间不确定关系的统计方法，本研究采用皮尔森(Pearson)相关分析法来衡量研究变量间的相关性是否显著，社会资本的结构维度、关系维度和认知维度，顾客知识获取中关于顾客的知识获取和顾客拥有的知识获取，以及创新绩效各变量之间的相关系数，结果如表 3.30 所示。

表 3.30 变量间相关分析结果

		1	2	3	4	5
1 结构维度	相关系数					
	显著性					
2 关系维度	相关系数	0.388**				
	显著性	0.000				

续表

		1	2	3	4	5
3 认知维度	相关系数	0.345**	0.375**			
	显著性	0.000	0.000			
4 关于顾客的知识获取	相关系数	0.486**	0.237**	0.372**		
	显著性	0.000	0.000	0.000		
5 顾客拥有的知识获取	相关系数	0.133	0.316**	0.196**	0.204**	
	显著性	0.053	0.000	0.004	0.003	
6 创新绩效	相关系数	0.312**	0.313**	0.318**	0.330**	0.340**
	显著性	0.000	0.000	0.000	0.000	0.000

注:**表示显著水平 $P<0.01$(双尾检测)。

从表 3.30 中可以看出,社会资本三维度与顾客知识获取两维度以及创新绩效之间,除了结构维度与顾客拥有的知识获取不存在相关关系,其显著性为 0.053,大于 0.05,其余变量之间都是具有正向并且统计上在 0.01 水平上显著的相关关系。社会资本结构维度、关系维度、认知维度三个维度中,结构维度、关系维度和认知维度与关于顾客的知识获取都是显著相关,相关系数分别为 0.486、0.237 和 0.372,显著性都是 0.000,在 0.01 水平上显著。关系维度、认知维度和顾客拥有的知识显著相关,相关系数分别为 0.316 和 0.196,显著性分别为 0.000 和 0.004,在 0.01 水平上显著。关于顾客的知识获取、顾客拥有的知识获取与创新绩效存在显著相关关系,相关系数分别为 0.330 和 0.340,显著性都是 0.000,在 0.01 水平上显著。并且社会资本三维度之间也两两存在正向相关关系,说明三维度之间有相互作用,它们可能共同对顾客知识获取的提升发挥积极的作用,同时关于顾客的知识获取和顾客拥有的知识获取之间也存在正向的相关关系,说明两者也是共同对企业创新绩效的提升发挥积极的作用。同时各变量之间的相关系数都没有超过 0.5,说明各变量之间的区分度较好,能够进行进一步的回归分析。

基于相关分析的结果,针对社会资本三维度、顾客知识获取两维度以及创新绩效之间进一步的因果关系,需要在下一步的多元回归分析中进一步验证。

5. 统计变量与各变量的变异数分析

为了进一步了解本研究中的企业特性,包括企业的所在地、成立时间、企业性质、企业规模、研发投入对各变量相关关系的影响,主要通过单因子独立样本变异数分析(One-Way ANOVA)来探讨企业特征对于各变量是否存在显著差异,即变量在分析的过程中是否会受到这些统计变量的影响。主要可以通过 F

统计检验结果判断和 Scheffe 法多重比较结果进行分析。其中企业特性统计变量①与各变量关系主要的分析结果如表 3.31 所示。

表 3.31 企业特性统计变量与变量的变异数分析结果

		结构维度	关系维度	认知维度	关于顾客的知识获取	顾客拥有的知识获取	创新绩效
所在地	F 值	2.348	0.960	0.967	2.614	1.668	0.923
	显著水平	0.042	0.444	0.439	0.026	0.144	0.467
	事后比较						
成立时间	F 值	2.942	0.419	2.603	3.185	1.467	1.584
	显著水平	0.034	0.739	0.053	0.025	0.225	0.194
	事后比较						
企业性质	F 值	2.461	0.307	3.980	0.694	2.213	2.006
	显著水平	0.064	0.821	0.009	0.557	0.088	0.114
	事后比较						
企业规模	F 值	0.181	0.098	2.681	0.460	1.095	0.954
	显著水平	0.909	0.961	0.048	0.711	0.352	0.416
	事后比较			1>3			
研发投入	F 值	0.412	0.751	3.845	1.767	1.807	1.833
	显著水平	0.800	0.558	0.005	0.137	0.129	0.124
	事后比较			2>3,2>4			

注：显著水平 $P<0.05$。

根据上述结果，可以看出部分企业特性虽然与变量的关系达到显著水平，但在事后比较却没有发现两两之间有显著差异，因为 Scheffe 法是检验每一个平均数线性组合，并提供水准保护，而非只是检验一对平均数间的差异情形，因此有时变异数分析的 F 值达到显著，但是事后比较时却没有发现有任何两组的平均数达到显著差异（吴明隆，2000）。

根据上述结果，可在 0.05 的显著水平下，看出企业的所在地和成立时间对于企业与顾客社会资本的结构维度以及关于顾客的知识获取的影响达到显著水平，但是事后比较显示两两之间并无显著差异。企业性质对企业与顾客社会

① 在此不包括销售总额的统计，由于销售总额和企业规模的问项目的都是为了检测对象是否为中小企业，本研究在此选用企业规模。

资本的认知维度的影响达到显著水平，但是事后比较显示两两之间并无显著差异。企业规模和研发投入对企业与顾客社会资本的认知维度的影响达到显著水平，其中50人以下的KIBS中小企业要比101～200人的KIBS中小企业有更高的社会资本认知维度水平，研发投入比例0.5%～1%的KIBS中小企业要比研发投入1%～1.5%和1.5%～3%的KIBS中小企业有更高的认知维度水平。这其中可能存在的原因在本研究的结论部分将进行详细阐述。

3.5 实证检验

3.5.1 多重共线性、序列相关检验

为了保证多元线性回归分析的正确性和科学性，需要研究回归模型是否存在多重共线性、序列相关等问题（马庆国，2002）。本研究先进行多重共线性和序列相关两大问题的检验，在不存在这些问题的条件下进行多元回归分析。

1. 多重共线性分析

多重共线性是指由于自变量间的相关性高，造成回归分析的情境困扰（吴明隆，2000）。多重共线性可以用方差膨胀因子（Variance Inflation Factor，VIF）来判断，经验判断方法表明，当0<VIF<10时，表明变量之间不存在多重共线性；当10≤VIF<100时，表明变量之间存在较强的多重共线性；当VIF≥100时，表明变量之间存在严重的多重共线性（何晓群和刘文卿，2001）。通过对变量之间回归模型的VIF计算得出，社会资本结构维度、关系维度和认知维度的方差膨胀因子分别为1.245、1.276和1.231，顾客知识获取的关于顾客的知识获取和顾客拥有的知识获取的方差膨胀因子都是1.043，均处于0到10之间，表明本研究的变量间不存在多重共线性问题。

2. 序列相关分析

序列相关指回归模型中的不同残差项之间具有不同的相关关系（吴亚玲，2007），可以通过计算回归模型的DW（Durbin-Watson）值来判断，如果DW值介于1.5和2.5之间（或者接近2），则表示误差项之间不存在自我相关现象（张文彤，2002）。本次研究中由于样本是横截面数据，各阶段回归模型中的DW值分别为1.751、1.755和2.019，均接近于2，因此模型中不存在序列相关问题。

3.5.2 多元回归分析

多元回归分析是研究多个随机变量之间因果关系的统计方法。本研究为

了研究企业与顾客之间社会资本、顾客知识获取和创新绩效之间的因果关系，对设立的假设进行验证，需要对这些变量根据因果关系建立回归模型进行分析，主要构建结构维度、关系维度、认知维度和关于顾客的知识获取的回归模型，结构维度、关系维度、认知维度和顾客拥有的知识获取的回归模型，以及关于顾客的知识获取、顾客拥有的知识获取和创新绩效的回归模型。

1. 中介变量验证

对于中介变量的验证，本研究主要采用 Baron 和 Kenny(1986)判定中介变量的标准，具体包括四个步骤：自变量与因变量回归，回归系数达到显著水平；自变量与中介变量回归，回归系数达到显著水平；中介变量与因变量回归，回归系数达到显著水平；因变量同时与自变量和中介变量做回归，在考虑到中介变量的作用时，自变量对因变量的影响减弱或者消失。

然后分两种情况来判断完全中介和部分中介：当自变量的系数减少到不显著的水平时，说明中介变量起到完全中介的作用；当自变量的系数减少但仍然达到显著水平时，说明中介变量起到部分中介的作用。因此根据社会资本→顾客知识获取→创新绩效的研究路径，主要从整体层面上对顾客知识获取的中介作用进行验证。

(1)自变量与因变量回归

本部分主要对自变量社会资本和因变量创新绩效在不考虑其他因素的状况下进行回归分析，分析结果如表 3.32 所示。

表 3.32　社会资本对创新绩效的回归分析

自变量	因变量	标准回归系数	t	F	R^2
社会资本	创新绩效	0.413**	6.574	43.213	0.171
标准回归方程：创新绩效＝0.413 社会资本					

注：**表示显著水平 $P<0.01$(双尾检测)

由表 3.32 可以看出，社会资本对创新绩效的关系达到在 0.01 的水平上显著，其中的相关系数为 0.413，表明自变量社会资本和因变量创新绩效之间存在正向的因果关系。

(2)自变量与中介变量回归

本部分主要对自变量社会资本和中介变量顾客知识获取在不考虑其他因素的状况下进行回归分析，分析结果如表 3.33 所示。

表 3.33　社会资本对顾客知识获取的回归分析

自变量	因变量	标准回归系数	t	F	R^2
社会资本	顾客知识获取	0.502**	8.406	70.666	0.252
标准回归方程:顾客知识获取=0.502 社会资本					

注:**表示显著水平 $P<0.01$(双尾检测)。

由表 3.33 可以看出,社会资本对顾客知识获取的关系达到在 0.01 的水平上显著,其中的相关系数为 0.502,表明自变量社会资本与中介变量顾客知识获取存在正向的因果相关性,也就表明本研究所提的相关假设 H1 成立。

(3)中介变量与因变量回归

本部分主要对中介变量顾客知识获取和因变量创新绩效在不考虑其他因素的状况下进行回归分析,分析结果如表 3.34 所示。

表 3.34　顾客知识获取对创新绩效的回归分析

自变量	因变量	标准回归系数	t	F	R^2
顾客知识获取	创新绩效	0.433**	6.957	48.404	0.187
标准回归方程:创新绩效=0.433 顾客知识获取					

注:**表示显著水平 $P<0.01$(双尾检测)

由表 3.34 可以看出,顾客知识获取对创新绩效的关系达到在 0.01 的水平上显著,其中的相关系数为 0.433,表明中介变量顾客知识获取和因变量创新绩效存在正向的因果相关性,也就表明本研究所提的相关假设 H2 成立。

(4)自变量、中介变量与因变量回归

本部分主要对自变量社会资本和因变量创新绩效在考虑中介变量顾客知识获取的状况下进行回归分析,对三者同时进行回归分析,分析结果如表 3.35 所示。

表 3.35　社会资本、顾客知识获取对创新绩效的回归分析

自变量	因变量	标准回归系数	t	F	R^2
社会资本	创新绩效	0.262**	3.753	32.752	0.239
顾客知识获取	创新绩效	0.301**	4.319		
标准回归方程:创新绩效=0.262 社会资本+0.301 顾客知识获取					

注:**表示显著水平 $P<0.01$(双尾检测)。

由表 3.35 可以看出,社会资本、顾客知识获取对创新绩效的关系达到在 0.01 的水平上显著,其中的相关系数分别为 0.262、0.301,表明自变量社会资本、中介变量顾客知识获取和因变量创新绩效之间存在正向的因果关系。

根据上述四步的回归，可以看出在考虑到中介变量顾客知识获取之后，社会资本对创新绩效的回归系数由 0.413 下调为 0.262，影响有所减弱，但并未消失，因此可以得出顾客知识获取是部分中介的作用，本研究提出的以顾客知识获取作为中介变量的模型可以进行下一步的分析。

2. 结构维度、关系维度、认知维度和关于顾客的知识获取

关于社会资本三维度对关于顾客的知识获取的影响，本研究构建了以下回归模型：以关于顾客的知识获取为因变量，社会资本三维度为自变量，主要结果如表 3.36 所示。

表 3.36 结构维度、关系维度、认知维度和关于顾客的知识获取回归分析结果

	回归模型标准化系数和显著性检验		回归方差分析结果		R^2	调整 R^2
	标准化回归系数	t 值	F 值	显著水平		
结构维度	0.409**	6.249	27.468	0.000	0.284	0.273
关系维度	−0.009	−0.140				
认知维度	0.234**	3.592				

注：因变量为关于顾客的知识获取，**表示显著水平 $P<0.01$（双尾检测）。

从表 3.36 中可以看出社会资本结构维度和认知维度对于关于顾客的知识获取具有显著的提升作用（在回归模型中两者的回归系数 β 分别为 0.409 和 0.234，都在 0.01 的水平上显著），表明假设 H1a、H1e 成立。社会资本的关系维度对于关于顾客的知识获取的回归系数为−0.009，表明是负向影响，并且显著水平为 0.888，在 $P<0.10$ 水平上不显著，因此假设 H1c 不成立。

3. 结构维度、关系维度、认知维度和顾客拥有的知识获取

关于社会资本三维度对顾客拥有的知识获取的影响，本研究构建了以下回归模型：以顾客拥有的知识获取为因变量，社会资本三维度为自变量，主要结果如表 3.37 所示。

表 3.37 结构维度、关系维度、认知维度和顾客拥有的知识获取回归分析结果

	回归模型标准化系数和显著性检验		回归方差分析结果		R^2	调整 R^2
	标准化回归系数	t 值	F 值	显著水平		
结构维度	−0.009	−0.128	8.287	0.000	0.107	0.094
关系维度	0.284**	3.842				
认知维度	0.093	1.277				

注：因变量为顾客拥有的知识获取，**表示显著水平 $P<0.01$（双尾检测）。

从表 3.37 中可以看出社会资本关系维度对于顾客拥有的知识获取具有显

著的提升作用(在回归模型中的回归系数 β 为 0.284,在 0.01 的水平上显著),表明假设 H1d 成立。社会资本结构维度和认知维度对于顾客拥有的知识获取的回归系数分别为－0.009、0.093,并且显著水平分别为 0.898、0.203,都在 $P<0.10$ 的水平上不显著。其中结构维度与顾客拥有的知识获取在相关分析中就已显示不相关,足以说明假设 H1b 不成立。认知维度对于顾客拥有的知识获取的回归系数为正表明与研究假设提出的方向一致,但是并不显著,说明这一维度可能通过提升关系维度间接正向作用于顾客拥有的知识获取,因此表明假设 H1f 不成立。

4. 关于顾客的知识获取、顾客拥有的知识获取和创新绩效

关于顾客知识获取两个维度对创新绩效的影响,本研究构建了以下回归模型:以创新绩效为因变量,顾客知识获取两个维度为自变量,主要结果如表 3.38 所示。

表 3.38 关于顾客的知识获取、顾客拥有的知识获取和创新绩效回归分析结果

	回归模型标准化系数和显著性检验		回归方差分析结果		R^2	调整 R^2
	标准化回归系数	t 值	F 值	显著水平		
关于顾客的知识	0.271**	4.259	23.950	0.000	0.186	0.179
顾客拥有的知识	0.285**	4.473				

注:因变量为创新绩效,**表示显著水平 $P<0.01$(双尾检测)。

从表 3.38 中可以看出关于顾客的知识获取和顾客拥有的知识获取对于创新绩效具有显著的提升作用(在回归模型中的回归系数 β 分别为 0.271、0.285,在 0.01 的水平上显著),并且顾客拥有的知识获取比关于顾客的知识获取对于创新绩效的影响程度要高,表明假设 H2a、H2b 成立。

3.5.3 路径分析

路径分析又称结构方程模型(吴明隆,2000),根据变量间的联系是单向还是双向被分为递归模型和非递归模型两大类,复杂的路径分析模型(存在循环、自反馈、双向联系)需要运用 AMOS 软件来拟合,但是对于递归模型(单向)则可以采用多元线性回归来拟合(张文彤,2002)。本研究的概念模型是递归模型,主要采用多元线性回归,根据路径图中存在的因变量数分别拟合各自的多元回归方程,主要采取以下几个步骤(吴明隆,2000):第一,根据相关理论与文献数据,构建一个可以检验的初始模式,并绘出一个没有路径系数的路径图

(path diagram);第二,选用适当的回归模式(通常选用 Enter 法),以估计路径系数并检验其是否显著,进而估计残差系数(residual coefficient);第三,评估理论模式,删除不显著的路径系数,重新计算新模式的路径系数。

1. 模型构建

本研究根据相关的理论基础,构建相应的理论模型,主要分为两个层次,整体上的层次和维度上的层次,其中箭头表示一组因果关系。整体层次部分的变量因果关系的路径有两条,即社会资本→顾客知识获取和顾客知识获取→创新绩效。维度层次部分的变量因果关系路径有八条,分别为:结构维度→关于顾客的知识获取,结构维度→顾客拥有的知识获取,关系维度→关于顾客的知识获取,关系维度→顾客拥有的知识获取,认知维度→关于顾客的知识获取,认知维度→顾客拥有的知识获取,关于顾客的知识获取→创新绩效,顾客拥有的知识获取→创新绩效。如图 3.5 所示。

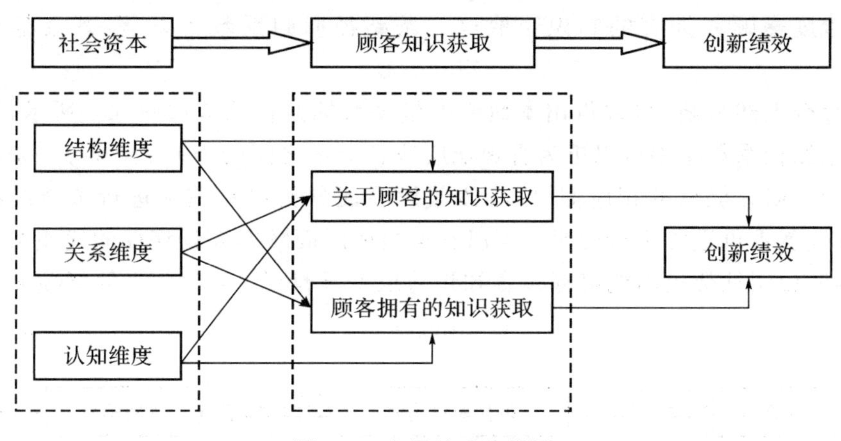

图 3.5　变量关系路径图

2. 变量回归分析

根据提出的理论模型,本研究在回归分析中采用的是强制进入法,估算路径系数并检验是否显著,进而估计残差系数。其中路径系数就是回归方程中的标准化回归系数。残差系数则是因变量变异量中自变量无法解释的部分,计算方法为 1 减决定系数(R^2)再开根号。根据路径图,本研究的整体层面需要进行两个复回归分析,维度层面需要进行三个复回归。

(1)整体层面

第一个复回归:效标变量为顾客知识获取,预测变量为社会资本;

第二个复回归:效标变量为创新绩效,预测变量为顾客知识获取。

在本研究中,这两个复回归已在中介变量的检验中做出分析,分别是其自变量和中介变量回归、中介变量和因变量回归两部分。其中社会资本→顾客知识获取,顾客知识获取→创新绩效的路径的回归系数都是显著的。

(2)维度层面

第一个复回归:效标变量为关于顾客的知识获取,预测变量为结构维度、关系维度和认知维度;

第二个复回归:效标变量为顾客拥有的知识获取,预测变量为结构维度、关系维度和认知维度;

第三个复回归:效标变量为创新绩效,预测变量为关于顾客的知识获取、顾客拥有的知识获取。

在本研究中,这三个回归已在结构维度、关系维度、认知维度和关于顾客的知识获取,结构维度、关系维度、认知维度和顾客拥有的知识获取,以及关于顾客的知识获取、顾客拥有的知识获取和创新绩效三个回归模型的分析中做出分析。其中关系维度→关于顾客的知识获取,结构维度→顾客拥有的知识获取,认知维度→顾客拥有的知识获取这三条路径回归系数不显著,其余都是显著的。

综合上述分析,可以得出本研究变量关系的路径系数如图 3.6 所示,从变量关系路径系数图中可以更为直观地反映各变量之间的因果关系,每一条路径都对应本研究提出的相应假设,具体假设验证分析已在前文进行了详细的叙述,在此就不再重复进行说明。可以看出整体层面顾客知识获取的残差系数为 0.8649,说明社会资本能解释顾客知识获取变异量的 13.51%。创新绩效的残

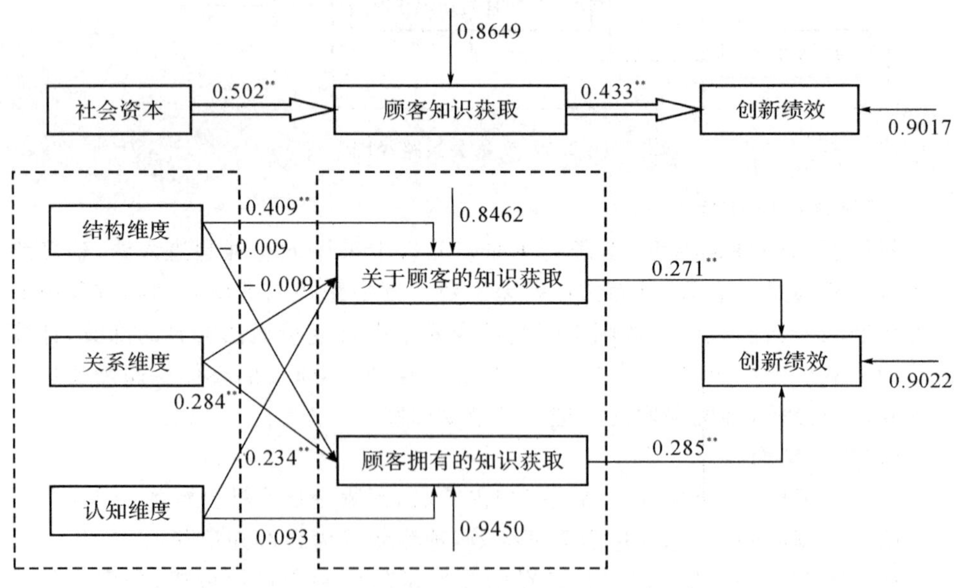

图 3.6 模型变量关系路径系数图

差系数为 0.9017,说明创新绩效变异量的 9.83%在本研究中被解释。在维度层面,关于顾客的知识获取和顾客拥有的知识获取的残差分别为 0.8462 和 0.9450,说明这两个变量被社会资本三维度解释的变异量分别为 15.38%和 5.5%,而维度层面的创新绩效变异量的 9.78%在本研究中被解释。

总体而言,本研究社会资本、顾客知识获取和创新绩效各变量之间的相关性还是比较值得重视的,针对顾客知识获取的影响因素除社会资本之外还有顾客知识转移意愿、企业顾客知识吸收能力、应用能力等,但是社会资本可以解释的变异量将近达到顾客知识获取的 15%,可见企业—顾客社会资本对于顾客知识获取的重要程度,也体现出本研究的价值。同时也看出,基于维度层面的顾客拥有的知识获取的变异量被企业—顾客社会资本三维度解释量相对较少,也说明隐藏在顾客头脑中、结合顾客自身经验的较为隐性的知识,除了要通过企业—顾客间社会资本的促进获取,可能还要依据企业自身的复杂信息挖掘、提炼工具的应用等其他条件的配合,但是关系维度对于顾客拥有的知识获取的正向显著影响作用仍是企业应给予重视的。

3. 模型评估

理论模型的评估,主要通过删除不显著的路径,重新计算路径系数。在删除部分的影响路径后,会成为一种“限制模式”(restrict model),由于预测变量数的改变,路径系数也会跟着改变,因而要重新进行复回归分析(吴明隆,2000)。针对整体层面的各个回归都是显著的,不需要重新计算路径系数,本研究在此主要对维度层面的第一个复回归删除关系维度后进行重新复回归,对第二个复回归删除结构维度和认知维度进行重新复回归,经过重新的复回归分析后,主要回归结果如表 3.39 所示。

表 3.39 回归分析结果

	回归模型标准化系数和显著性检验		回归方差分析结果		R^2	调整 R^2
	标准化回归系数	t 值	F 值	显著水平		
结构维度[a]	0.406**	6.516	41.387	0.000	0.284	0.277
认知维度[a]	0.231**	3.709				
关系维度[b]	0.316**	4.820	23.237	0.000	0.100	0.095

注:a 的效标变量为关于顾客的知识获取;b 的效标变量为顾客拥有的知识获取,**表示显著水平 $P<0.01$(双尾检测)。

综合上述分析,可以得出本研究重新计算新模式变量关系的路径系数如图 3.7 所示。其中社会资本结构维度与关于顾客的知识获取的相关系数由 0.409 变为 0.406,关系维度与顾客拥有的知识获取的相关系数由 0.284 变为 0.316,

认知维度与关于顾客的知识获取的相关系数由0.234变为0.231,图中实线部分都是显著的,虚线部分的关系是没有达到显著的。总体而言,整体层面上无论是原模型还是新模型都是一样的,但是维度层面上剔除不显著的路线后,部分结果出现变动,此处主要用于和原模型进行比较。

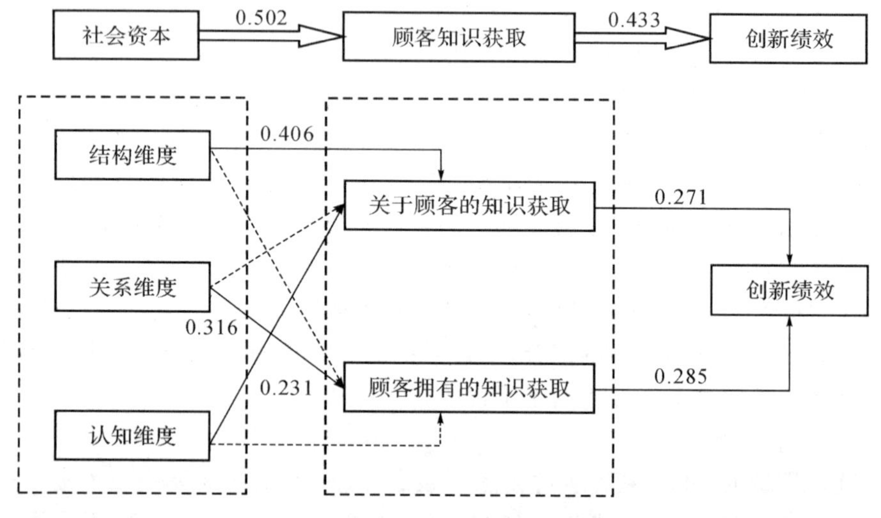

图3.7　新模式变量关系路径系数图

3.5.4　假设验证总结

通过在中介变量的验证中对于社会资本、顾客知识获取和创新绩效三者关系的验证,以及上述回归模型中对于社会资本三维度、顾客知识获取两个维度以及创新绩效之间假设的验证,本研究提出的10个假设中,H1b、H1c和H1f三个假设没有得到支持,其余假设均得到支持,本研究的假设及检验结果如表3.40所示。

表3.40　假设检验结果总结

假设编号	研究假设	验证结果
H1	企业与顾客之间的社会资本与企业的顾客知识获取正相关	支持
H1a	企业与顾客之间的社会资本的结构维度水平越高,则越有利于企业获取关于顾客的知识	支持
H1b	企业与顾客之间的社会资本的结构维度水平越高,则越有利于企业获取顾客拥有的知识	不支持

续表

假设编号	研究假设	验证结果
H1c	企业与顾客之间的社会资本的关系维度水平越高，则越有利于企业获取关于顾客的知识	不支持
H1d	企业与顾客之间的社会资本的关系维度水平越高，则越有利于企业获取顾客拥有的知识	支持
H1e	企业与顾客之间的社会资本的认知维度水平越高，则越有利于企业获取关于顾客的知识	支持
H1f	企业与顾客之间的社会资本的认知维度水平越高，则越有利于企业获取顾客拥有的知识	不支持
H2	企业与顾客往来过程中的顾客知识获取与企业创新绩效正相关	支持
H2a	企业与顾客往来过程中的关于顾客的知识获取与企业创新绩效正相关	支持
H2b	企业与顾客往来过程中的顾客拥有的知识获取与企业创新绩效正相关	支持

3.6 研究结论与管理启示

3.6.1 研究结论

1. 可以从关于顾客的知识获取和顾客拥有的知识获取来研究关于顾客知识获取

本研究参考 Gebert 和 Geib(2003)对于顾客知识的分类，从关于顾客的知识和顾客拥有的知识两个方面来研究 KIBS 中小企业的顾客知识获取，并且从顾客的需求信息、背景信息和历史购买信息来衡量关于顾客的知识获取，从关于企业、产品、服务、市场和竞争者的知识来衡量顾客拥有的知识，借鉴 Yli-Renko，Autio 和 Sapienza(2001)，Presutti，Boari 和 Fratocchi(2007)，李英华(2004)，张方华(2004)和王立生(2007)对于顾客知识的测量条款设计本研究关于顾客的知识获取(D1～D3)和顾客拥有的知识(E1～E5)的测量条款。通过本研究的实证分析，关于顾客的知识获取和顾客拥有的知识获取两个因子的信度、效度分析结果都比较理想，并且通过相关分析可以看出两者是相关但区分度较好的。基于顾客知识管理的视角，研究表明可以从关于顾客的知识获取和顾客拥有的知识获取两个方面来研究顾客知识获取。这一分类方式虽然存在理论的依据，但是在研究顾客知识获取的过程中，诸多学者都是将顾客知识作为整体来研究的（Yli-Renko，Autio & Sapienza，2001；Presutti，Boari & Fratocchi，2007；王立生，2007），在构建社会资本三维度和顾客知识获取的关系时，顾客知识获取都是作为整体变量，这也是本研究的部分结论和上述学者研究的结论存在差异的主要原因。本研究选取的对象是浙江软件业中小企业，并且 70.9%的调研企业人数少于 100 人，66.2%的调研企业成立时间都在 10 年以下，在企业行业性质、企业规模、成立时间上和国外学者 Yli-Renko，Autio 和 Sapienza（2001）以及 Presutti，Boari 和 Fratocchi（2007）（在上述两位国外学者研究中的研究对象都是成立时间在 10 年以下的新建高新技术小企业）一致，在关于顾客的知识获取上得出的结论和上述两研究较为一致，但是同时本研究在中国背景下的研究，结合中国中小企业的特殊状况，也会和上述学者的结论存在部分差异，虽然王立生（2007）等国内学者在研究对象（制造业）的选择上和本研究存在不同，但是却在顾客拥有的知识获取上支持了本研究的相关结论。基于这一结论，具体相关变量关系上结论的分析将在下文中逐一阐述。

2. 企业与顾客间的社会资本正向显著影响 KIBS 中小企业顾客知识获取

研究表明企业与顾客间的社会资本正向显著影响 KIBS 中小企业顾客知识获取。通常对于中小企业而言，顾客知识获取是企业针对顾客进行的外部知识获取，外部知识获取是一个社会性的活动，组织外部的网络联系能够很好地为组织获取外部的资源提供桥梁（Adler & Kwon，2002），并且积累社会资本是企业获取外部知识的有效途径（Anand & Glick，2002）。而对于高度知识密集、高度互动的 KIBS 中小企业来说，通常需要获取顾客的特定知识来为顾客提供专门解决问题的方案和顾客需要的“产品”或“服务”，良好的企业—顾客间社会资本就显得尤为重要。同时 Inkpen 和 Tsang（2005）、Tsai（2006）、吴亚玲（2007）等诸多学者在其研究中也都得出企业的社会资本对于知识获取具有显著的正向影响关系，并且国内王立生（2007）、张方华（2004）等学者基于中国背景下的社会资本和顾客知识获取整体层面的研究结论也和本研究的结论一致。因此可以得出企业与顾客间的社会资本能有效促进企业获取顾客知识。

3. 社会资本各维度对 KIBS 中小企业顾客知识获取的影响存在显著差异

本研究主要通过对浙江软件业的调研分析来代表性研究企业—顾客社会资本、KIBS 中小企业顾客知识获取以及创新绩效三者的关系。从社会资本的结构维度、关系维度和认知维度来研究对 KIBS 中小企业关于顾客的知识和顾客拥有的知识两类顾客知识获取和创新绩效的影响。研究表明社会资本三个维度对于关于顾客的知识和顾客拥有的知识两类顾客知识获取的影响存在显著差异。其中验证得出企业—顾客社会资本结构维度正向显著影响关于顾客的知识获取,企业—顾客社会资本关系维度正向显著影响顾客拥有的知识获取,企业—顾客社会资本认知维度正向显著影响关于顾客的知识获取,而企业—顾客社会资本结构维度正向影响顾客拥有的知识获取、企业—顾客社会资本关系维度正向影响关于顾客的知识获取以及企业—顾客社会资本认知维度正向影响顾客拥有的知识获取的假设并没有得到支持。国外学者 Yli-Renko, Autio 和 Sapienza(2001),Presutti,Boari 和 Fratocchi(2007)也支持了本研究所得到的相关结论,但是国内学者王立生(2007)、张方华(2004)等在中国背景下社会资本与知识获取的相关研究结论在维度层面上和本研究的结论存在一定差异。通过和前人研究结论的对比,以及结合当前我国 KIBS 中小企业的特点、浙江软件业中小企业的特点,以及本研究的研究背景,本研究主要从以下几方面进行剖析:

(1)企业—顾客间社会资本结构维度正向显著影响 KIBS 中小企业关于顾客的知识获取。

通常密切的社会交往能够促使技术型企业洞察关键顾客的专业系统和结构,从而促使获取顾客的特殊信息、语言和知识(Dyer & Singh,1998;Lane & Lubatkin,1998)。本研究根据所调查的样本数据对社会资本结构维度与关于顾客的知识获取的关系进行检验得出企业—顾客社会资本结构维度正向显著影响 KIBS 中小企业关于顾客的知识获取。目前对于顾客知识获取的研究,学者都是以整体形式进行,但都支持本研究的这一结论(Tsai & Ghoshal,1998;Inkpen & Tsang,2005;Presutti,Boari & Fratocchi,2007;Tsai,2006;吴亚玲,2007)。本研究将顾客知识获取分为关于顾客的知识获取和顾客拥有的知识获取两个维度,针对这两类知识的特性,关于顾客的知识相对于顾客拥有的知识较为容易获取和挖掘(王永贵,2005),根据变量的描述性统计结果可以看出浙江软件业中小企业在与顾客的网络联系、网络结构和专门组织的感知上都是接近满意,说明浙江软件业中小企业与顾客的联系频率、联系程度、与顾客的社会网络广泛程度,以及顾客服务的专门机构和人员配备都是比较完善的。通过密切的交涉,企业则可以获取较多顾客向企业反映相关信息,同时企业获取顾客能进行表述的信息,从而促进企业及时获取顾客的需求信息,提供满足顾客需求的产品和服务。由此得出,企业—顾客间社会资本结构维度水平的提升有利于 KIBS 中小企业关于顾客的知识获取。

(2)企业—顾客间社会资本结构维度与 KIBS 中小企业顾客拥有的知识获取之间的正向影响关系没有得到支持。

本研究的实证结果显示企业—顾客间社会资本结构维度与 KIBS 中小企业

顾客拥有的知识获取之间的正向影响关系没有得到支持。由于从社会资本视角研究顾客知识获取的学者都是将顾客知识获取作为一个整体进行研究，根据现在掌握的文献，以及本研究的调研对象等情况综合分析认为可能主要有以下两个方面的原因。首先，本研究以浙江软件业来代表性研究 KIBS 中小企业，软件业中小企业向顾客提供的产品或服务通常是较为专业的计算机系列产品，而顾客往往是非计算机专业人员，不能完整地讲出他们的需求以及对产品的看法，往往是做一步，再修改，逐步达到与顾客需求的完全匹配(黄安国，2008)。高频率的联系、广泛拓展顾客关系网络，配备基本服务的顾客服务专员等并不一定能有效获得结合顾客经验，深藏于顾客头脑中的顾客知识。其次，获取顾客拥有的知识需要企业长期同顾客进行深入互动(周晓宁等，2007)，甚至顾客要成为共同生产者、对于产品足够了解的基础上才能给予相关的专业意见和知识。因此针对顾客一时难以表述的顾客拥有的知识，社会资本的结构维度则并不一定起作用。由于没有相关的研究可以比较，更具体的原因有待进一步的研究。

(3)企业—顾客间社会资本关系维度与 KIBS 中小企业关于顾客的知识获取之间的正向影响关系没有得到支持。

Yli-Renko，Autio 和 Sapienza(2001)，Inkpen 和 Tsang(2005)，Presutti，Boari 和 Fratocchi(2007)，王立生(2007)等学者都对社会资本关系维度与知识获取的关系进行验证，在这一关系的验证上，结论也并不一致。本研究验证得出企业—顾客间社会资本关系维度与 KIBS 中小企业关于顾客的知识获取之间的正向影响关系没有得到支持。其中 Yli-Renko，Autio 和 Sapienza(2001)，Presutti，Boari 和 Fratocchi(2007)等学者通过对新建高新技术中小企业的研究所得出的结论都支持了本研究的这一结论。基于上述学者的研究，以及本研究的实际研究状况，认为主要有以下几方面的原因：第一，关键顾客关系可能带来过度嵌入(overembeddedness)，例如非常紧密的关系会影响小企业从其他的外部信息来源获取知识(Yli-Renko，Autio & Sapienza，2001)，针对高度依赖于专业能力和知识的 KIBS 中小企业，企业与顾客交流的信息通常具有一定的专业水平，非常紧密的关系可能会使企业过多倾向于熟知专业知识的关键顾客的意见而忽视不够熟悉专业知识的大众顾客的意见，降低代表大众顾客群体的关于顾客的知识获取。第二，关系质量达到较高的水平会降低监督以及知识交流的成本，但是也会降低对信息的争论、利用的水平，降低知识获取绩效(Yli-Renko，Autio & Sapienza，2001)，中国是注重“关系”的国家，当“关系”深入到一定程度之后，容易渗透“人情”因素，此时双方交涉过程中的批判性心理就会降低，对知识的质疑程度也会降低，从而降低知识获取和辨别绩效。第三，基于结构洞的角度，一个企业从外部环境中获取重要信息的能力是该企业网络结构的函数，如果一个企业依赖于某一合作伙伴，则从网络中进行高程度知识获取的能力越低(Presutti，Boari & Fratocchi，2007)，针对软件类企业通常是软件定制项目，一对一的顾客关系是较为明确的，对于顾客配合关系的依赖程度相对较高，相应的对于群体顾客共性的把握就会存在一定的局限。结合浙江软件业企业的实际状况，可以看出企业—顾客间社会资本的关系维度水平的提高并不一定会对 KIBS 中小企业关于顾客的知识获取起促进作用。

(4)企业—顾客间社会资本关系维度正向显著影响 KIBS 中小企业顾客拥有的知识获取。

Tsai 和 Ghoshal(1998)、Inkpen 和 Tsang(2005)、王立生(2007)在其研究中验证了社会资本的关系维度正向显著影响知识获取。虽然在上述学者的研究中知识获取都是作为整体来研究，但是也在一定程度上支持了本研究中的这一结论。针对两类不同性质的顾客知识，关于顾客的知识更多地可以通过企业的顾客信息网络平台也即社会资本的结构维度来获取，但是顾客拥有的知识则需要企业与顾客建立较为深入的关系，形成较高程度的信任才能更好地获取(周晓宁等，2007)。根据变量的描述性统计结果可以看出，浙江软件业中小企业对于与顾客间关系的信任、满意以及规范的遵守程度等状况的感观都已超过满意，表明企业与顾客之间的相互信任，对于这种合作方式的满意，以及出于规范遵守从而形成的较高水平的关系质量，均能较好地促进企业获取有效的顾客拥有的知识。此外出于 KIBS 中小企业创新主要来源于外部，顾客始终需要创新源(朱秀丽，2007)，通过长期的密切交涉，顾客已经具备一定程度的专业知识，此时在提供定制化程度较高的知识类产品时，可以充分挖掘隐藏于顾客头脑中的知识，实现顾客与企业合作生产，从而实现需求的较好匹配。同时顾客拥有的知识获取更多基于一对一的方式，通过构建良好的关系可以有效降低双方的防备心理，尤其针对以知识为核心的 KIBS 中小企业而言，通过信任、规范等关系质量的提升，提高顾客知识共享的意愿，从而逐步获取顾客头脑中复杂的、不容易表述的知识。由此看出，企业—顾客间社会资本关系维度水平的提升有利于 KIBS 中小企业顾客拥有的知识获取。

(5)企业—顾客间社会资本认知维度正向显著影响 KIBS 中小企业关于顾客的知识获取。

研究表明企业—顾客间社会资本认知维度正向显著影响 KIBS 中小企业关于顾客的知识获取，并且诸多国内外学者关于社会资本认知维度和知识获取的研究结论都在一定程度上支持了本研究的结论。Nahapiet 和 Ghoshal(1998)、Inkpen 和 Tsang(2005)、吴亚玲(2007)等学者在其研究中都验证了社会资本的认知维度对于知识获取存在显著的正向影响作用。在此主要可以从以下两个方面来分析：首先，本研究主要通过对浙江软件业的代表性研究来反映KIBS中小企业中企业—顾客间社会资本对顾客知识获取的影响状况，软件业通常是高度知识密集，专业程度较高，高度互动，尤其在专业程度上对于顾客往往并非专业的情况下，共同语言、共享陈述以及共同的价值观就会变得极其重要。在获取群体顾客的共性信息时，使顾客能理解专业词汇，使用专业知识来反馈信息，对于企业而言是至关重要的，否则双方无法沟通，信息传递自然也无法全面，甚至会发生信息扭曲的状况。其次，针对关于顾客的知识是指被公司收集来了解顾客动机的知识，包括顾客的历史记录、背景、需求以及购买活动，通常是基于企业对顾客数据库的应用（Gebert & Geib，2003），这类信息通常以数量多、范围广为特点，而KIBS中小企业的产品不可触摸、难以储存、服务与消费相分离、服务产品非标准化的特性（朱秀丽，2007），使得顾客对于产品成效的感受存在差异。尤其是软件企业，产品的形成和服务的提供更多需要结合顾客的个性，此时需要企业使用顾客能理解的方式与顾客进行沟通才能有效获取关于顾客的信息，并且企业也需要用顾客的表述、思维方式正确诠释关于顾客的信息，才能真正达到信息的正确传递和接收，通过对大量的不同顾客信息的共性提炼，整合出真正有效的关于顾客的知识。由此看出，企业—顾客间社会资本认知维度水平的提升有利于KIBS中小企业关于顾客的知识获取。

（6）企业—顾客间社会资本认知维度与KIBS中小企业顾客拥有的知识获取之间的正向影响关系没有得到支持。

针对社会资本认知维度与知识获取的关系研究，在诸多学者的研究中验证得到的结论并不一致。本研究中研究表明企业—顾客间社会资本认知维度与KIBS中小企业顾客拥有的知识获取之间的正向影响关系没有得到支持，对应的Tsai和Ghoshal（1998），Presutti，Boari和Fratocchi（2007）等学者在其研究中得出的研究结论也都支持了本研究的这一结论。Tsai和Ghoshal（1998）针对部门之间知识的交流与整合进行研究，在其研究中，社会资本的认知维度对于知识的交流与整合有显著正向影响的假设并没有得到支持，并且认知维度是通过关系维度对知识的交流与整合产生作用的，支持了本研究中认知维度与顾客拥有的知识获取之间的回归结果，虽然不显著，但是回归系数为正，表示存在这种可能。Presutti，Boari和Fratocchi（2007）通过对国际新建高新技术中小企业的研究得出社会资本的认知维度与顾客知识获取之间存在负相关关系，也在一定程度上支持了本研究的这一结论。基于上述学者的研究，结合本研究的研究背景，认为可能存在的主要原因如下：第一，通常关于顾客的知识是简单的、容易表述的知识，而顾客拥有的知识是复杂的、不容易表述的知识，认知维度通过共享语言、共享陈述、共同价值观等能较好地促进简单的知识的交流，但是对于复杂的知识则需要深入的关系、信任才能有效地获取，尤其针对专业化程度较高的软件业企业而言，顾客进入“共同生产者”角色的程度以及了解专业知识的程度决定了其沟通程度，只有长期的、深入的、信任的高质量关系才能有效促进真正隐藏于顾客头脑中的知识获取，因此对于复杂的不容易表述的知识获取，社会资本的认知维度不一定有作用。第二，基于强联系与弱联系的观点，认为作为强联系的认知维度对于提供进行真正复杂的思想和知识转移和交换的渠道存在消极的作用(Granovetter，1992；Uzzi，1997)。但是本研究中认知维度与顾客拥有的知识获取之间的回归系数为正，说明社会资本的认知维度可能通过提升关系维度间接正向作用于顾客拥有的知识获取，针对软件企业而言，专业知识的熟悉和运用对于信息传递而言是工具，虽然本质上不是获取顾客拥有的知识的关键，但还是可能通过关系维度间接对顾客拥有的知识获取起作用。由此得出，企业—顾客间社会资本的认知维度不一定会对 KIBS 中小企业顾客拥有的知识获取有直接的促进作用。由于没有相关的研究可以比较，更具体的原因有待更进一步的研究。

4. KIBS 中小企业的顾客知识获取正向显著影响创新绩效

本研究主要通过对浙江软件业的调研、数据整理和分析得出 KIBS 中小企业的顾客知识获取正向显著影响创新绩效，KIBS 中小企业关于顾客的知识获取对创新绩效有显著的正向影响，KIBS 中小企业顾客拥有的知识获取对创新绩效有显著的正向影响，针对整体层面上和维度层面上关于顾客知识获取和创新绩效之间关系研究所验证的一系列结论得到了诸多研究学者的支持(Yli-Renko，Autio & Sapienza，2001；Tiwana，2004；张方华，2004；Yang，2005；王立生，2007；Presutti，Boari & Fratocchi，2007)。无论是基于知识获取层面还是顾客知识获取层面所得到的结论都是一致的，都认为顾客知识获取对于创新绩效有显著的正向影响作用。基于诸多学者的研究，结合本研究的研究背景，主要可以从以下几个方面阐述这一结论成立的原因：首先，知识密集型服务业创新具有显著的高顾客相关性，知识密集型服务业与顾客之间是一种“共生”的关系，创新服务质量的高低依赖于知识密集型服务业与顾客的交互作用(朱秀丽，2007)。尤其是软件业企业的产品生产模式，必须充分结合顾客的特殊知识才能生产出满足顾客需求的产品，获取有价值的顾客知识(无论是关于顾客的知识还是顾客拥有的知识)对于 KIBS 中小企业而言是至关重要的。其次，关键顾客的知识获取可以从四个方面来提升创新绩效(Yli-Renko，Autio & Sapienza，2001；Presutti，Boari & Fratocchi，2007)：第一是通过增强顾客关系中有用的顾客专门知识的广度、深度来提升研发行为中新资源和新想法的潜力。第二是通过缩短开发周期来提升新产品开发的速度。第三是通过提升新建高新企业和顾客合作开发新产品的意愿从而有效促使产品创新，加强商业关系相互联系的稳定性和长期性。第四是通过提升信任、协调和沟通的程度，增加关键顾客向新建企业提供关于研发方面的知识和信息。本研究的调研对象中，66.2%的中小企业的成立时间都小于10年，基本属于新建高新企业，关键顾客的知识获取可以有效通过上述四个方面促进创新绩效的提升。最后，根据变量的描述性统计结果可以看出浙江软件业中小企业在关于顾客的知识获取和顾客拥有的知识获取的感观上都是接近满意的，但是产品创新绩效和组织创新绩效（针对2008年，相对国内同行业同类型主要竞争者）方面，感观上产品创新绩效普遍处于中等水平，而组织创新绩效上是接近满意的。可以看出关于浙江软件业中小企业对于自身在关于顾客的知识获取和顾客拥有的知识获取的实施上是较为完善的，并且和创新绩效尤其是组织创新绩效是正向相关的，可以看出目前浙江软件业中小企业能有效地获取顾客知识，并且通过科学地利用，促进创新绩效的提升。

并且，本研究基于对浙江软件业企业调研分析得出，顾客拥有的知识获取比关于顾客的知识获取对于创新绩效的影响程度要高，针对KIBS中小企业的知识密集性和专业程度的要求，隐藏于顾客头脑中结合顾客经验的顾客拥有的知识更是企业尤其需要重视和挖掘的（王永贵，2005），因为相对而言，复杂的、难以表述的顾客拥有的知识包含的信息更为系统，并且是体现特性的知识，尤其是针对软件业企业而言，专业了解的程度往往更能传递深层次、有价值的知识。针对上述分析，可以看出KIBS中小企业顾客知识获取有利于创新绩效的提升，KIBS中小企业关于顾客的知识获取有利于创新绩效的提升，KIBS中小企业顾客拥有的知识获取有利于创新绩效的提升。

5. 顾客知识获取在社会资本与创新绩效之间具有中介作用

本研究在分析过程中在整体层面上也验证了顾客知识获取的中介作用，Yli-Renko，Autio和Sapienza（2001），Presutti，Boari和Fratocchi（2007），张波（2003），张方华（2004）和王立生（2007）等学者在其研究中都将知识获取作为中介变量研究社会资本对于创新绩效的影响，尤其是Yli-Renko，Autio和Sapienza（2001），Presutti，Boari和Fratocchi（2007）和王立生（2007），针对企业关键顾客的知识获取，本质上就是顾客知识获取，只是没有对顾客知识获取进行分类研究而已，但也都在一定程度上支持了本研究的这一结论。虽然本研究在中介变量验证部分检验得出顾客知识获取在企业—顾客间社会资本与创新绩效之间起到部分中介作用，但是针对本研究的研究设计目的，以及模型构建理念，本研究仍将顾客知识获取作为中介变量进行考虑，基于上述诸多学者的研究，以及本研究的实证验证，可以得出企业与顾客间的社会资本通过顾客知识获取对创新绩效产生积极的作用。

6. 浙江软件业的企业特性对于各变量存在一定的影响

本研究主要通过对浙江软件业的调研分析来代表性研究社会资本、KIBS中小企业顾客知识获取和创新绩效三者的关系，在调研对象上具有一定的特性，通过单因子独立样本变异数分析（One-Way ANOVA）来进行企业特性是否影响各变量的检验。本研究通过分析验证了在0.05的显著水平下，企业的所在地和成立时间对于企业与顾客社会资本的结构维度以及关于顾客的知识获取的影响达到显著水平。企业性质对企业与顾客社会资本认知维度的影响达到显著水平。企业规模和研发投入对企业与顾客社会资本认知维度的影响达到显著水平，其中50人以下的浙江软件中小企业要比101～200人的浙江软件中小企业有更高的社会资本认知维度水平，研发投入比例0.5%～1%的浙江软件中小企业要比研发投入1%～1.5%和1.5%～3%的浙江软件中小企业有更高的认知维度水平。Yli-Renko，Autio和Sapienza（2001），韦影（2005），王立生（2007）等诸多学者都将企业特性作为控制变量进行研究，这在一定程度上为本研究的这一检验提供了依据。

针对企业规模对企业与顾客社会资本的认知维度的影响达到显著水平，其中50人以下的浙江软件中小企业要比101～200人的浙江软件中小企业有更高的社会资本认知维度水平的结论，结合本研究的研究对象，认为可能的原因是：一方面调研对象50人以下的中小企业占40.3%，101～200人的中小企业占19.4%，在比例上存在的差异引起相应的在认知维度水平上的差异。另一方面可能由于企业规模所对应的成员企业的地区差异以及产品、项目复杂程度的差异，例如规模较小的浙江软件中小企业所承担的项目较为简单（黄国安，2008），满足顾客基本需求的简单专业知识比较容易传递，在与顾客的交流过程中比较能被顾客理解和接受，而规模较大的浙江软件中小企业所承担的项目较为复杂，顾客的专业程度必须达到一定程度才能和企业进行较好的沟通，导致认知维度的专业知识和专业用语水平等没有规模较小的企业高。

针对研发投入对企业与顾客社会资本认知维度的影响达到显著水平，其中研发投入比例0.5%～1%的浙江软件中小企业要比研发投入1%～1.5%和1.5%～3%的浙江软件中小企业有更高的认知维度水平的结论，这主要可能由于依赖外界和内部的程度不同所引起的。研发投入越高可能越依赖于企业的内部创新，认知维度的水平通常是由企业与顾客沟通的程度所激发的，研发投入低的通常更注重用外界成本较低的资源来弥补资金资源的薄弱，也就会导致上述结果的产生。因此针对浙江软件业中小企业的企业特性对于各变量的影响，由于没有相关的研究可以比较，更具体的原因有待更进一步的研究。

3.6.2 管理启示

1. 企业可以构建一个基于企业—顾客间社会资本的顾客知识获取系统①

企业构建相应的顾客知识获取系统(见图 3.8)，主要是指企业通过借助企业—顾客之间所拥有的社会关系网络以及嵌于这些网络中的各种资源和能力来促进关于顾客的知识的吸收和对顾客拥有的知识的挖掘，将吸收的顾客知识作为资料或资讯进行存档以备进一步地挖掘，将挖掘到的顾客知识进行整理、编码，成为组织成员能理解的信息，通过对资料和资讯的整合以及对知识的提炼，使之成为对企业有利的知识，再将知识通过产品、服务等传递给顾客，又会促使顾客形成不同的顾客知识，由此螺旋上升促进顾客知识的不断获取和更新。

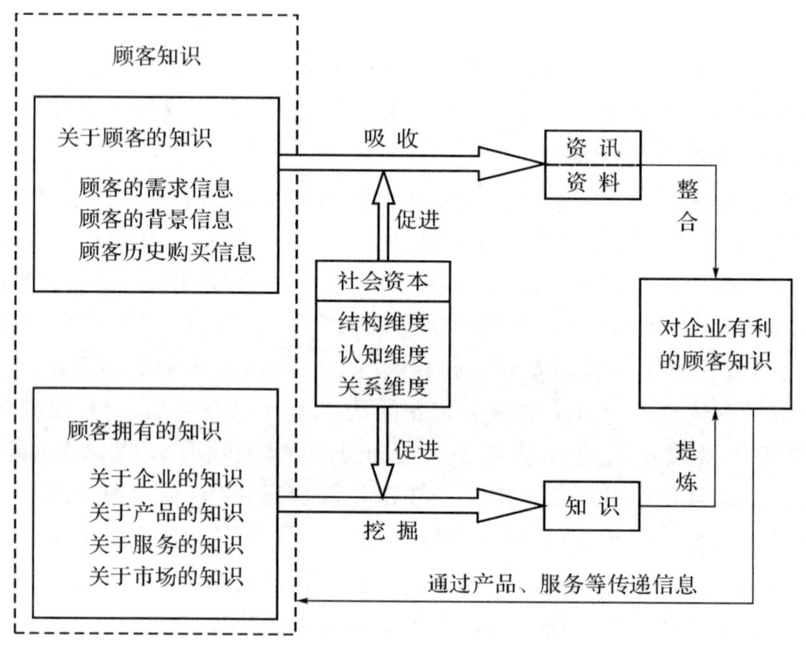

图 3.8 基于社会资本的顾客知识获取系统

① 该部分内容是论文《Research of Building the Customer Knowledge Acquisition Model based on Social Capital》的一部分，已发表在 The 2009 International Conference on Engineering Management and Service Sciences(EMS 2009)(2009 工程管理和服务科学国际会议)。顾客拥有的知识一栏中的关于竞争者的知识由于在小样本问卷调研分析中予以删除，结合浙江省软件业中小企业的实际情况，在本研究的管理启示部分就不再列出。

(1)基于社会资本结构维度，建立顾客知识获取平台。

首先KIBS中小企业应重视顾客网络的建设，利用先进的知识管理工具和信息技术，建立有效的知识管理系统结构，用于顾客知识的储存、整合等，提高对顾客知识的利用能力(王永贵，2005)。其次KIBS中小企业应设立实际或虚拟的网络信息反馈机构，这是企业与顾客进行信息交流的平台。一方面，KIBS中小企业应有自己的网络平台、论坛等可供顾客进行服务信息反馈、顾客知识的共享等。另一方面，设立实际的顾客反馈平台，多渠道地与顾客进行沟通交流，注重与顾客的面对面沟通、电话沟通等。同时KIBS中小企业还应设立信息奖励机构，对于顾客有用的信息和知识给予适度的奖励，这样不仅可以提高顾客参与合作的激情，也可以对外表明对知识和信息的渴求，促使更多顾客来反馈有用的信息。

(2)基于社会资本关系维度，培养顾客—企业信任环境。

KIBS中小企业要充分培养顾客作为企业发展合作者的角色意识，通过与顾客之间关系的维持，促进顾客信任企业并进而与企业达成共识，与企业共享顾客自身拥有的知识。首先KIBS中小企业应通过营造一种知识共享的文化促使顾客对企业产生信任，使其主动向企业传达关于企业、产品等的真实想法。信任的产生对于顾客知识获取是至关重要的(Nahapiet & Ghoshal，1998)，尤其是在获取顾客拥有的知识时，信任会促使顾客更好地编码自己的想法，尽可能准确地表达出来。其次KIBS中小企业应在顾客义务、身份的鉴别等方面让顾客产生责任感。企业应该用一种特殊明确的身份冠于顾客，例如领先顾客①、金卡会员、关键顾客等，让顾客产生有别于一般顾客的情结，从而形成一种无形的义务，更主动地去收集关于企业、企业竞争者、产品、服务等信息，成为某一区域或某一产品的专家顾客。顾客在被企业信任驱使下的行为往往会给企业带来丰厚的利润。最后是企业对顾客隐私的尊重，这就要求KIBS中小企业规范使用顾客信息，注重与顾客之间的诚信，通过企业的实际行动加强顾客对企业的信任。

(3)基于社会资本认知维度，消除顾客—企业沟通障碍。

知识传达的准确性很大程度上依赖于顾客的编码和表述能力，顾客与企业如果在语言、陈述等方面达成一致，那么知识传达的失误率会降低很多，并且也可以避免很多信息的混淆(Nahapiet & Ghoshal，1998)。因此一方面KIBS中小企业应和自己的顾客共享代码和语言，尤其是专业用语的共享，或者向顾客

---

① 那些具有丰富的生活经历和产品的使用经验，对企业和竞争对手的产品都足够了解的客户，通常具有两个特征：最先洞悉新产品或新服务的需求；通过获取一个解决这些需求的方案而得到大量收益(黄志洋等，2008)。

传授自己的语言，或者去接纳顾客的语言。企业顾客服务部的顾客代表必须能用顾客的语言与顾客进行沟通交流，并且也只有这样才能让顾客理解企业的想法和信息。由于软件业企业是专业性较强的企业，在与顾客的沟通过程中，共同语言不仅体现在用语上，更体现在双方的专业背景上，这一点是软件业中小企业必须要考虑的。另一方面，KIBS 中小企业要和自己的顾客有共享的陈述，采用顾客能接受的表达方式，例如顾客需要直白的表达方式，企业就不应该用官方或深晦的语言和顾客进行沟通，尤其在获取关于顾客的知识时，必须用顾客能理解的方式才能使顾客清楚地表述，实现有效地获取知识。

(4)加强知识吸收挖掘，提升顾客知识获取效果。

关于顾客的知识，例如顾客的需求信息、历史购买记录、背景信息都是比较容易表达的(周晓宁等，2007)，这类知识应尽可能地吸收，将其编码档成册以备充分利用和进一步地挖掘。顾客拥有的知识，无论是关于企业的，还是关于市场的知识都是根植于顾客头脑中的，是与顾客的经验相结合的较为隐性的知识(Gebert & Geib，2003)，企业在获取这类知识时就应该尽可能地去挖掘。通常对于这类知识，顾客也并不知道他们知道多少，更多时候他们也是在企业的刺激下才发觉拥有某些信息和知识。因此 KIBS 中小企业应通过各种渠道和手段挖掘这类知识，进而通过外部化将其转化为企业成员能够理解的知识，以备进一步地挖掘和利用，比如通过深度访谈、消费者实验等逐步获取这类知识，从而提升顾客知识获取的效果。尤其是软件业企业，应充分发挥自身在软件程序上的优势，配备程度相当的应用软件，开发知识精确提炼的程序，提升知识挖掘的准确性，将人为感知所获取的顾客信息、知识，结合信息技术进行聚焦、挖掘，从而获取更有价值的顾客知识，尤其是顾客拥有的知识。

(5)加强知识整合提炼，实现顾客知识获取目标。

针对知识密集的 KIBS 中小企业，有价值的信息大量来源于所获得的知识资源，对知识资源的整合提炼对于 KIBS 中小企业而言也就显得尤为重要，提炼的难度和要求相对也会更高。对于吸收的资料、资讯等进行整合，将其编码为清晰、有用的知识输入管理信息系统。对于挖掘到的知识，KIBS 中小企业信息管理部门的员工则要准确提炼，将顾客所表述的知识不做任何修饰和修改地加以整理，提炼出核心内容，进而成为对公司有利的信息。因此 KIBS 中小企业可以请一些信息分析专家来提炼顾客零散的知识，通过专业人员的提炼保证信息的完善性。同时 KIBS 中小企业应将顾客原始知识与整合提炼后的知识进行清晰分类、分口归档，这样可以有效地保证信息的原始性，并降低信息提炼的失误率。总之，通过对知识整合提炼的全方位控制，从而实现顾客知识获取的目标。

2. 培育 KIBS 中小企业与顾客之间的社会资本

针对我国当前比较注重“关系”的商业氛围，KIBS 中小企业应充分发挥自身的资源来培育与顾客之间的社会资本。培育企业—顾客之间的社会资本主要从结构维度、关系维度和认知维度三个方面展开(Nahapiet & Ghoshal,1998;Presutti,Boari & Fratocchi,2007),其中针对不同类型的顾客知识(关于顾客的知识、顾客拥有的知识)在维度水平的侧重上也有所不同,主要可以从以下几个方面展开:

(1)注重企业—顾客互动,提升 KIBS 中小企业社会资本的结构维度水平。

通过培育企业—顾客之间的社会资本,提升社会资本的结构维度来促进企业获取关于顾客的知识,主要可以从网络联系、网络结构和专门组织三个方面来展开。第一,提升企业与顾客之间的网络联系程度,主要可以从联系的频率、联系的深度等方面来提升网络联系程度(韦影,2005)。提升与顾客的联系频率,并且通过沟通技巧、投入时间等方面的改进提升联系程度,获取系统的关于顾客的知识。第二,以 KIBS 中小企业关键顾客为结构点,拓宽企业与顾客之间的网络结构,通过与关键顾客建立的网络关系扩散出更为广泛的顾客网,不断通过当前的顾客与新顾客建立网络关系,形成强大的关系资源。第三,针对互动性强的 KIBS 中小企业,设立专门与顾客联系的专门组织,充分发挥一对一关系的优势,全方位获取顾客的基本信息,而且借助于当前发达的互联网,网络平台的设立对于企业获取关于顾客的知识也将变得至关重要。在基于关于顾客的知识获取途径之上,不断地整合与设计顾客的信息,提炼顾客的需求,提升响应顾客需求的速度,进而促进顾客不断地向企业反馈相关信息,使顾客知识形成螺旋上升。

(2)注重企业—顾客诚信,提升 KIBS 中小企业社会资本的关系维度水平。

通过培育企业—顾客之间的社会资本,提升社会资本的关系维度来促进企业获取顾客拥有的知识,主要可以从信任、道德规范和满意三个方面展开。第一,信任问题是社会资本形成和发展的核心问题(Nahapiet & Ghoshal,1998;张波,2003)。KIBS 中小企业要提升顾客对于企业的信任程度,从而促使顾客向企业传达关于企业、市场、服务和产品等的真实看法,再结合自身经验、经历的判断,向企业提供有价值的顾客拥有的知识。第二,KIBS 中小企业要树立良好的道德规范意识和形象,良好的道德规范是形成信任的基础,通过在合作中合作准则的遵守行为,促使顾客信任企业,形成稳定和深入的关系,帮助企业有效获取顾客拥有的知识。第三,提升企业—顾客双方在合作过程中的满意程度,因为满意可以带来积极的情感、行为,比如合作过程中对响应顾客需求速度的提升、服务的全面性、产品质量的保证、真诚合作等,都可以提升顾客对企业的满意,从而提升顾客同企业进行合作生产、分享经验的意愿。

(3)注重企业—顾客共享,提升 KIBS 中小企业社会资本的认知维度水平。

通过培育企业—顾客之间的社会资本，提升社会资本的认知维度来促进企业获取关于顾客的知识，主要可以从共享语言、共同价值观和共享陈述三个方面来展开。第一，KIBS中小企业尤其是软件业企业要将顾客的专业程度进行准确的区分，针对专业程度较高的顾客可以进行较为专业的交流，而针对专业程度较低的顾客，也就是对计算机并非十分熟悉的顾客，要在让顾客基本熟知的前提下进行渐进式交流，降低沟通过程中的专业障碍。第二，注重与顾客使用同类、能准确理解的语言进行沟通。中国是一个高语境的国家，相同的词汇在不同的语句中，甚至是相同的词汇使用不同的语调都会有不同的含义，因此企业应该使用与顾客相同的语言（比如方言、专业词汇等）进行沟通，这样可以提高双方信息的吸收程度。第三，尽量使企业与顾客形成共同价值观（王立生，2007），这样对行为、决策等的评判就会比较一致，从而促使双方产生为同一个目标而努力的动力。第四，促使双方形成共同的思维模式，比如用直观的陈述方式进行沟通，清楚地向对方传达自身的意思（Nahapiet & Ghoshal，1998），这对企业而言也更能准确获得关于顾客的知识。

3. 规避过度利用企业—顾客社会资本和获取顾客知识的风险

（1）合理培育企业—顾客社会资本，避免形成社会负债。

任何事物都要把握一个“度”，企业在培育和利用企业—顾客之间社会资本的过程中也要避免产生由于社会资本的过度培育而造成的社会负债①。研究表明，社会资本至少在四个方面存在负面影响：对网络外人员的排斥、对小组成员过多的要求、对个人自由的约束和不断下降的规范准则（张波，2003）。同时社会资本的培育也需要时间、人力、物力的投入，一旦过多地投入“关系”的建立和维持，然而从这种“关系”所带来的利润回报却达不到所投入的成本水平，那么就会成为企业的负担。针对高风险、费用易超支的KIBS中小企业尤其是软件业企业来说，如果对企业—顾客社会资本培育、利用不当，所带来的风险相对也比较大。因此在企业—顾客间社会资本的培育上，KIBS中小企业更应该慎重考虑，结合自身的实际状况适度培育。

（2）合理获取顾客知识，避免获取虚假信息。

获取顾客知识的过程中，企业应考虑所获取知识的价值，并不是所有的顾客知识都是有价值的（黄志洋等，2008），企业必须注重对顾客知识的判别，针对

---

① 社会负债：与企业社会资本相对应的，也是由社会结构或网络产生的阻碍企业目标实现的资源。一方面，持续的、较强的社会联系可能会抑制行为主体的行为，产生社会负债，阻碍主体的活动及其目标的实现。比如与某些顾客长期的联系会阻碍企业有选择地与其他客户建立联系。另一方面，社会结构中不利的关系会导致社会负债，影响行为主体目标的实现（王勇，2006）。

真正有价值的顾客知识予以利用。同时KIBS中小企业应避免片面倾听较小顾客群体的意见，比如领先顾客、联系比较频繁的个别顾客，避免由于个别的虚假信息给企业带来负面的影响。以知识为核心、一对一关系高度互动的KIBS中小企业应该对各类顾客知识进行权衡，尽量避免由于与个别顾客接触时间的长久而导致对某一类信息、知识的过度信赖，要提升自身对知识的鉴别能力和市场状况的全面把握能力。

附录1

社会资本对KIBS中小企业顾客知识获取、创新绩效影响的调查问卷

尊敬的公司领导：

您好！本问卷是关于社会资本对知识密集型中小企业顾客知识获取、创新绩效的影响研究的相关数据调查，为了真实反映当前知识密集型中小企业顾客知识获取的实际状况，恳请您在百忙之中帮助填写这份问卷，答案没有对错之分。若有某个问题没有完全表述您的意思时，请勾出最接近您看法的选项。

本问卷纯属学术研究目的，内容不会涉及贵公司的商业机密，更不会把调查数据用于任何商业途径，我们将对贵公司提供的信息严格保密，请放心并客观填写。如果贵公司/部门需要，我们愿意及时将问卷调查的分析结果予以反馈。

真诚感谢您的支持与合作！

说明：本研究涉及的顾客是企业顾客，而不是个体顾客，并且是和企业联系最频繁的顾客。

一、公司基本情况

1. 公司名称：________________________________

2. 所 在 地：______省______市

3. 成立时间：____________

4. 公司性质：(1)国有企业(含国有控股)　(2)民营企业(含民营控股)　(3)中外合资　(4)外商独资　(5)其他____________

5. 企业规模(人数)：

(1)50人以下　(2)51～100人　(3)101～200人　(4)201～300人

6. 企业2008年销售总额(人民币元)：

(1)100万以下　(2)100万～300万　(3)300万～1000万　(4)1000万～

3000 万

(5)3000 万～1 亿　(6)1 亿～3 亿

7. 2006—2008 年 3 年企业研发投入占当年销售总额的平均比例：

(1)<0.5%　(2)0.5%～1%　(3)1%～1.5%　(4)1.5%～3%

(5)3%～5%　(6)5%及以上________

二、个人基本信息

1. 您所在的部门：________________ 职位：______________

2. 您在现在这家企业工作的时间：(1)1 年以下　(2)1～2 年　(3)2～3 年　(4)3～5 年　(5)5～7 年　(6)7～10 年　(7)10 年以上________

(说明：您只需要根据贵公司同顾客的合作状况在相应的数字下打√，或改变相应数字的颜色都可以，每个选项分别有 5 个等级，由 5 到 1 分别表示同意(满意)程度逐步下降，具体如下)

完全不同意(很不满意)	不同意(不满意)	一般	同意(满意)	完全同意(很满意)
1	2	3	4	5

三、社会资本测度

序号	问　项	完全不同意	不同意	一般	同意	完全同意
A1	我们与顾客经常进行多种形式的交流	1	2	3	4	5
A2	我们与顾客经常沟通关于公司各方面的问题(例如产品、服务、市场等等)	1	2	3	4	5
A3	通过顾客的帮助，我们可以接触到更多的新顾客	1	2	3	4	5
A4	我们经常安排专人去了解顾客的情况	1	2	3	4	5
A5	我们有系统的顾客联系平台(例如论坛bbs、邮箱、MSN、QQ 等等)	1	2	3	4	5
B1	我们与顾客之间相互信守承诺	1	2	3	4	5
B2	我们与顾客之间真诚合作	1	2	3	4	5
B3	我们在与顾客的合作过程中感觉很愉快	1	2	3	4	5
B4	我们与顾客间合作尽量避免损害对方利益	1	2	3	4	5
C1	顾客和我们双方的专业背景知识、教育程度没有影响我们正常的沟通	1	2	3	4	5

续表

序号	问项	完全不同意	不同意	一般	同意	完全同意
C2	顾客和我们双方都清楚合作的目的和意义	1	2	3	4	5
C3	顾客非常认同我们的经营理念	1	2	3	4	5
C4	在合作的过程中，我们能清晰地理解顾客反馈的信息（例如产品、服务、市场等等）	1	2	3	4	5
C5	在合作的过程中，顾客能清晰地理解我们传递的信息（例如产品、服务、市场等等）	1	2	3	4	5

四、顾客知识获取测度

序号	问项	完全不同意	不同意	一般	同意	完全同意
D1	我们从顾客那里获取很多关于顾客需求的信息	1	2	3	4	5
D2	我们从顾客那里获取很多关于顾客的基本信息（例如购买活动、购买历史记录、顾客背景信息等）	1	2	3	4	5
D3	我们从顾客那里获取很多关于顾客需求变化趋势的信息	1	2	3	4	5
E1	我们从顾客那里获取很多关于产品研发的知识与技能（例如产品开发与设计、产品工艺、功能改进等）	1	2	3	4	5
E2	我们从顾客那里获取很多先进营销知识和技能（例如销售技能、市场开拓方式等）	1	2	3	4	5
E3	我们从顾客那里获取很多关于市场状况的知识（例如产品的市场前景、品牌知名度等）	1	2	3	4	5
E4	我们从顾客那里获取很多关于服务理念和技能的知识（例如服务途径、服务方式、服务技巧等）	1	2	3	4	5
E5	我们从顾客那里获取很多先进管理知识和技能（例如公司管理、品牌管理、销售团队管理等）	1	2	3	4	5

五、企业创新绩效测度(与国内同行业同类型的主要竞争对手比,2008年的情况)

序号	问　项	完全不同意	不同意	一般	同意	完全同意
F1	产品的改进速度(例如质量、工艺、功能等)	1	2	3	4	5
F2	年新产品数量	1	2	3	4	5
F3	年申请专利数量	1	2	3	4	5
F4	产品市场份额	1	2	3	4	5
G1	响应顾客需求的速度	1	2	3	4	5
G2	服务的改进效果(例如服务质量、方式等)	1	2	3	4	5
G3	管理水平的改进效果(例如团队管理、产品管理、成本管理、风险管理等)	1	2	3	4	5

问卷到此结束,非常感谢您的合作!

附录2

所调查企业名单

地区	企业名称
杭州	浙江中建网络科技股份有限公司
杭州	杭州易济商务咨询有限公司
杭州	杭州讯通软件有限公司
杭州	杭州三伦网络科技有限公司
杭州	杭州天软科技有限公司
杭州	杭州科澜信息技术有限公司
杭州	杭州东部信必优服务外包有限公司
杭州	浙江网新恩普软件有限公司
杭州	浙江欣网卓信科技有限公司
杭州	杭州腾宇信息技术有限公司
杭州	杭州翔科软件有限公司

续表

地区	企业名称
杭州	杭州数游软件科技有限公司
杭州	杭州企风科技有限公司
杭州	杭州德昌隆信息技术有限公司
杭州	杭州慧泉软件有限公司
杭州	杭州正方软件股份有限公司
杭州	杭州安鸿科技有限公司
杭州	浙江维尔生物识别技术股份有限公司
杭州	浙江麦仕通网络科技有限公司
杭州	浙江榕基信息技术有限公司
杭州	浙江万鼎信息技术有限公司
杭州	杭州中博软件技术有限公司
杭州	浙江杭佳科技发展有限公司
杭州	杭州中软安人网络通信有限公司
杭州	杭州新力软件技术服务有限公司
杭州	杭州合众软件有限公司
杭州	杭州西屋信息科技有限公司
杭州	杭州森特信息技术有限公司
杭州	杭州大名软件有限公司
杭州	杭州童易软件技术有限公司
杭州	益和电力科技信息有限公司
嘉兴	嘉兴市左右软件有限公司
嘉兴	嘉兴市中易软件有限公司
嘉兴	嘉兴金迅软件开发有限公司
嘉兴	嘉兴市创嘉科技有限公司
嘉兴	嘉兴喜爱捷信息系统有限公司
嘉兴	嘉兴柯莱特软件有限公司
嘉兴	嘉兴市杰博计算机有限公司
嘉兴	嘉兴融信网络科技有限公司
嘉兴	嘉兴晟峰软件公司

续表

地区	企业名称
嘉兴	嘉兴市佳博软件有限公司
嘉兴	嘉兴市万方软件有限公司
嘉兴	嘉兴市中房智能科技有限公司
台州	台州市金软软件有限公司
台州	台州市通用软件技术有限公司
台州	台州市讯达软件科技有限公司
台州	台州市极速网络有限公司
台州	台州航天信息有限公司
台州	台州市亿睿软件开发有限公司
台州	台州企星软件有限公司
台州	台州元年软件技术有限公司
宁波	宁波市金唐软件公司
宁波	宁波畅想软件开发有限公司
宁波	宁波海腾计算机有限公司
宁波	宁波佳合企业管理软件有限公司
温州	温州索易软件开发有限公司
温州	温州新特软件开发有限公司
温州	浙江万谷科技有限公司
温州	温州中本信息科技有限公司
温州	乐清市叁陆伍信息技术有限公司
绍兴	信媒软件有限公司
绍兴	绍兴腾飞信息技术有限公司

4 网络能力、组织隐性知识获取与突破性创新绩效

4.1 问题提出

4.1.1 KIBS中小企业现状

1. KIBS中小企业的重要地位

20世纪50年代末以来，以第二产业为主导的工业型经济在诸多发达国家开始进入增长停滞期，已经高度发达的制造业对国民经济快速发展的推动作用开始明显减弱。因此主要发达国家开始探索以第三产业(服务业)为主导的新型经济发展体制，并且取得了一定的成功。目前，服务业所创造的国民经济增加值已经占到发达国家总产值的65%以上，其中在主要发达国家，如美国这一数值已达到75%以上，这足以说明服务业已成为当前全球经济发展的主推器。然而相对于发达国家，我国服务业在国内生产总值中所占比例还远低于发达国家，甚至低于很多发展中国家。服务业发展的滞后开始严重影响我国经济结构的调整和可持续发展，因此我国政府已将大力促进服务业的发展作为“十二五”期间国民经济发展的战略重点和主要任务。2011年11月10日，中共中央政治局常委、国务院副总理李克强同志在国务院发展研究中心调研时，强调服务业不仅是内需潜力最大的产业，同时也是促进各产业融合、支撑城镇化发展、带动经济转型的重要引擎。他指出目前我国服务业总体上来看还是国民经济发展的短板，其

发展潜力巨大,发展前景广阔。大力促进服务业发展,不仅可以带动更多的就业、进一步满足群众多样化需求,同时还能推动科技创新,更好地发挥我国的人力资源优势。他特别指出各级各部门要针对所存在的影响服务业发展的制约因素,研究推出更多更有效的政策,提升对知识密集型服务业和劳动密集型服务业的支持力度,保证服务业规模持续扩大、发展水平不断提高,进而为我国经济的持续高速发展打下坚实的基础。

知识密集型服务业是当前服务业中的一个重要组成部分,是知识经济时代的产物,具有高技术应用、高创新性、高增值性等特征。随着信息技术和经济全球化的迅猛发展,KIBS在推动经济快速发展中的战略性和指导性日益显著(魏江等,2007)。KIBS已成为未来服务业发展的主要方向,承担着知识创造与知识资源优化配置的重要责任(Hipp et al.,2000)。

中小企业正逐步发展成为我国社会生产力发展的生力军,是成长最快的科技创新力量,已成为推动技术创新和促进就业的重要渠道之一,对于促进城乡经济体制结构调整、繁荣城乡经济、增加就业人口、激活国内市场等方面具有重要意义。"十二五"期间是加快我国经济结构转型升级,实现经济增长方式由粗放型、制造型转向集约型、创新型转变的关键时期,如何更好地促进KIBS中小企业的发展,更好地发挥KIBS中小企业在我国国民经济发展中的作用将具有重要的意义。

2. KIBS中小企业发展中存在的问题

目前我国KIBS中小企业发展面临着重重困难。外部发展环境方面,不仅面临着激烈的市场竞争,受制于大型企业和跨国公司的牵制,同时还受到很多政策法规的制约。自身发展能力方面,由于成长年限较短、资源不足,我国中小企业普遍面临着创新资源匮乏、创新能力薄弱、管理技能有待提升等一系列的问题。这些都严重影响着KIBS中小企业的可持续发展。此外,由于目前存在着国内外金融环境恶化、人力成本攀升、人民币升值等问题,中小企业承受着更加严重的融资难、成本上升等诸多不利因素的影响,企业的生存和发展受到巨大的挑战。KIBS中小企业作为知识密集型企业,对知识、人力和资金等稀缺资源有着更为强烈、更高的需求,仅仅依靠自身资源将难以满足在激烈的市场竞争中生存发展的需要。因此,如何帮助扶植我国KIBS中小企业的发展已成为我国相关部门和机构所关注的焦点。

4.1.2 突破性创新研究兴起

熊彼特(1912)在《经济发展理论》中最早提出了创新理论,此后学者们根据不同的研究标准和研究需要对技术创新进行了相应的分类。在众多研究成果中，根据创新程度差异将创新划分为渐进性技术创新与突破性技术创新得到了众多学者的认可。其实在诸多研究中所提及的演变创新、可持续创新，其内涵也与渐进性创新大致相同，可称之为渐进性创新。类似的如革命性创新，其内涵与突破性创新相似，故也可称之为突破性创新。渐进性创新一般被认为对企业发展贡献相对较小，而突破性创新则是指创造性地对现有技术、技能进行扬弃，使产品的质量等诸多指标发生巨大变化，甚至创造出新产品的一类创新，这类创新有利于帮助企业在激烈的市场竞争中开辟出新的需求和市场，对企业的发展能够产生重大的影响。但是突破性创新的成本与风险也相对较大，对企业的资源和组织能力要求较高。从已有研究成果可以得出，渐进性创新比较适合于那些大型企业来巩固和发展自己的市场地位，而对中小企业而言，采取突破性创新往往会更有利于其自身的发展，更有利于其开拓新市场，寻求新的发展机遇。

虽然从理论上分析，渐进性创新没有显著创造出全新的科学原理与技术，但伴随着技术革新的积累，其却带来了巨大的积累性经济效应。由于突破性创新巨大的不确定性、风险性与成本压力，很多公司管理者更倾向于开展渐进性创新，以求企业能平稳发展。Lisa 等人(1998)早期的研究也证实了这一点，他们通过对美国、加拿大等诸多大型公司管理者的访谈发现，相对于研发一种全新的产品，大型公司更倾向于模仿和升级其他公司开发的新产品。然而第三次科技革命以来，伴随着信息技术的迅猛发展，以及创新活动的日益频繁，越来越多的研究开始证实，渐进性创新对现有市场主导地位的维持作用在不断减弱，仅仅拥有渐进性创新产品的大型企业将难以与拥有突破性创新产品的企业相竞争，许多市场中现有的大型成熟企业将极有可能丧失其市场主导地位，甚至被市场所淘汰。在全球经济发展历史中，当市场中那些大公司仍然致力于对电子管进行渐进性创新时，具有突破性创新性质的晶体管的出现刹那间击溃了几乎所有的电子管生产企业。目前诺基亚公司的衰落也印证了突破性创新对渐进性创新的冲击，借助其先进的 Symbian 系统，诺基亚迅速成长为全球最大的手机厂商，此后开始进行渐进性创新，结果当谷歌 Andriod 和苹果 iPhone 操作系统出现后，诺基亚的市场地位迅速下降，市场占有率持续下跌，公司进入低谷。此类案例充分说明了渐进性创新虽然可以帮助企业保持现有竞争优势，但其极易被突破性创新所带来的挑战所击溃(Jill,2000)。

从国家宏观层面出发，发展中国家由于受制于其技术发展起步晚、资金不足、教育科研水平落后等不利因素，同时拥有所谓的后发优势，因此一度被学术界和实业界认为比较适合于开展渐进性创新。但是伴随着信息技术的超常发展和科技创新周期的日益缩短，发展中国家的后发优势正日益变得微弱(Clayton,1997)。科技创新周期的缩短导致新技术的大量产生，其速度甚至超过了发展中国家吸收现有技术知识的能力，这使得发展中国家始终处于一种学习状态，难以超越。从苹果与三星的专利案，我们可以看到目前各个国家和公司为了保障其自身的竞争优势、获取更大利益，开始越来越重视对专利的保护，这终将导致发展中国家难以获得或难以轻易获得有效的新技术。发达国家企业开始越来越重视开展突破性创新，并借助国际上严格的专利保护制度来获取巨额收益，从而牢牢把握住其“先发优势”。与此同时，那些大型公司在开展突破性创新的同时，也在积极进行着渐进性创新，这就进一步导致发展中国家难以获取真正先进有效的新技术。因此对于发展中国家而言，要想在经济全球化过程中取得发展，改变自己技术落后的局面，就必须在进行渐进性创新的同时，加大开展突破性创新的力度。

从企业层面而言，自20世纪80年代以来，越来越多的中小公司凭借着其突破性创新的成果击败了各自领域的领头羊，成为行业领军者，例如微软公司的崛起以及苹果公司的迅猛发展。对于大型企业而言，面对着科技的迅猛发展，仅仅依靠渐进性创新已经难以保证其在激烈的市场竞争中维持自己的地位，只有果断开展突破性创新才能最大限度地保证自己的市场地位，这其中谷歌的持续兴盛就是一个比较好的例子。Lisa等人(1998)在对北美地区公司高层经理的研究调查中发现，95%高层次管理人员认为，企业要想永葆竞争力，就必须始终成为所在行业的创新领导者。企业要想获取快速的发展，不能仅仅依靠在“红海”市场中取得的竞争优势，更应该学会进行突破性创新，开发出那些潜在的需求和市场，从而开辟出属于自己的一片“蓝海”，为企业的长远发展开辟一条捷径。

目前，突破性创新已经渐渐成为企业竞争与国家发展的一条重要途径。当前我国经济高速发展，持续繁荣，这使得企业间的竞争日益激烈。企业面临着国内和国际市场的双重压力，开展突破性创新已成为企业生存发展的必由之路。我国国内实业界已经充分意识到进行突破性创新的重要性，并积极进行实践，取得了一定的成功。与此同时，有关企业突破性创新的研究也逐渐成为学术界所关注的热点，有关突破性创新的研究成果迅速增多，由此可见突破性创新研究正渐入高峰期。

4.2 概念界定

4.2.1 网络能力

关于网络能力，很多学者从不同的研究角度对其进行了描述。Håkansson

(1987)最早对网络能力(network competence)进行了定义,并认为网络能力是指能够帮助企业巩固和提升其在所处网络中的地位,同时帮助企业更好地处理与特定网络伙伴间的关系的能力。此后,Ritter 等众多学者进一步深入探讨了网络能力的概念,并在相关研究基础上认为网络能力是企业维护外部网络,维护网络良好运行,以获取自己所需资源的一种能力,这种能力是企业获取竞争优势的一个有效依托(Ritter,1999;Ritter et al.,2002;Ritter & Gemünden,2003;2004)。他们认为网络能力主要包含任务执行和资格条件两个维度,两者是相互促进、相互依赖的关系,其中资质条件是基础,是企业开展网络活动的保障,而企业在任务执行时可以增强企业的资格条件,反过来促进资格条件的升级。徐金发等(2001)研究指出企业与外部组织存在着一种密切的交往关系,这种关系能够帮助企业取得其所需的资源与信息,促进企业的发展壮大,企业必须培养和发展其管理外部社会网络关系的能力,这种能力就是企业网络能力,它有利于帮助企业通过获取和运用外部网络中的稀缺资源来获得或维系竞争优势。马刚(2005)在其研究中将网络能力定义为帮助企业与合作伙伴、竞争者、供应商等建立起一种特殊的关系体系,并通过一定的有效方式吸收、应用和管理外部社会网络资源,并不断更新升级自身行为的能力。朱秀梅等(2011)基于转型经济情景,借鉴融合网络能力的行为观和资质观,创造性地从网络导向、行为和资质三方面来深入解析企业网络能力,认为网络能力是企业基于其网络导向,通过较好地运用所掌握的各种关系技巧,建设和管理其网络活动的一种能力。

在总结现有文献基础上,本研究认为企业网络能力是指企业在仔细审核自身未来发展与内部资源匹配程度之上,通过对其外部网络活动战略定位,发掘网络中蕴藏的价值与机会,建立、管理和不断升级各种网络关系,以有效获取企业所需资源的一种动态能力。同时在借鉴学者们对企业网络能力维度划分的基础上,认为网络能力主要包括四个维度:网络规划能力、网络配置能力、网络运作能力和网络占位能力。

4.2.2 隐性知识获取

Polanyi(1958)最早提出了隐性知识获取的概念,按照明晰程度将知识分为显性知识与隐性知识,其中那些能够使用语言、表格、图形等明确记录、传递的知识即为显性知识,而那些不易通过明确语言、图标进行描述、转移和学习,但是能够为人们所感知的知识被称为隐性知识。Ikujiro(1999)研究认为企业中的隐性知识主要可以划分为技能型隐性知识和认知型隐性知识,其中存在于组织中的那些难以言状、难以通过明确文字或语言传递的技能、诀窍等就是组织中的技能型隐性知识，而蕴藏在企业文化（企业价值观、理念等）中的那类隐性知识就是企业的认知型隐性知识。Ikujiro 的分类法主要依据是隐性知识在本质内涵方面的差异，具有一定的科学性，并且得到了众多学者的认可。

Sternberg(1999)基于隐性知识产生环境的不同，认为隐性知识应根据组织所处行业、员工所处职位、具体工作类型进行分类，指出隐性知识可以被认为是员工工作水平、组织运营水平的一个函数。员工工作内容的不同影响着其所掌握的隐性知识的组成成分和结构，所以在进行隐性知识分类时应从具体情况出发，结合研究情景的不同进行分类。

基于隐性知识隐秘性的差异，Clement(2002)认为企业所掌握的隐性知识主要可以分为三类：第一类是知识主体没有感知，却对主体行为产生较大影响的知识。这类知识具有数量巨大、难以进行有效传递的特点，只能通过主体间的直接接触进行获取，同时这类隐性知识对企业发展贡献较小。第二类是知识主体能够感知，但是不能够明确表达，难以言传的知识。这类隐性知识在传递过程中往往要耗费企业较多的资源。第三类是能够通过一些相对清晰的语言或文字描述的隐性知识。这类知识往往是企业核心竞争力的来源，对企业发展有重要影响。

Veronique 认为企业所蕴藏的隐性知识可以依据载体的不同划分为个人和组织隐性知识。企业员工在工作中会表现出不同的效率，其根源就在于个体所掌握的隐性知识存在一定的差异。个体隐性知识主要是指员工个人所拥有的独特的技能、诀窍等。组织隐性知识主要是组织在运行中所形成的一些惯例，这些惯例影响着企业的运营效率。个体隐性知识是构成组织隐性知识的重要成分，但其总体价值要大于简单的累加。同时组织隐性知识也影响着个体隐性知识的形成和发挥，并深刻影响着个体隐性知识的累积。

Lubit(2001)通过研究隐性知识间的内在联系，对隐性知识纵向进行划分：第一是不能或难以用语言形式表达出来的技术诀窍。第二是企业员工的心智模式，企业员工对待周边事物的态度。第三是面对问题时的思考方式，不同企业的员工在面对同一个问题时会有不同的思考方式和思索视角。第四是企业惯例，主要是指企业所拥有的独具特色的运营制度、组织文化和沟通机制等等。

Collins(1993)和 Blackler(1995)将企业知识分为五类：第一是显性知识，指企业中所具有的使用文字、语言符号详尽描述的知识。第二是个体根植型隐性知识(embodied knowledge)，主要指企业员工所拥有的个人独特技能等方面的隐性知识。第三是个体认知型隐性知识(embrained knowledge)，主要为涉及员工个人认知方面的隐性知识，如个人的思维习惯等。第四是组织根植型隐性知识(embedded knowledge)，主要是指企业组织在日常运营中所积累的，以组织整体作为载体所拥有的一类隐性知识。第五是组织文化型隐性知识(encultured knowledge),主要指各个企业组织所特有的组织理念等方面的隐性知识。

以往学者主要是基于以下几个方面对隐性知识进行分类:按照知识内涵的不同,分为技能型隐性知识与认知型隐性知识;根据企业组织中隐性知识隐性程度的不同,判定为真、伪隐性知识;根据隐性知识的载体不同可以将之分为个体隐性知识和组织隐性知识。本研究将主要考虑网络能力对企业组织隐性知识获取的影响,在组织隐性知识分类上借鉴 Collins(1993)和 Blackler(1995)关于组织隐性知识的分类。

4.2.3 突破性创新绩效

关于突破性创新的英文专用词语,学术界比较认同的主要是"breakthough innovation" 和"radical innovation"(Song & Di,2008;Tellis 等,2009;陈劲,2002;张洪石,2005;秦剑,2009、2010、2012)。Abernathy 和 Utterback(1978)最早提出了有关突破性创新的理论与概念,此后学者们基于不同的研究视角和科学技术创新发展的现状,对突破性创新的内涵与概念进行了更深一步的挖掘与发展。Henderson 和 Clark(1990)在对技术创新分类比较中,认为突破性创新主要是指通过开发全新的科学技术来替代现有技术,这种创新将使产品架构发生彻底的改变,甚至能挖掘出全新的市场或产业。Vadim(2000)则认为突破性创新是导致产品(服务)拥有一种全新的性能特征,或是质量与性能获得大幅提升,甚至出现一种新产品的一类创新。Kotelnikov(2000)在对突破性创新的定义中指出突破性创新虽然也借鉴于已有技术,但它却能使产品性能的各种指标或主要指标发生巨大变化,甚至演变为一种全新的产品。这种创新能够很大程度上降低现有产品的成本,创造出一个全新的市场或产业,改变市场或所处行业的现状。Leifer(2000)在对突破性创新的研究中,总结了突破性创新的一些特征,这些特征主要包括:使现有产品的生产成本削减至少 30%;产品现有性能指标大幅提升,提升幅度达到 5 倍以上;使产品具有一系列全新的性能。张洪石(2005)将突破性创新定义为使产品性能指标得到突飞猛进的发展,对当前市场规则和竞争状态产生巨大的影响,会带来市场结构调整、产业重新洗牌等一类创新。陈劲(2005)则将突破性创新描述为脱离行业现有主流顾客需求,针对市场潜在需求而进行的一种创新,这种创新在开始阶段可能得不到主流顾客的认可,但前景广阔。突破性创新具有较高的不确定性,其出现的时间与状态是难以预测的(许庆瑞,2000),由于突破性创新与现有技术有较大差异,成功的突破性创新技术有可能会改变现有技术的发展路线。

综合已有研究中关于企业突破性创新的界定,能够看出虽然关于企业突破性创新概念的描述存在着一定的差异，但其中也存在很多的共同点，都认为突破性创新会对产品性能、市场竞争、产业版图产生巨大影响。在综合已有研究基础上，本研究认为突破性创新主要是指通过对现有技术的大幅升级，使产品（服务）的主要性能指标发生重大改变，甚至创造出一种全新的产品，对市场竞争状态、产业结构造成重大冲击的高层次创新模式。

4.3 假设提出与模型构建

4.3.1 假设提出

1. 网络能力与组织隐性知识获取的关系

企业所处的各种社会网络中蕴藏着丰富的资源，但这些资源的获取却依赖于企业的努力。Adler 和 Kwon(2002)研究指出良好的外部网络关系是企业获取这些资源的保证。拥有良好的外部网络关系不仅有利于降低企业在网络中获取资源的成本，而且还有利于企业获取那些极其稀缺的资源。企业在进行外部网络活动时出于对自身竞争的考虑，往往不会将涉及其竞争优势的关键资源传授给其他企业。网络能力能够帮助企业在外部网络中识别有价值的网络伙伴(Mitsuhashi & Henrich,2009;范钧和王进伟,2014)，从而使企业可以有针对性地展开网络活动，投入较多资源与有价值的网络成员进行交往，培养彼此间的信任，进而为获取所需核心资源提供便利条件。隐性知识具有缄默性特征(Nonaka,2000)，根植于企业组织日常运营中，不易传播与模仿，是企业核心竞争力的重要构成部分。所以获取企业网络中隐性知识对于企业而言，是一项耗费资源且低效的活动，而拥有较强网络能力的企业，则可以通过与企业网络中的目标伙伴建立紧密的联系，占据网络有利位置来高效获取这一稀缺资源。Capaldo(2007)研究发现，与外部网络伙伴之间建立良好的关系，特别是建立起相互信任机制，可以为相互之间的知识流动创造良好的环境，大大提升资源获取的效率。

由此得出假设如下：

H1：网络能力显著正向影响着企业组织隐性知识的获取。

(1)网络规划能力与组织隐性知识获取关系

网络规划能力体现了企业对其所在网络环境的认识和理解，有利于企业对整体网络进行长远规划并预测其演化方向，选择有价值的网络伙伴和网络机会，并制定合适的网络活动目标和方针，从而为企业持久获取外部优质知识资源奠定基础(Holmen,2003)。企业如果能够及时识别外部网络中所蕴藏的合作机遇,就能够比竞争对手更早地筹备把握这些机会所需要的各类资源,为获取其他企业的组织隐性知识提供便利条件(Walter et al.,2006)。网络规划能力可帮助企业从战略高度分析自身拥有的知识资源,明确企业当前和未来所需的组织隐性知识,明确学习意图并增强学习动机,从而提升组织隐性知识的获取效率(Mohr & Sengupta,2002)。此外 Gulati(2000)的研究发现网络规划能力还可以帮助企业发现新的网络机会,灵活把握特定网络的进退时机,避免因锁定效应而导致异质知识的匮乏。

由此得出假设如下:

H1a:网络规划能力显著正向影响着组织根植型隐性知识的获取。

H1b:网络规划能力显著正向影响着组织文化型隐性知识的获取。

(2)网络配置能力与组织隐性知识获取关系

网络合作伙伴是企业外部网络中各类资源的来源与保障,影响着网络的整体运转状况。企业外部网络会受到其所处外部政治、经济环境的影响,这些影响的大小很大程度上取决于各个网络伙伴对外部环境变化的应对能力。异质性网络合作伙伴还可以为企业提供知识、市场、技术等互补性资源(Dacin et al.,2007;Mitsuhashi & Henrich,2009)。网络配置能力帮助企业对现有和潜在的网络合作伙伴进行科学评估和深入分析,识别高价值的网络成员,避免冗余联结,保证企业新进入或参与的网络是一个高效的知识提供平台(Burt,2004;任胜钢,2010;方刚,2011)。通过筛选外部关键网络主体,并建立与这些网络主体的直接连接,网络配置能力可进一步强化企业外部知识获取渠道,有利于企业高效获取网络合作伙伴中稀缺性的组织隐性知识。

由此得出假设如下:

H1c:网络配置能力显著正向影响着组织根植型隐性知识的获取。

H1d:网络配置能力显著正向影响着组织文化型隐性知识的获取。

(3)网络运作能力与组织隐性知识获取关系

企业外部网络由各个利益主体组成,那么成员间的冲突不可避免,而较强的网络运作能力则有利于淡化、减少冲突,进而减少合作伙伴对重要资源的保护,促进隐性知识在网络成员间的转移(Ranft & Lord,2002)。网络运作能力还包括企业与某特定合作伙伴间关系的管理,频繁而有效的交流和沟通,将极大地提高合作双方的信任水平和知识转移概率。Burt(2004)、Capaldo(2007)的研究表明,社会网络的强关系使企业获取更多高质量的隐性知识,弱关系则可避免企业知识和信息的冗余,但强关系和弱关系均非越多越好,网络运作能力强的企业能根据自身对隐性知识的需求,与网络成员建立起与之相匹配的强弱关系。朱秀梅等(2010)的实证研究也验证了网络运作能力对组织知识资源获取的积极作用。

由此得出假设如下：

H1e:网络运作能力显著正向影响着组织根植型隐性知识的获取。

H1f:网络运作能力显著正向影响着组织文化型隐性知识的获取。

(4)网络占位能力与组织隐性知识获取关系

占据网络中的有利位置,有助于提升企业创新潜力(Boschma & Wal,2007;Tiwana,2008)。占据网络有利位置的企业,能得到更多接触和获取新知识的机会,并通过对各知识获取渠道的分析,提高其知识获取的准确性(Bell,2005;Marrone,2010)。从获得知识的数量和质量来看,网络占位能力可有效改善企业知识获取的绩效水平(方刚,2011)。网络占位能力强的企业一般拥有较多的结构洞,并由此占据知识传播和创新成果扩散的主导地位,从而更容易获取组织隐性知识(Burt,2004)。网络占位能力还能帮助企业成为其所在网络的核心企业和网络运转规则的制定者,使网络按照自己的期望发展,以便于企业更好地从网络中获取稀缺知识资源(Koka & Prescott,2008)。

由此得出假设如下：

H1g:网络占位能力显著正向影响着组织根植型隐性知识的获取。

H1h:网络占位能力显著正向影响着组织文化型隐性知识的获取。

2. 组织隐性知识获取与企业突破性创新绩效关系

组织隐性知识主要是指以组织作为知识主体所拥有或掌握的,对组织正常运行、组织行为方式和思维模式有重要影响,但难以用语言、文字形式明确表达的知识。组织根植型隐性知识主要指存在于组织实践中的隐性知识,如管理经验、团队建设、沟通技能和操作技巧等;组织文化型隐性知识主要为存在于组织理念方面的隐性知识,如组织价值观、组织远景等。在这里需要指出的是,组织文化虽然有时可以通过明确的语言、文字等形式表达出来,但其主要内涵、形成机制及发挥作用的机制却具有较强的隐性特征,所以其包含大量的隐性知识。

隐性知识是企业技术创新和竞争优势获取的重要源泉之一(Dussauge et al.,2000)。突破性创新作为一种“真正全新”的创新,其所具有的不确定性、不连续性、随机性和发散性特征,对组织惯例、组织结构、组织文化、管理经验、沟通技能等组织根植型和文化型隐性知识均提出了较高要求。由于成长年限短、企业规模小等原因,KIBS 中小企业自身的组织隐性知识大多较为匮乏,然而为满足突破性创新活动需要,企业必须从外界特别是外部社会网络中获取稀缺的组织隐性知识。Valle 和 Vázquez-Bustelo(2009)在其研究中指出企业各部门合作的有效性、工作内容的重合性等组织根植型隐性知识,可以显著提升企业的突破性创新绩效。Herrmann 等(2007)的研究发现学习导向、风险承担意愿和创新导向等组织文化型隐性知识,能够有效提升企业突破性创新绩效。李正卫(2010)的研究表明为使突破性创新所需的大量信息搜寻工作高效地开展,企业必须通过组织隐性知识的获取和积累,来建立一系列有利于创新活动的组织制度。

由此得出假设如下:

H2a:组织根植型隐性知识获取显著正向影响着企业突破性创新绩效。

H2b:组织文化型隐性知识获取显著正向影响着企业突破性创新绩效。

3. 网络能力与企业突破性创新绩效的关系

网络能力不仅能帮助受制于自身资源匮乏的 KIBS 中小企业从外部网络中获取突破性创新活动所需的知识等关键性资源,同时还直接影响 KIBS 中小企业的突破性创新绩效。拥有较强网络规划能力和网络占位能力的 KIBS 中小企业,能够及时准确地发现网络中的机遇,较早地识别市场空缺,保证创新活动与市场需求的高度吻合,从而有效提升企业突破性创新绩效。网络运作能力所涉及的社交技巧、管理技能,有利于企业改善内部创新工艺或过程;网络配置能力和网络占位能力有利于提升企业声誉,使企业能更好地筛选合作伙伴,从而保证突破性创新绩效处于高水平的状态(Hagedoorn et al.,2006)。网络能力还有利于企业及时发现潜在的市场空白,避免重复创新活动,从而提升突破性创新绩效(初大智等,2011)。Ritter 和 Gemunden(2003)对德国 308 家机械和电子企业的研究中发现网络能力能够显著提升企业创新绩效。Greeven 和 Zhao(2009)指出高技术企业可充分利用外部网络来克服资源约束,规避管理和技术风险,并提升创新绩效。此外嵌入于强有力的战略价值网络而产生的外部社会资本,还能给企业带来显著的市场地位和优势,从而提升企业突破性创新的市场绩效(Kahkanen & Virolainen,2011)。

由此得出假设如下:

H3:网络能力显著正向影响着企业突破性创新绩效。

H3a:网络规划能力显著正向影响着企业突破性创新绩效。

H3b:网络配置能力显著正向影响着企业突破性创新绩效。

H3c:网络运作能力显著正向影响着企业突破性创新绩效。

H3d:网络占位能力显著正向影响着企业突破性创新绩效。

4. 组织隐性知识获取中介作用的假设

本研究已有假设表明网络能力对 KIBS 中小企业组织隐性知识获取有正向影响,同时组织隐性知识获取正向影响着 KIBS 中小企业突破性创新绩效。由以上假设我们可以推知网络能力对 KIBS 中小企业组织隐性知识获取的正向影响,会进一步对 KIBS 中小企业的突破性创新绩效产生影响。外部网络能够为成员组织提供其进行创新活动所稀缺的资源，强有力的网络能力保证了企业可以高效地获取这些稀缺资源（Hagedoorn et al.，2006）。同时组织隐性知识的获取弥补了 KIBS 中小企业自身运作、创新协作等方面经验的不足，有利于企业更有效率地利用其自身拥有的和从外界获取的各种资源进行突破性创新，从而提升企业突破性创新的绩效（Valle & Vázquez-Bustelo，2009）。组织隐性知识的获取需要企业拥有较强的网络能力，但同时组织隐性知识的获取也影响着企业使用其从外部网络中获取的其他资源的效率，进而对网络能力与企业突破性创新绩效之间的关系产生重大影响。

由此得出假设如下：

H4：组织隐性知识获取在网络能力对 KIBS 中小企业突破性创新绩效的作用中发挥中介影响。

H4a：组织根植型隐性知识获取在网络能力对 KIBS 中小企业突破性创新绩效的作用中发挥中介影响。

H4b：组织文化型隐性知识获取在网络能力对 KIBS 中小企业突破性创新绩效的作用中发挥中介影响。

4.3.2 模型构建

根据以上假设提出本研究的概念模型，如图 4.1 所示。

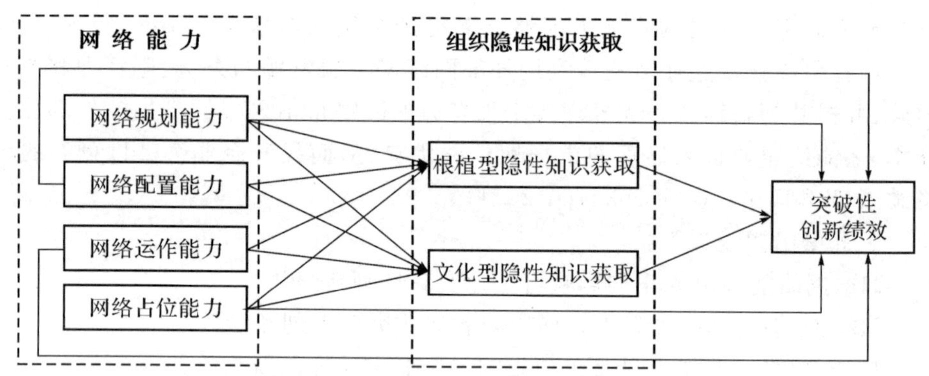

图 4.1 网络能力对 KIBS 中小企业组织隐性知识获取、突破性创新绩效影响的概念模型

4.4 变量测量与数据分析

4.4.1 变量测量

1. 网络能力的定义和测量

在综合已有研究中对网络能力的内涵分析和概念界定后，本研究认为网络能力主要是企业组织基于内部资源状况，对外部网络活动进行战略定位，识别网络价值与机会，建立、管理和不断升级网络关系，以有效获取企业所需资源的动态能力。同时借鉴相关研究，将网络能力划分为四个测量维度，分别为网络规划能力、网络配置能力、网络运作能力和网络占位能力。企业通过内外部环境分析，制定网络活动的整体规划和指导方针的能力即为网络规划能力；网络配置能力是企业识别和筛选网络合作伙伴、确定网络活动形式与资源获取渠道的能力；网络运作能力是企业协调和控制网络关系，有效整合企业多元合作关系，保障社会网络高效运营的能力；网络占位能力是企业在网络中占据有利（中心）位置，提高和巩固自身网络地位的能力。

对网络能力的测量方面，本研究主要参考 Ritter 和 Gemunden（2003）、Walter 等（2006）、方刚（2011）等学者的测量方法，由 18 个具体测量问项构成，其中网络规划能力 5 个问项、网络配置能力 4 个问项、网络运作能力 5 个问项、网络占位能力 4 个问项（见表 4.1）。

表 4.1 网络能力的初始测量条款

维度	编码	问项	参考来源
网络规划能力	WLGH 1	我们能够塑造企业网络的愿景与目标	Ritter & Gemunden (2003); Walter et al. (2006); 方刚(2011); 范钧和王进伟 (2011)
	WLGH 2	我们理解企业网络的内涵和目标	
	WLGH 3	我们具有指导企业网络的基本原则和行动准则	
	WLGH 4	我们能够辨识企业网络带来的价值和机会	
	WLGH 5	我们能够预测企业网络未来的发展方向	
网络配置能力	WLPZ 1	我们具有寻找、评估有价值网络关系的能力	
	WLPZ 2	我们有根据自身条件及市场环境，与不同网络主体建立关系的能力	
	WLPZ 3	我们与外部网络主体有各种各样的网络联系	
	WLPZ 4	我们具有同时与多个外部各种网络主体保持密切联系的能力	

续表

维度	编码	问项	参考来源
网络运作能力	WLYZ 1	我们有频繁地与网络关系主体联系、交往的能力	Ritter & Gemunden (2003)；Walter et al. (2006)；方刚(2011)；范钧和王进伟(2011)
	WLYZ 2	我们有与各外部网络主体建立相互协作、相互信任的能力	
	WLYZ 3	我们与各外部网络主体交流、沟通得很深入	
	WLYZ 4	我们有维护网络关系、处理网络冲突的能力	
	WLYZ 5	我们有动态调整、优化外部网络组合的能力	
网络占位能力	WLZW 1	我们有占据网络优势地位的能力	
	WLZW 2	我们有占据网络中心位置的能力	
	WLZW 3	我们经常成为外部不同网络主体间沟通的桥梁	
	WLZW 4	我们有不依赖第三方与网络主体联系的能力	

2. 组织隐性知识获取的定义和测量

综合已有研究成果可以发现，隐性知识不仅存在于企业内部员工个体，同时还存在于企业组织群体。本研究将组织隐性知识定义为以组织为知识主体所拥有或掌握的，对组织正常运行、组织行为方式和思维模式有重要影响，但难以用语言、文字形式明确表达的知识，并将其划分为组织根植型隐性知识和组织文化型隐性知识。组织根植型隐性知识主要指存在于组织运行实践中的隐性知识，如管理经验、团队建设、沟通技能等；而组织文化型隐性知识主要指存在于组织理念方面的隐性知识，如组织价值观形成、影响机制的发挥等方面的隐性知识。

在组织隐性知识获取的测量方面，借鉴 Collins(1993)、Blackler(1995)、Nelson 和 Winter(2002)、张洪石(2005)等学者的相关研究，问卷共由 8 个具体测量问项构成，其中组织根植型隐性知识获取 4 个问项、组织文化型隐性知识获取 4 个问项(见表 4.2)。

表 4.2　组织隐性知识获取的初始测量条款

维度	编码	问项	参考来源
根植型隐性知识获取	GZZS 1	我们从外部网络中获取了很多有关团队建设方面的隐性知识性能	Collins (1993)；Blackler (1995)；Nelson & Winter (2002)；张洪石(2005)
	GZZS 2	我们从外部网络中获取了很多有关组织内部成员协作方面的隐性知识	
	GZZS 3	我们从外部网络中获取了很多有关组织沟通技能方面的隐性知识	
	GZZS 4	我们从外部网络中获取了很多管理经验方面的隐性知识	

续表

维度	编码	问项	参考来源
文化型隐性知识获取	WHZS 1	我们从外部网络中获取了很多利于创新的组织愿景实施方面的隐性知识	Collins (1993)；Blackler (1995)；Nelson & Winter (2002)；张洪石(2005)
	WHZS 2	我们从外部网络中获取了很多利于创新的组织价值观培养方面的隐性知识	
	WHZS 3	我们从外部网络中获取了很多利于创新的组织氛围培养方面的隐性知识	
	WHZS 4	我们从外部网络中获取了很多利于创新的组织信念培养方面的隐性知识	

3. 突破性创新绩效的定义和测量

突破性创新起源于熊彼特的“创造性破坏”思想，Dosi 于 1982 年首次建立了突破性技术创新和渐进性技术创新的理论分析框架，才真正意义上开始了突破性创新研究(陈傲和柳卸林，2011)。借鉴 Andreas(2007)、Wilfred 和 Geert(2010)、秦剑等(2010、2012)等学者的研究，本研究将突破性创新定义为通过对现有技术的大幅提升，使产品(服务)性能指标发生重大改变，能够开拓出新市场，导致产业竞争格局发生改变的一种较高层次创新。

在突破性创新绩效测量方面，借鉴以往研究基础之上，结合本研究的特点，共包含 8 个问项(见表 4.3)。

表 4.3 突破性创新绩效的初始测量条款

维度	编码	问项	参考来源
突破性创新绩效	TPCX 1	我们能够不断地推出全新的服务产品	Andreas(2007)；Wilfred & Geert(2010)；秦剑等(2010、2012)
	TPCX 2	我们开发新服务产品的周期不断缩短	
	TPCX 3	我们开发新服务产品的费用在不断降低	
	TPCX 4	我们能够不断开拓新的市场	
	TPCX 5	我们推出的全新服务产品拥有较高的市场美誉度	
	TPCX 6	我们推出的全新服务产品提升了公司的品牌形象	
	TPCX 7	我们推出的全新服务产品提升了我们的销售额	
	TPCX 8	我们推出的全新服务产品提升了我们的利润	

4. 小样本测试

为了保证研究所用量表的可靠性和有效性，需要在大样本调查前进行小样本前测，并结合前测效度和信度的分析结果，修缮问卷。小样本测试主要通过对杭州市 67 家 KIBS 中小企业进行实地走访、发放回收问卷进行，回收有效问卷52份。

(1)信度分析

信度分析主要测量量表的可靠性,即对同一对象进行多次测量时所获取的结果是否相同。本研究将采用目前最常用的Cronbach's α 信度系数法来检验测量问卷的信度。根据目前学术界普遍认可的标准,Cronbach's $\alpha>0.9$ 表示量表信度非常好,$0.7<\alpha<0.9$ 表示量表具有高信度,$0.35<\alpha<0.7$ 表示量表信度为中等,$\alpha<0.35$ 说明量表信度较低。本研究将主要使用纠正条款的总相关系数来对测量问项进行修正,借鉴目前学术界比较认可的CITC数值标准,本研究将用0.35标准来对问项进行净化,删除CITC数值低于0.35的题项。

第一,网络规划能力测量问项的信度分析结果和CITC值。

从表4.4中数据分析结果可以看出,网络规划能力的5个问项指标均达到研究使用标准,予以全部保留。

表4.4 网络规划能力的信度分析结果和CITC值

测量项目	初始CITC	删除该项目后的α系数	α系数
WLGH 1	0.453	0.784	初始α=0.786 最终α=0.793
WLGH 2	0.598	0.738	
WLGH 3	0.679	0.705	
WLGH 4	0.549	0.754	
WLGH 5	0.591	0.740	

第二,网络配置能力测量问项的信度分析结果和CITC值。

从表4.5中数据分析结果可以发现,网络配置能力的4个问项指标均达到研究使用标准,可以用于大样本调查。

表4.5 网络配置能力的信度分析结果和CITC值

测量项目	初始CITC	删除该项目后的α系数	α系数
WLPZ 1	0.879	0.917	初始α=0.938 最终α=0.946
WLPZ 2	0.949	0.885	
WLPZ 3	0.834	0.938	
WLPZ 4	0.834	0.924	

第三,网络运作能力测量问项的信度分析结果和CITC值。

从表4.6中数据分析结果能够发现,网络运作能力的5个问项指标均达到研究使用标准,可用于开展大样本调查。

表 4.6 网络运作能力的信度分析结果和 CITC 值

测量项目	初始 CITC	删除该项目后的 α 系数	α 系数
WLYZ 1	0.889	0.865	初始 α=0.910 最终 α=0.910
WLYZ 2	0.783	0.889	
WLYZ 3	0.775	0.890	
WLYZ 4	0.792	0.886	
WLYZ 5	0.632	0.918	

第四,网络占位能力测量问项的信度分析结果和 CITC 值。

从表 4.7 中分析结果能够得出,网络占位能力的 4 个测量问项指标均达到研究使用标准,可用于大样本调查问卷。

表 4.7 网络占位能力的信度分析结果和 CITC 值

测量项目	初始 CITC	删除该项目后的 α 系数	α 系数
WLZW 1	0.806	0.911	初始 α=0.926 最终 α=0.926
WLZW 2	0.833	0.902	
WLZW 3	0.892	0.881	
WLZW 4	0.790	0.916	

第五,组织根植型隐性知识获取测量问项的信度分析结果和 CITC 值。

从表 4.8 中数据分析结果能够得出,组织根植型隐性知识获取的 4 个问项指标均达到研究使用标准,可用于进行大样本问卷调查。

表 4.8 组织根植型隐性知识获取的信度分析结果和 CITC 值

测量项目	初始 CITC	删除该项目后的 α 系数	α 系数
GZZS 1	0.758	0.891	初始 α=0.907 最终 α=0.908
GZZS 2	0.811	0.873	
GZZS 3	0.816	0.872	
GZZS 4	0.785	0.881	

第六,组织文化型隐性知识获取测量问项的信度分析结果和 CITC 值。

从表 4.9 中数据分析结果能够得到,组织文化型隐性知识获取的 4 个问项指标均达到研究使用标准,能够用于大样本调查。

表 4.9　组织文化型隐性知识获取的信度分析结果和 CITC 值

测量项目	初始 CITC	删除该项目后的 α 系数	α 系数
WHZS 1	0.899	0.906	初始 α=0.939 最终 α=0.939
WHZS 2	0.834	0.927	
WHZS 3	0.848	0.922	
WHZS 4	0.841	0.925	

第七，企业突破性创新绩效测量问项的信度分析结果和 CITC 值。

从表 4.10 中分析结果能够得出，企业突破性创新绩效的 8 个问项指标均达到研究使用标准，可用于大样本调查。

表 4.10　企业突破性创新绩效的信度分析结果和 CITC 值

测量项目	初始 CITC	删除该项目后的 α 系数	α 系数
TPCX 1	0.889	0.944	初始 α=0.954 最终 α=0.955
TPCX 2	0.878	0.945	
TPCX 3	0.897	0.943	
TPCX 4	0.780	0.951	
TPCX 5	0.811	0.949	
TPCX 6	0.787	0.950	
TPCX 7	0.785	0.951	
TPCX 8	0.818	0.949	

从小样本分析结果看，本研究问卷所有测量问项的测量指标均不符合删除标准，将予以全部保留。

(2)探索性因子分析

在小样本测试阶段，样本量必须满足多于预试题项，方可进行因子分析(吴明隆，2000)，本研究问卷前测阶段共收集有效问卷 52 份，远大于预测题项，因此样本量满足进行因子分析的要求。目前研究大多采用的是巴特莱特球体(Bartlett test of sphericty)检验，同时参考 KMO 充分性测度来进一步判断测量问卷是否可进行因子分析，普遍认为 KMO 大于 0.7 即表示问卷可以进行因子分析。

由以上小样本探索性因子分析结果可以看出，三个变量的 KMO 值均大于 0.7，且 Bartlett 值均为 0.000，由此可见，问卷前测数据可用于进行因子分析。在探索性因子分析中，本研究将采用主成分分析法和最大方差法对收集到的有效数据进行分析，并主要根据特征值大于 1 来确定因子的个数。在显示载荷方面，选择仅显示因子载荷高于 0.5 的数值，运行得到本研究小样本探索性因子分析结果（见表 4.11）。从表 4.11 中我们可以看出，相同维度的问题项因子载荷均出现在同一个公共因子上（低于 0.5 取消），由此可得出量表的信度较好，无须进行修缮。

表 4.11 探索性因子分析结果

变量	维度	问项	因子载荷			
			因子 1	因子 2	因子 3	因子 4
网络能力（KMO=0.700 Sig=0.000）	网络规划能力	WLGH 1				0.633
		WLGH 2				0.756
		WLGH 3				0.787
		WLGH4				0.728
		WLGH 5				0.762
	网络配置能力	WLPZ 1			0.821	
		WLPZ 2			0.876	
		WLPZ 3			0.812	
		WLPZ 4			0.787	
	网络运作能力	WLYZ 1	0.923			
		WLYZ 2	0.828			
		WLYZ 3	0.862			
		WLYZ 4	0.870			
		WLYZ 5	0.716			
	网络占位能力	WLZW 1		0.826		
		WLZW 2		0.822		
		WLZW 3		0.873		
		WLZW 4		0.831		
组织隐性知识获取（KMO=0.857 Sig=0.000）	组织根植型隐性知识获取	GZZS 1		0.859		
		GZZS 2		0.862		
		GZZS 3		0.842		
		GZZS 4		0.835		

续表

变量	维度	问项	因子载荷			
			因子 1	因子 2	因子 3	因子 4
组织隐性知识获取（KMO＝0.857 Sig＝0.000）	组织文化型隐性知识获取	WHZS 1	0.892			
		WHZS 2	0.871			
		WHZS 3	0.857			
		WHZS 4	0.907			
企业突破性创新绩效（KMO＝0.884 Sig＝0.000）		TPCX 1	0.916			
		TPCX 2	0.909			
		TPCX 3	0.925			
		TPCX 4	0.838			
		TPCX 5	0.864			
		TPCX 6	0.842			
		TPCX 7	0.828			
		TPCX 8	0.855			

4.4.2 数据分析

1. 数据收集

本研究大样本数据的收集主要采用实地发放、电子邮件和网络问卷等方式进行，主要通过以下五种途径进行数据收集：(1)由研究团队在周边学校 MBA 班进行课堂发放回收。(2)实地进入科研合作企业进行现场访谈和问卷发放回收。(3)通过调研杭州、台州和金华部分 KIBS 中小企业进行问卷发放。(4)通过电子邮件方式进行问卷发放。(5)在网上搜集 KIBS 中小企业黄页进行调查。

2012 年 3 月至 8 月期间，笔者及研究团队成员实地走访浙江省杭州市、宁波市、金华市等地的 201 家 KIBS 中小企业，获取 157 份有效问卷。通过电子邮件发放问卷 130 份，经过筛选，得到 40 份有效问卷。通过“问卷星”建立网络问卷、发放网络连接 157 份，回收问卷 30 份，有效问卷 16 份。总计发放问卷 497 份，累积回收 213 份有效问卷。

2. 描述性统计分析

(1)样本基本情况

本研究所获取的样本企业状况(见表 4.12)，就企业所在地而言，以杭州最多，原因在于杭州中小企业发展状况相对于浙江省其他地市更具代表性，企业总体发展良好，而且数量较多。从企业成立年限看，3～5 年企业占绝大多数，这一阶段的

KIBS中小企业往往已进入或刚进入稳定发展期，企业运营状况良好，能够较好地反映这一类企业的实际发展状况。从受访者所处职位看，多数属于中高层管理者，对企业运营状况了解相对比较全面，保障数据能够较好地与企业实际状况相吻合。

表 4.12　样本描述性统计分析

属性	分类标注	统计个数	所占百分比
所在地	杭州	98	46.01%
	嘉兴	12	5.63%
	宁波	36	16.90%
	台州	17	7.98%
	湖州	17	7.98%
	金华	20	9.39%
	浙江省其他城市	13	6.10%
成立时间	1年以下	7	3.28%
	1～3年	61	28.64%
	3～5年	87	40.85%
	5～8年	34	15.96%
	8年以上	24	11.27%
企业规模	100人以下	46	21.60%
	100～399人	67	31.46%
	400～699人	47	22.07%
	700～999人	27	12.68%
	1000人及以上	26	12.21%
企业所属行业	信息服务业	11	5.16%
	金融服务业	41	19.25%
	教育服务业	18	8.45%
	专业技术服务业	103	48.36%
	健康保健服务业	10	4.69%
	其他服务业	30	14.08%
受访者职位	总经理	34	15.96%
	部门主管	61	28.64%
	中层管理者	93	43.66%
	普通员工	25	11.74%

(2)变量描述性统计分析

在进行结构方程建模分析时,一般要求样本量不低于 100 份(Ding 等,1995)。本研究共收集有效问卷 213 份,已达到研究科学性需要,可以开展建模分析。在结构方程分析中,极大似然法对样本数据的要求是必须符合正态分布,而判断数据正态分布与否主要参考变量的偏度分析结果以及峰度的分析结果,一般情况下样本服从正态分布,其偏度与峰度绝对值应均低于 2。样本数据使用 SPSS17.0 分析后,得到的变量偏度和峰度值如表 4.13 所示。从表 4.13 中可以看出数值均满足研究要求,可以应用于结构方程建模分析。

表 4.13 各变量正态分布参考值及描述性统计分析结果

因素及指标		均值	标准差	偏度	偏度标准误差	峰度	峰度标准误差
网络规划能力	WLGH 1	4.55	1.675	−0.467	0.167	−0.772	0.332
	WLGH 2	4.71	1.698	−0.611	0.167	−0.83	0.332
	WLGH 3	4.61	1.649	−0.238	0.167	−0.907	0.332
	WLGH 4	4.80	1.561	−0.502	0.167	−0.802	0.332
	WLGH 5	4.41	1.349	−0.588	0.167	−0.043	0.332
网络配置能力	WLPZ 1	5.29	1.785	−1.017	0.167	0.013	0.332
	WLPZ 2	5.44	1.652	−1.002	0.167	−0.094	0.332
	WLPZ 3	4.94	1.403	−0.520	0.167	−0.511	0.332
	WLPZ 4	5.19	1.630	−0.803	0.167	−0.353	0.332
网络运作能力	WLYZ 1	5.20	1.575	−0.915	0.167	0.021	0.332
	WLYZ 2	5.07	1.603	−0.753	0.167	−0.245	0.332
	WLYZ 3	4.94	1.494	−0.554	0.167	−0.339	0.332
	WLYZ 4	5.03	1.609	−0.534	0.167	−0.709	0.332
	WLYZ 5	5.05	1.719	−0.840	0.167	−0.083	0.332
网络占位能力	WLZW 1	4.63	1.407	−0.303	0.167	−0.691	0.332
	WLZW 2	4.60	1.472	−0.630	0.167	−0.195	0.332
	WLZW 3	4.54	1.549	−0.504	0.167	−0.473	0.332
	WLZW 4	4.49	1.510	−0.572	0.167	−0.401	0.332
组织根植型隐性知识获取	GZZS 1	4.92	1.257	−0.419	0.167	−0.482	0.332
	GZZS 2	4.83	1.226	−0.439	0.167	−0.092	0.332
	GZZS 3	4.76	1.199	−0.092	0.167	−0.367	0.332
	GZZS 4	4.71	1.152	−0.112	0.167	−0.573	0.332

续表

<table>
<tr><th colspan="2">因素及指标</th><th>均值</th><th>标准差</th><th>偏度</th><th>偏度标准误差</th><th>峰度</th><th>峰度标准误差</th></tr>
<tr><td rowspan="4">组织文化型隐性知识获取</td><td>WHZS 1</td><td>4.76</td><td>1.242</td><td>−0.431</td><td>0.167</td><td>−0.225</td><td>0.332</td></tr>
<tr><td>WHZS 2</td><td>4.83</td><td>1.270</td><td>−0.431</td><td>0.167</td><td>−0.32</td><td>0.332</td></tr>
<tr><td>WHZS 3</td><td>4.76</td><td>1.164</td><td>−0.49</td><td>0.167</td><td>0.227</td><td>0.332</td></tr>
<tr><td>WHZS 4</td><td>4.70</td><td>1.150</td><td>−0.547</td><td>0.167</td><td>0.363</td><td>0.332</td></tr>
<tr><td rowspan="8">企业突破性创新绩效</td><td>TPCX 1</td><td>5.02</td><td>1.259</td><td>−0.422</td><td>0.167</td><td>−0.444</td><td>0.332</td></tr>
<tr><td>TPCX 2</td><td>4.99</td><td>1.238</td><td>−0.485</td><td>0.167</td><td>−0.165</td><td>0.332</td></tr>
<tr><td>TPCX 3</td><td>4.97</td><td>1.245</td><td>−0.707</td><td>0.167</td><td>0.446</td><td>0.332</td></tr>
<tr><td>TPCX 4</td><td>4.85</td><td>1.201</td><td>−0.39</td><td>0.167</td><td>−0.333</td><td>0.332</td></tr>
<tr><td>TPCX 5</td><td>4.80</td><td>1.186</td><td>−0.287</td><td>0.167</td><td>−0.376</td><td>0.332</td></tr>
<tr><td>TPCX 6</td><td>4.88</td><td>1.236</td><td>−0.44</td><td>0.167</td><td>−0.247</td><td>0.332</td></tr>
<tr><td>TPCX 7</td><td>4.79</td><td>1.280</td><td>−0.442</td><td>0.167</td><td>0.127</td><td>0.332</td></tr>
<tr><td>TPCX 8</td><td>4.89</td><td>1.318</td><td>−0.435</td><td>0.167</td><td>−0.186</td><td>0.332</td></tr>
</table>

3. 信度分析

本研究继续采用 Cronbach's α 系数来检验大样本数据中各测量项目的信度。最终信度分析结果显示本研究所有变量的总 α 系数是 0.951，远远高于标准值 0.7，从而证明量表的信度较为理想。从样本所有变量的最终信度分析结果(见表 4.14)可以发现，所有变量的 α 值均满足高于 0.7 的标准，每个测量问项的 CITC 数值均大于 0.35，说明各个维度均具有较高的一致性。

表 4.14 各变量的信度系数分析结果

<table>
<tr><th>变量</th><th>维度</th><th>问项</th><th>Cronbach's α 系数</th><th>单项—总项相关系数</th><th>删除该项后的 α 系数</th></tr>
<tr><td rowspan="9">网络能力</td><td rowspan="5">网络规划能力</td><td>WLGH 1</td><td rowspan="5">0.907</td><td>0.802</td><td>0.878</td></tr>
<tr><td>WLGH 2</td><td>0.841</td><td>0.869</td></tr>
<tr><td>WLGH 3</td><td>0.743</td><td>0.891</td></tr>
<tr><td>WLGH 4</td><td>0.750</td><td>0.889</td></tr>
<tr><td>WLGH 5</td><td>0.701</td><td>0.900</td></tr>
<tr><td rowspan="4">网络配置能力</td><td>WLPZ 1</td><td rowspan="4">0.927</td><td>0.864</td><td>0.891</td></tr>
<tr><td>WLPZ 2</td><td>0.866</td><td>0.888</td></tr>
<tr><td>WLPZ 3</td><td>0.789</td><td>0.917</td></tr>
<tr><td>WLPZ 4</td><td>0.802</td><td>0.910</td></tr>
</table>

续表

变量	维度	问项	Cronbach's α 系数	单项—总项相关系数	删除该项后的 α 系数
网络能力	网络运作能力	WLYZ 1	0.901	0.820	0.864
		WLYZ 2		0.785	0.872
		WLYZ 3		0.707	0.889
		WLYZ 4		0.728	0.884
		WLYZ 5		0.730	0.885
	网络占位能力	WLZW 1	0.924	0.804	0.908
		WLZW 2		0.838	0.896
		WLZW 3		0.872	0.884
		WLZW 4		0.783	0.915
组织隐性知识获取	根植型隐性知识获取	GZZS 1	0.895	0.807	0.851
		GZZS 2		0.796	0.855
		GZZS 3		0.789	0.858
		GZZS 4		0.684	0.895
	文化型隐性知识获取	WHZS 1	0.884	0.745	0.852
		WHZS 2		0.782	0.837
		WHZS 3		0.714	0.863
		WHZS 4		0.751	0.850
企业突破性创新绩效		TPCX 1	0.930	0.811	0.916
		TPCX 2		0.803	0.917
		TPCX 3		0.810	0.917
		TPCX 4		0.737	0.922
		TPCX 5		0.764	0.920
		TPCX 6		0.745	0.922
		TPCX 7		0.716	0.924
		TPCX 8		0.684	0.926

4. 效度分析

(1)探索性因子分析

由于本研究问卷所采用的量表主要借鉴已有成熟量表优化而来，只是对部分题项根据具体研究情景的差异进行了细微修正，整体变化不大，问卷内容效度无须进行进一步的分析。因此本研究将主要检验样本的结构效度，在结构效度检验中，主要是通过区别和收敛效度分析进行的，对所有测量题项展开探索性因子分析。本研究主要使用 KMO 及巴莱特球体检验来验证问卷数据是否适合进行因子分析。

本研究对各变量进行探索性因子分析时，将采用主成分分析法和最大方差法对收集到的有效数据展开分析，主要根据特征值大于 1 来确定因子的个数。同时根据评价测量条款的因子载荷来判断区分效度，当同一个维度的因子载荷高于 0.5 的值仅出现在同一个公共因子上时，认为问卷区分效度较好。

第一，网络能力四维度探索性因子分析结果。

本研究运用 SPSS17.0 对网络能力进行探索性因子分析。网络能力四维度的 KMO 值和巴特莱特球体分析结果如表 4.15 所示。

表 4.15 网络能力四维度维度 KMO 值及巴特莱特球体检验值

评价指标		网络能力
KMO		0.882
巴特莱特球体	Approx. chi-Square	2880.738
	df	153
	Sig.	0.000

从检验结果可以发现网络能力 KMO 分析值达到 0.882，属于很合适范围，表明网络能力四维度的测量问项相关性比较强，同时 χ^2 的显著性值为 0.000，小于 0.01 的标准值，样本可以进行因子分析。

参考以上分析方法与评价标准，本研究在抽取因子数量上将特征值设为大于 1，采用最大方差法进行主成分分析，设置仅显示因子载荷高于 0.5 的值，得到网络能力探索性因子分析结果（见表 4.16）。

表 4.16 网络能力探索性因子分析结果

变量	问项	因子 1	因子 2	因子 3	因子 4
网络规划能力	WLGH 1		0.786		
	WLGH 2		0.850		
	WLGH 3		0.826		
	WLGH 4		0.830		
	WLGH 5		0.793		

续表

变量	问项	因子 1	因子 2	因子 3	因子 4
网络配置能力	WLPZ 1				0.904
	WLPZ 2				0.909
	WLPZ 3				0.841
	WLPZ 4				0.834
网络运作能力	WLYZ 1	0.846			
	WLYZ 2	0.848			
	WLYZ 3	0.813			
	WLYZ 4	0.802			
	WLYZ 5	0.757			
网络占位能力	WLZW 1			0.866	
	WLZW 2			0.894	
	WLZW 3			0.923	
	WLZW 4			0.853	

从表 4.16 中可以看出，各变量测量问项大于 0.5 的因子载荷呈现在相同因子上，表明问卷效度良好。同时对网络能力 4 个因子的累积解释变异 77.173%(见表 4.17)，表明问卷已包含了测量变量的大部分信息。由此可见网络能力测量问项有较好的收敛效度和区分效度。

表 4.17 网络能力的总方差解释表

因子	提取平方和载入			旋转平方和载入		
	特征值	解释变异(%)	累积解释变异(%)	特征值	解释变异(%)	累积解释变异(%)
1	6.898	38.323	38.323	3.650	20.280	20.280
2	2.691	14.949	53.272	3.623	20.129	40.409
3	2.237	12.426	65.698	3.311	18.395	58.804
4	2.066	11.475	77.173	3.306	18.369	77.173

第二，组织隐性知识获取探索性因子分析结果。

本研究对组织隐性知识获取两维度(组织文化型隐性知识和根植型隐性知识)的 KMO 测度值和巴特莱特检验结果如表 4.18 所示。

表 4.18　组织隐性知识获取两维度 KMO 分析值和巴特莱特分析结果

评价指标		组织隐性知识获取
KMO		0.881
巴特莱特球体	Approx. chi-Square	1031.637
	df	28
	Sig.	0.000

分析结果显示组织隐性知识获取的 KMO 值达到 0.881，属于很合适范围，即组织隐性知识获取两维度测量题项有较强的相关性。巴莱特球体分析的 χ^2 值显著性概率为 0.000，小于 0.01，表明该问卷适合做因子分析。

参考以上所述的研究方法与标准，因子数量上运用特征值高于 1 的标准，使用主成分分析法及最大方差法对组织隐性知识获取 8 个问项展开因子分析，删除因子载荷低于 0.5 的值，仅显示载荷大于 0.5 的数值，分析结果如表 4.19 所示。

表 4.19　组织隐性知识获取的探索性因子分析

变量	问项	因子 1	因子 2
根植型隐性知识获取	GZZS 1	0.857	
	GZZS 2	0.864	
	GZZS 3	0.850	
	GZZS 4	0.799	
文化型隐性知识获取	WHZS 1		0.815
	WHZS 2		0.827
	WHZS 3		0.842
	WHZS 4		0.841

从表 4.19 可以看出，所有测量相同变量的问项均出现在相同因子上，说明问卷效度良好。并且组织隐性知识获取萃取的因子累积解释变异量的 75.391%(见表 4.20)，表明问卷已涵盖了所要测量变量的大部分信息。分析结果显示组织隐性知识获取问项的收敛效度和区分效度均较高。

表 4.20　组织隐性知识获取的总方差解释表

因子	提取平方和载入			旋转平方和载入		
	特征值	解释变异(%)	累积解释变异(%)	特征值	解释变异(%)	累积解释变异(%)
1	4.525	56.558	56.558	3.063	38.292	38.292
2	1.507	18.832	75.391	2.968	37.099	75.391

第三，突破性创新绩效的探索性因子分析。

运用 SPSS17.0 对企业突破性创新绩效的 KMO 值检验及巴特莱特检验结果如表 4.21 所示。

表 4.21 企业突破性创新绩效的 KMO 值与巴特莱特检验结果

评价指标		突破性创新绩效
KMO		0.899
巴特莱特球体检验	Approx. chi-Square	1292.418
	Df	28
	Sig.	0.000

分析结果显示企业突破性创新绩效的 KMO 值为 0.899，属于非常合适范围，由此可知企业突破性创新绩效测量问项具有较强的相关性，且巴莱特球体检验的 χ^2 显著性概率为 0.000，拒绝零假设，所以企业突破性创新问项适合进行因子分析。

采用相同的方法与标准，对企业突破性创新绩效的 8 个测量条款进行的因子分析，结果如表 4.22 所示。

表 4.22 企业突破性创新绩效因子分析结果

变量	问项	因子 1
突破性创新绩效	TPCX 1	0.864
	TPCX 2	0.858
	TPCX 3	0.864
	TPCX 4	0.804
	TPCX 5	0.825
	TPCX 6	0.810
	TPCX 7	0.779
	TPCX 8	0.752

从表 4.22 中可以看出，关于企业突破性创新绩效的所有问项均分布在同一个因子上。同时企业突破性创新绩效被萃取的因子共累积解释变异量的 67.317%（见表 4.23），问项已包含测量变量的大部分信息。

表 4.23 突破性创新绩效解释的总方差

成分	初始特征值			平方加载的提取和		
	合计	解释变异(%)	累积解释变异(%)	合计	解释变异(%)	累积解释变异(%)
1	5.385	67.317	67.317	5.385	67.317	67.317
2	0.759	9.484	76.801			
3	0.612	7.654	84.455			
4	0.359	4.494	88.948			
5	0.268	3.350	92.298			
6	0.237	2.968	95.267			
7	0.208	2.598	97.864			
8	0.171	2.136	100.000			

总体而言,从因子分析结果我们可以看出,本研究的调查问卷区分效度较高,大样本的效度和信度均符合研究需要,变量的 α 值也都在 0.7 以上,说明问卷有较高的信度,问卷所收集的数据可用于进一步的统计分析。

(2)验证性因子分析

本研究将使用 AMOS17.0 建立结构方程模型对大样本进行验证性因子分析,分析模型及拟合指标见表 4.24 和图 4.2。

表 4.24 验证性因子分析模型的拟合指标

拟合指标	χ^2	df	P	χ^2/df	RMSEA	GFI	NFI	CFI
具体数值	750.977	506	0.000	1.484	0.048	0.826	0.875	0.955

从表 4.24 的拟合结果可知,χ^2 的值为 750.977(df=506),χ^2/df 的值为 1.484,小于 3 的标准,RMSEA 的值为 0.048,也小于 0.08 的接受值。虽然 NFI=0.875 与 GFI=0.826 均小于 0.9,但与 0.9 非常接近。CFI 值满足大于 0.9 的标准值。所以模型拟合情况较好。

从图 4.2 分析结果可知,各个问题项与所对应维度的标准路径系数在 0.70～0.92,均大于 0.6 的最低标准。各维度之间的标准化路径系数在 0.28～0.63,且具有统计显著性($P=0.000<0.05$),表明各个指标均具有较好的收敛度。综上所述可以发现模型拟合性良好,是有效的。

5. 相关性分析

变量之间相关性分析检验的是变量之间的线性关系程度,其主要反映的是变量之间在发展方向和大小上的相关程度,但是无法确定变量属于因变量还是

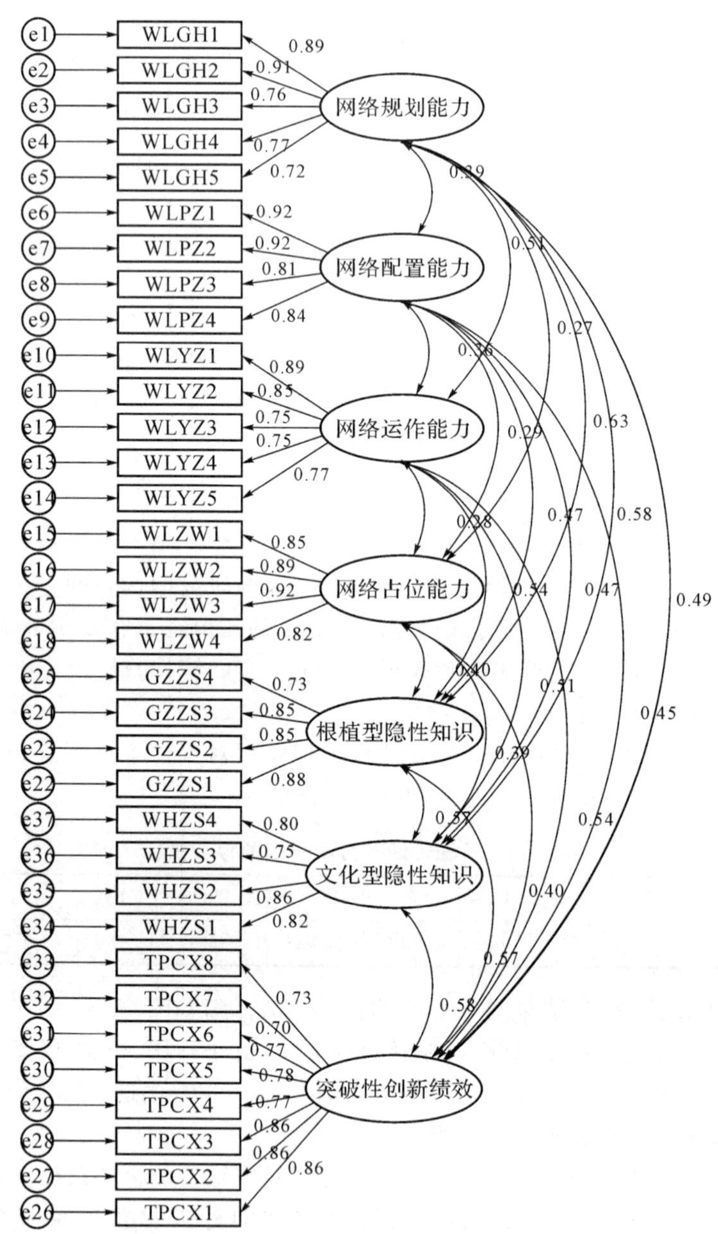

图 4.2　验证性因子分析测量模型

自变量。本研究使用 SPSS17.0 软件，采用皮尔森(Pearson)相关分析法来衡量网络能力的四个维度、组织隐性知识获取的两个维度与企业突破性创新绩效之间的相关性，结果见表 4.25。

表 4.25 各变量相关性分析结果

	1	2	3	4	5	6	7
1 网络规划能力	1						
2 网络配置能力	0.365**	1					
3 网络运作能力	0.438**	0.344**	1				
4 网络占位能力	0.251**	0.287**	0.260**	1			
5 根植型隐性知识获取	0.557**	0.445**	0.490**	0.367**	1		
6 文化型隐性知识获取	0.515**	0.425**	0.453**	0.359**	0.504**	1	
7 企业突破性创新绩效	0.468**	0.434**	0.507**	0.383**	0.544**	0.535**	1

注：**表示 $P<0.01$，*表示 $P<0.05$。

从表 4.25 中我们可以看出，网络能力的四个维度、组织根植型隐性知识获取、组织文化型隐性知识获取与企业突破性创新绩效之间存在着显著的相关关系。网络能力四个维度（规划、配置、运作和占位能力）有较强的相关性，存在相互影响的关系，因此整体上可能对组织隐性知识获取及突破性创新绩效起显著作用。组织隐性知识获取两个维度之间存在显著的正向相关关系，其可能共同正向影响企业突破性创新绩效。同时，网络能力四个维度与组织根植型隐性知识获取、组织文化型隐性知识获取以及突破性创新绩效之间的相关性系数最低值为 0.251，最高值也仅为 0.557，由此可见，各变量之间的相关关系处于中等偏下水平，且共变系数较低，也进一步验证本研究可对网络能力各维度、组织隐性知识获取与企业突破性创新绩效间的相关关系进行更深入的研究分析。

6. 统计变量与各变量的变异数分析

众多研究表明，企业特性如企业所处地理位置、所处行业等均会对研究结果产生影响，基于此本研究进一步分析了企业特性对各变量间关系的影响。研究中主要采用单因子独立样本变异数分析来检验研究框架中各变量受企业特征影响是否显著。企业特性与各变量间的变异数分析结果如表 4.26 所示，从分析结果我们可以看出在 0.05 的显著性水平下，本研究所有变量在企业四个主要特征变量不同水平上不存在显著差异。

表 4.26 企业特性与各变量变异数分析结果

		网络规划能力	网络配置能力	网络运作能力	网络占位能力	组织文化型隐性知识	组织根植型隐性知识	企业突破性创新绩效
企业所在地区	F 值	0.920	0.519	1.124	0.852	1.001	1.236	2.119
	显著水平	0.481	0.793	0.349	0.531	0.425	0.289	0.053
	事后比较							

续表

		网络规划能力	网络配置能力	网络运作能力	网络占位能力	组织文化型隐性知识	组织根植型隐性知识	企业突破性创新绩效
企业成立时间	*F* 值	1.350	0.797	0.994	0.956	1.459	1.234	0.958
	显著水平	0.117	0.770	0.4873	0.538	0.067	0.199	0.536
	事后比较							
企业规模	*F* 值	0.137	0.985	0.346	1.381	0.468	0.887	0.614
	显著水平	0.968	0.417	0.847	0.242	0.759	0.473	0.653
	事后比较							
企业所属行业	*F* 值	0.985	0.173	2.217	1.253	1.359	1.221	2.012
	显著水平	0.428	0.972	0.054	0.286	0.241	0.301	0.078
	事后比较							

4.5 假设验证与模型评估

4.5.1 多元回归分析

在进行结构方程模型分析之前，先采用回归分析方法，运用 SPSS17.0 统计软件，就网络能力对 KIBS 中小企业组织隐性知识获取和突破性创新绩效影响的相关研究假设进行初步验证。在本研究中，网络能力、组织隐性知识获取和企业突破性创新绩效测量指标的内部一致性系数均大于 0.7，故可用各自变量的均值来代替。

1. 组织根植型隐性知识获取对网络能力各维度的回归分析

根据本研究提出的假设，以 KIBS 中小企业组织隐性知识获取为因变量、网络能力的四个维度为自变量进行多元回归分析，结果如表 4.27 所示。结果显示，回归模型的拟合优度 F 值(42.691)显著性水平很高，共线性检测符合要求($0<VIF<5$)，且调整后的 R^2 值为 0.440，说明网络能力各维度共解释了组织根植型隐性知识获取 44.0%的变异量。网络能力的四个维度对组织根植型隐性知识获取具有显著的正向影响(在回归模型中各维度的标准化回归系数 β 分别为 0.267、0.138、0.179 和 0.131，都在 0.05 的水平上显著)，表明假设 H1a、H1c、H1e 和 H1g 得到初步验证。

表 4.27 组织根植型隐性知识获取对网络能力各维度的回归分析结果

因变量	自变量	β系数	t值	显著性	F值	R^2	调整R^2	VIF值
组织根植型隐性知识获取	网络规划能力	0.267	5.790	0.000	42.691	0.451	0.440	1.338
	网络配置能力	0.138	3.342	0.001				1.255
	网络运作能力	0.179	3.057	0.000				1.323
	网络占位能力	0.131	2.746	0.003				1.139

2. 组织文化型隐性知识获取对网络能力各维度的回归分析

根据已有研究假设，以KIBS中小企业组织文化型隐性知识获取为因变量、网络能力的四个维度为自变量进行多元回归分析，结果如表4.28所示。结果显示，回归模型的拟合优度F值(34.182)显著性水平很高，共线性检测符合要求(0<VIF<5)且调整后的R^2值为0.385，说明网络能力各个维度共解释了组织文化型隐性知识获取38.5%的变异量。网络能力的四个维度对组织文化型隐性知识获取具有显著的正向影响(在回归模型中各维度的标准化回归系数β分别为0.239、0.135、0.158和0.133，都在0.05的水平上显著)，表明假设H1b、H1d、H1f和H1h得到初步验证。

表 4.28 组织文化型隐性知识获取对网络能力各维度的回归分析结果

因变量	自变量	β系数	t值	显著性	F值	R^2	调整R^2	VIF值
组织文化型隐性知识获取	网络规划能力	0.239	5.010	0.000	34.182	0.397	0.385	1.338
	网络配置能力	0.135	3.162	0.002				1.255
	网络运作能力	0.158	3.323	0.001				1.323
	网络占位能力	0.133	2.991	0.003				1.139

3. 企业突破性创新绩效对组织隐性知识获取各维度的回归分析

根据已有研究假设，以KIBS中小企业突破性创新绩效为因变量、组织隐性知识获取的两个维度为自变量进行多元回归分析，结果如表4.29所示。结果显示，回归模型的拟合优度F值(66.244)显著性水平很高，共线性检测符合要求(0<VIF<5)且调整后的R^2值为0.381，说明组织隐性知识获取各维度共解释了KIBS中小企业突破性创新绩效38.1%的变异量。组织隐性知识获取的两个维度对企业突破性创新绩效具有显著的正向影响(在回归模型中各维度的标准化回归系数β分别为0.356和0.343，都在0.05的水平上显著)，且组织根植型隐性知识对突破性创新绩效的提升影响大于认知型隐性知识的提升影响。表明假设H2a和H2b得到初步验证。

表 4.29　企业突破性创新绩效对组织隐性知识获取各维度的回归分析结果

因变量	自变量	β系数	t 值	显著性	F 值	R^2	调整 R^2	VIF 值
企业突破性创新绩效	组织根植型隐性知识获取	0.356	5.885	0.000	66.244	0.387	0.381	1.340
	组织文化型隐性知识获取	0.343	5.581	0.000				1.340

4. 企业突破性创新绩效对网络能力各维度的回归分析

根据已有研究假设，以 KIBS 中小企业突破性创新绩效为因变量、网络能力的四个维度为自变量进行多元回归分析，结果如表 4.30 所示。结果显示，回归模型的拟合优度 F 值(36.296)显著性水平很高，共线性检测符合要求(0<VIF<5)且调整后的 R^2 值为 0.400，说明网络能力各维度共解释了 KIBS 中小企业突破性创新绩效 40%的变异量。网络能力的四个维度对企业突破性创新绩效具有显著的正向影响(在回归模型中各维度的标准化回归系数 β 分别为 0.164、0.137、0.220 和 0.149，都在 0.05 的水平上显著)，表明假设 H3a、H3b、H3c 和 H3d 得到初步验证。

表 4.30　企业突破性创新绩效对网络能力各维度的回归分析结果

因变量	自变量	β系数	t 值	显著性	F 值	R^2	调整 R^2	VIF 值
企业突破性创新绩效	网络规划能力	0.163	3.554	0.000	36.296	0.411	0.400	1.338
	网络配置能力	0.137	3.313	0.001				1.255
	网络运作能力	0.220	4.771	0.000				1.323
	网络占位能力	0.149	3.449	0.001				1.139

4.5.2　中介变量的验证

对于中介变量的验证，本研究主要采用侯杰泰等(2004)的研究标准，主要分为以下几个步骤实施：(1)通过对自变量和因变量做回归，观察回归系数是否达到研究标准。(2)通过自变量和中介变量进行回归分析，观察回归系数是否达到要求标准。(3)通过对自变量、中介变量及因变量进行回归分析，观察在中介变量的作用下，自变量对因变量的影响是否减弱甚至消失。

同时参考在中介变量作用下，自变量与因变量相关关系的变化，判定中介变量所起的作用。当自变量对因变量影响低于显著性标准时，即可认为中介变量起到了完全中介的作用，当自变量对因变量的影响依旧显著，但是数值降低时，就认为中介变量起到了部分中介的作用。本研究根据网络能力→组织隐性知识获取→企业突破性创新绩效的研究路径，主要先从整体层面上对组织隐性知识获取的中介影响进行验证，然后再从维度层面对组织隐性知识获取两个维度分别进行中介影响验证。

1. 整体层面上组织隐性知识获取中介影响的验证

(1)企业突破性创新绩效对网络能力的回归分析。

本部分主要从整体层面进行自变量与因变量的回归分析，结果如表 4.31 所示。结果显示，回归模型的拟合优度 F 值(146.169)显著性水平很高，调整后的 R^2 值为 0.406，说明网络能力解释了 KIBS 中小企业突破性创新绩效 40.6% 的变异量。同时显著性水平为 0.000，低于 0.05 的标准值，即可认为网络能力对企业突破性创新绩效具有显著的正向影响，表明假设 H3 得到初步验证。

表 4.31　企业突破性创新绩效对网络能力的回归分析结果

因变量	自变量	β 系数	t 值	显著性	F 值	R^2	调整 R^2
突破性创新绩效	网络能力	0.671	12.090	0.000	146.169	0.409	0.406

(2)组织隐性知识获取对网络能力的回归分析。

本部分主要从整体层面进行自变量与中介变量的回归分析，结果如表 4.32 所示。结果显示，回归模型的拟合优度 F 值(264.368)显著性水平很高，调整后的 R^2 值为 0.554，说明网络能力解释了组织隐性知识获取 55.4%的变异量。同时，显著性水平为 0.000 低于 0.05 的标准值，即可认为网络能力对 KIBS 中小企业组织隐性知识获取具有显著的正向影响，表明假设 H1 得到初步验证。

表 4.32　组织隐性知识获取对网络能力的回归分析结果

因变量	自变量	β 系数	t 值	显著性	F 值	R^2	调整 R^2
组织隐性知识获取	网络能力	0.696	16.259	0.000	264.368	0.556	0.554

(3)企业突破性创新绩效对组织隐性知识获取的回归分析。

本部分主要从整体层面进行中介变量与因变量的回归分析，结果如表 4.33 所示。结果显示，回归模型的拟合优度 F 值(133.091)显著性水平很高，调整后的 R^2 值为 0.384，说明组织隐性知识获取解释了企业突破性创新绩效 38.4% 的变异量。组织隐性知识获取对 KIBS 中小企业突破性创新绩效具有显著的正向影响(在回归模型中标准化回归系数 β 为 0.699，在 0.05 的水平上显著)，表明假设 H2 得到初步验证。

表 4.33 企业突破性创新绩效对组织隐性知识获取的回归分析结果

因变量	自变量	β系数	t值	显著性	F值	R^2	调整R^2
突破性创新绩效	组织隐性知识获取	0.699	11.537	0.000	133.091	0.387	0.384

(4)企业突破性创新绩效对网络能力和组织隐性知识获取的回归分析。

本部分主要从整体层面进行中介变量、自变量共同与因变量的回归分析，结果如表 4.34 所示。结果显示，回归模型的拟合优度 F 值(88.199)显著性水平很高，调整后的 R^2 值为 0.451，说明网络能力与组织隐性知识获取解释了企业突破性创新 45.1%的变异量。网络能力与组织隐性知识获取对 KIBS 中小企业突破性创新绩效具有显著的正向影响(在回归模型中标准化回归系数 β 分别为 0.415 与 0.367，在 0.05 的水平上显著)，表明假设 H2、H3 得到初步验证。

表 4.34 企业突破性创新绩效对网络能力和组织隐性知识获取的回归分析结果

因变量	自变量	β系数	t值	显著性	F值	R^2	调整R^2	VIF值
企业突破性创新绩效	网络能力	0.415	5.191	0.000	88.199	0.457	0.451	2.253
	组织隐性知识获取	0.367	4.274	0.000				2.253

根据回归分析结果，可以看出在加入中介变量隐性知识获取之后，网络能力对企业突破性创新绩效的回归系数由 0.696 降低到 0.415，影响有所减弱，但依然显著，因此可以初步得出组织隐性知识获取起部分中介影响的作用，假设 H4 得到初步验证。

2. 维度层面上组织隐性知识获取各维度中介影响的验证

根据前面所做的各变量维度之间的多元回归分析结果可知，验证中介变量的前两个变量已具备，网络能力的四个维度对组织隐性知识获取的两个维度和 KIBS 中小企业突破性创新绩效有显著的正向影响。接下来本研究将分别检验组织根植型隐性知识和组织文化型隐性知识的中介影响。

(1)企业突破性创新绩效对网络能力各维度、组织根植型隐性知识获取的回归分析。

回归分析结果见表 4.35。

表 4.35　企业突破性创新绩效对网络能力各维度、组织根植型隐性知识获取的回归分析结果

因变量	自变量	模型 1			模型 2		
		β系数	t 值	显著性	β系数	t 值	显著性
企业突破性创新绩效	网络规划能力	0.163	3.554	0.000	0.108	2.215	0.028
	网络配置能力	0.137	3.313	0.001	0.108	2.596	0.010
	网络运作能力	0.220	4.771	0.000	0.182	3.895	0.000
	网络占位能力	0.149	3.449	0.001	0.122	2.810	0.005
	认知隐性知识获取				0.210	3.087	0.002
调整后 R^2		0.400			0.423		
F 值		36.296			32.132		

如表 4.35 所示，在模型 1 中，网络能力的四个维度的回归系数都显著(在 0.05 的水平上)，表明网络能力四个维度对企业突破性创新绩效有显著的正向影响。而在加入中介变量组织根植型隐性知识获取后的模型 2 中，网络规划能力、网络配置能力、网络运作能力和网络占位能力的回归系数虽有降低，但都仍显著，说明组织根植型隐性知识获取在规划、配置、运作和占位能力对企业突破性创新绩效的影响过程中起部分中介作用，假设 H4a 得到初步验证。

(2)企业突破性创新绩效对网络能力各维度、组织文化型隐性知识获取的回归分析。

回归分析结果见表 4.36。

表 4.36　企业突破性创新绩效对网络能力各维度、组织文化型隐性知识获取的回归分析结果

因变量	自变量	模型 1			模型 2		
		β系数	t 值	显著性	β系数	t 值	显著性
企业突破性创新绩效	网络规划能力	0.163	3.554	0.000	0.112	2.337	0.020
	网络配置能力	0.137	3.313	0.001	0.108	2.596	0.010
	网络运作能力	0.220	4.771	0.000	0.185	4.009	0.000
	网络占位能力	0.149	3.449	0.001	0.120	2.778	0.006
	组织文化型隐性知识获取				0.220	3.359	0.001
调整后 R^2		0.400			0.428		
F 值		36.296			32.729		

如表 4.36 所示，在模型 1 中，网络能力的四个维度的回归系数都显著（在 0.05 的水平上），表明网络能力四个维度对企业突破性创新绩效有显著的正向影响。而在加入中介变量组织文化型隐性知识获取后的模型 2 中，网络规划能力、网络配置能力、网络运作能力和网络占位能力的回归系数虽有降低，但仍都显著，说明组织文化型隐性知识获取在网络规划能力、网络配置能力、网络运作能力和网络占位能力对突破性创新绩效的影响过程中起部分中介作用。假设 H4b 得到初步验证。

4.5.3 结构方程模型分析

本研究就结构方程模型的适用性与本研究所收集数据进行结构方程模型分析的可行性进行了分析，结果表明本研究适合进行结构方程分析。因此在回归分析的基础上，使用结构方程模型对本研究的理论模型展开更细致的验证分析，并结合相关研究科学性的要求对模型进行修正，确定最终研究模型。

1. 初始模型分析结果

基于本研究网络能力对组织隐性知识获取、企业突破性创新绩效影响机制的理论模型，相关性分析的结论，以及本部分所做的回归分析结果，本研究运用 AMOS17.0 软件绘制出本研究的初始结构方程模型，如图 4.3 所示。在初始模型中，WLGH、WLYZ、WLPZ、WLZW、GZZS、WHZS、TPCX 分别代表网络规划能力、网络运作能力、网络配置能力、网络占位能力、组织根植型隐性知识获取、组织文化型隐性知识获取和突破性创新绩效，且 WLGH1～WLGH5、WLYZ1～WLYZ5、WLPZ1～WLPZ4、WLZW1～WLZW4、GZZS1～GZZS4、WHZS1～WHZS4、TPCX1～TPCX8 分别代表各自的测量指标。将本研究所收集到的有效数据导入结构方程模型，运算得到的初始模型见图 4.3，相应的路径分析结果如表 4.37 所示。

表 4.37 初始模型分析结果

假设路径	标准化回归系数	C. R. 值	显著性 *P*
根植型隐性知识获取←网络规划能力	0.366	5.380	***
文化型隐性知识获取←网络规划能力	0.295	4.515	***
根植型隐性知识获取←网络配置能力	0.149	2.915	0.004
文化型隐性知识获取←网络配置能力	0.154	3.032	0.002
根植型隐性知识获取←网络运作能力	0.202	3.155	0.002
文化型隐性知识获取←网络运作能力	0.184	2.917	0.004
根植型隐性知识获取←网络占位能力	0.158	2.939	0.003

续表

假设路径				标准化回归系数		C. R. 值		显著性 P
文化型隐性知识获取←网络占位能力				0.149		2.810		0.005
突破性创新绩效←根植型隐性知识获取				0.193		2.218		0.027
突破性创新绩效←文化型隐性知识获取				0.230		2.570		0.010
突破性创新绩效←网络规划能力				0.045		0.605		0.545
突破性创新绩效←网络配置能力				0.101		1.898		0.058
突破性创新绩效←网络运作能力				0.188		2.824		0.005
突破性创新绩效←网络占位能力				0.108		1.944		0.052
拟合指标	χ^2	df	P	χ^2/df	RMSEA	GFI	NFI	CFI
具体数值	753.949	507	0.000	1.487	0.048	0.826	0.847	0.955

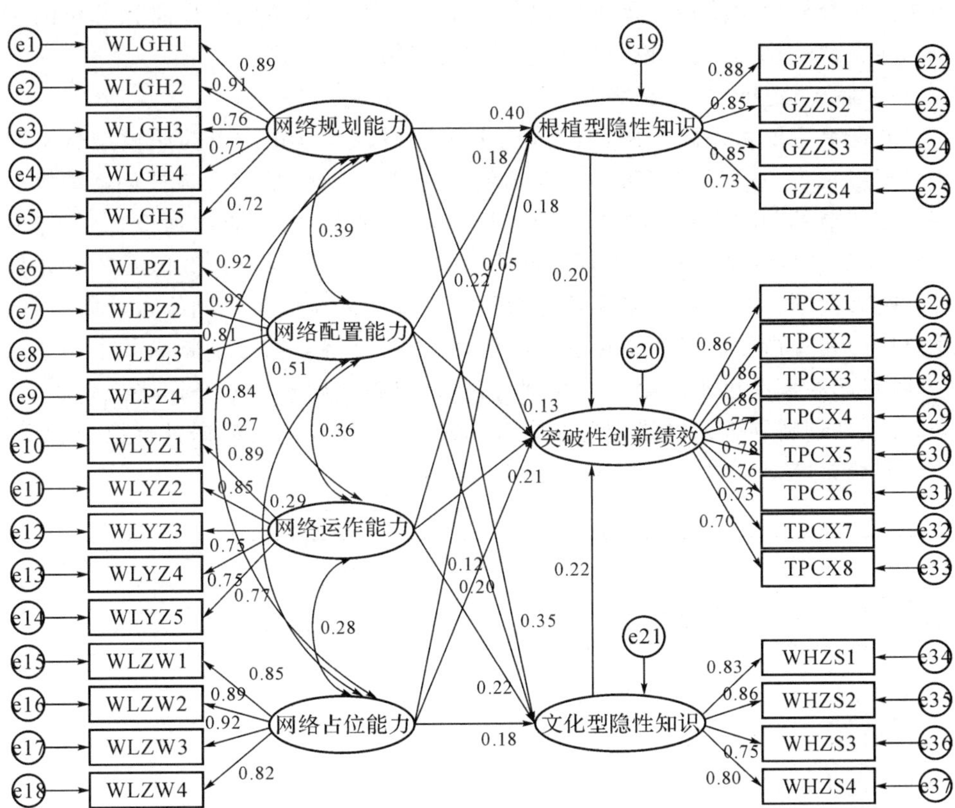

图 4.3　网络能力对企业突破性创新绩效的初始结构方程模型

从表 4.37 中可以看出，初始结构方程模型的拟合度指标 χ^2 为 753.949(自由度 df=507),但 χ^2/df 的值为 1.487,远远小于 3 的标准值。模型 RMSEA 的值为 0.048,小于参考值 0.08,可以接受。CFI 的值为 0.955,大于 0.90 的标准值,NFI 与 GFI 值均接近 0.90。总体来看模型拟合度较好。路径分析方面,11 条路径的 C. R. 值大于 1.96,且相关路径在 $P=0.05$ 水平上具有显著性。但"突破性创新绩效←网络规划能力"($P=0.545>0.05$,C. R. 值 $=0.605<1.96$)、"突破性创新绩效←网络配置能力"($P=0.058>0.05$,C. R. 值 $=1.898<1.96$)、"突破性创新绩效←网络占位能力"($P=0.052>0.05$,C. R. 值 $=1.944<1.96$)三条路径未能满足结构方程模型路径成立的要求。

综上我们可以发现,网络能力对组织隐性知识获取和企业突破性创新绩效影响机制的结构方程模型拟合较好,但仍需要进行一定的修正。模型修正的主要方法为参考模型的路径系数显著性指标和模型的修正指数进行模型限制或扩展,其中模型限制主要是删除或限制一些不存在显著意义的路径,而模型扩展主要为释放限制路径或添加新路径。本研究将参考初始模型路径分析的结果,并结合变量关系的理论分析及实际情况对模型进行修正。

2. 修正模型及其拟合结果

本研究主要采用路径限制的方法来对模型进行修正。由初始模型分析结果可以发现,虽然路径"突破性创新绩效←网络规划能力"、"突破性创新绩效←网络配置能力"和"突破性创新绩效←网络占位能力"均未能达到拟合要求,但是除"突破性创新绩效←网络规划能力"路径的相关指数与标准值有较大差异外,"突破性创新绩效←网络配置能力"和"突破性创新绩效←网络占位能力"两条路径的相关指数已经非常接近标准值,故本研究将尝试分别删除其中一条路径,进行两次模型修正。第一次模型将删除"突破性创新绩效←网络规划能力"和"突破性创新绩效←网络配置能力"两条路径。导入研究数据进行拟合运算,得到的修正模型见图 4.4,模型分析结果见表 4.38。

表 4.38 修正模型一分析结果

假设路径	标准化回归系数	C. R. 值	显著性 P
根植型隐性知识获取←网络规划能力	0.367	5.400	***
文化型隐性知识获取←网络规划能力	0.296	4.537	***
根植型隐性知识获取←网络配置能力	0.152	2.979	0.003
文化型隐性知识获取←网络配置能力	0.158	3.115	0.002
根植型隐性知识获取←网络运作能力	0.199	3.119	0.002
文化型隐性知识获取←网络运作能力	0.181	2.876	0.004
根植型隐性知识获取←网络占位能力	0.157	2.925	0.003

续表

假设路径				标准化回归系数		C. R. 值		显著性 P
文化型隐性知识获取←网络占位能力				0.148		2.795		0.005
突破性创新绩效←根植型隐性知识获取				0.251		3.208		0.001
突破性创新绩效←文化型隐性知识获取				0.288		3.447		***
突破性创新绩效←网络运作能力				0.198		3.208		0.001
突破性创新绩效←网络占位能力				0.109		1.960		0.050
拟合指标	χ^2	df	P	χ^2/df	RMSEA	GFI	NFI	CFI
具体数值	757.916	509	0.000	1.489	0.048	0.825	0.873	0.954

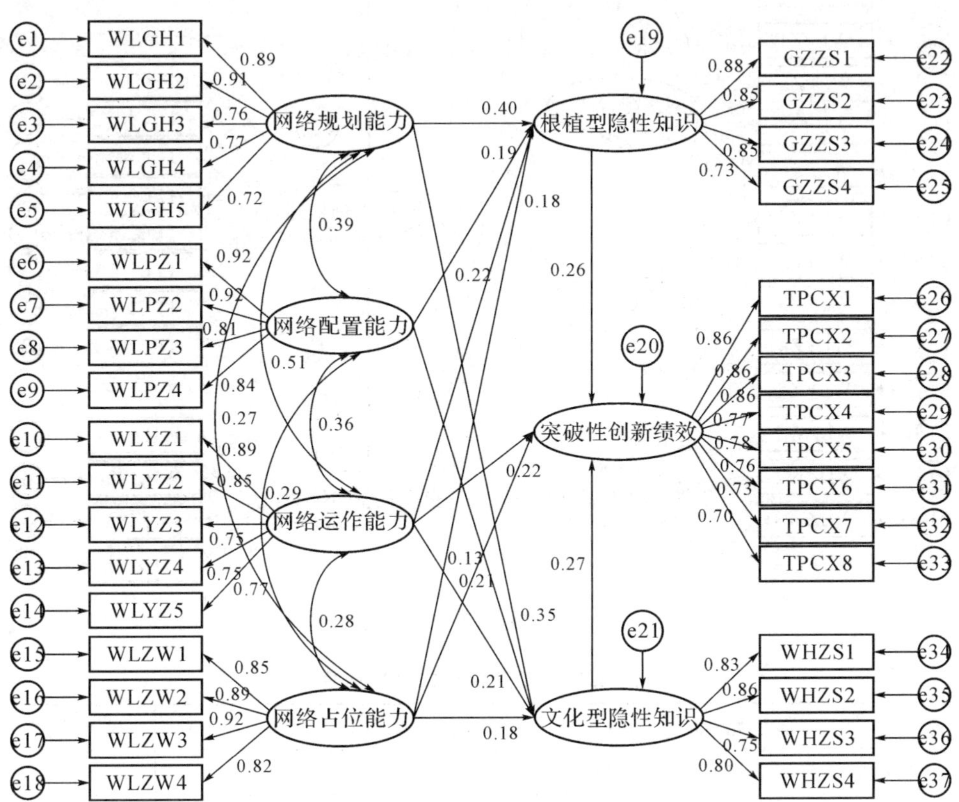

图 4.4　结构方程修正模型一

从图 4.4 和表 4.38 可以看出，修正模型一的 χ^2 值为 757.916(df＝506)，比初始模型的 χ^2 值增加了 3.967，χ^2/df 的值为 1.489＜3。修正模型一的 RMSEA 值未有变化。NFI 的值变大、CFI 和 GFI 的值略小于初始模型。因此模型拟合度变化不大。路径分析方面，路径“突破性创新绩效←网络占位能力”的相关指标依旧没有达到要求。因此本研究将继续对模型进行修正。

在修正模型二中将删除“突破性创新绩效←网络规划能力”和“突破性创新绩效←网络占位能力”两条路径。导入研究数据运用 AMOS17.0 拟合运算，得到的修正模型二见图 4.5，模型分析结果见表 4.39。

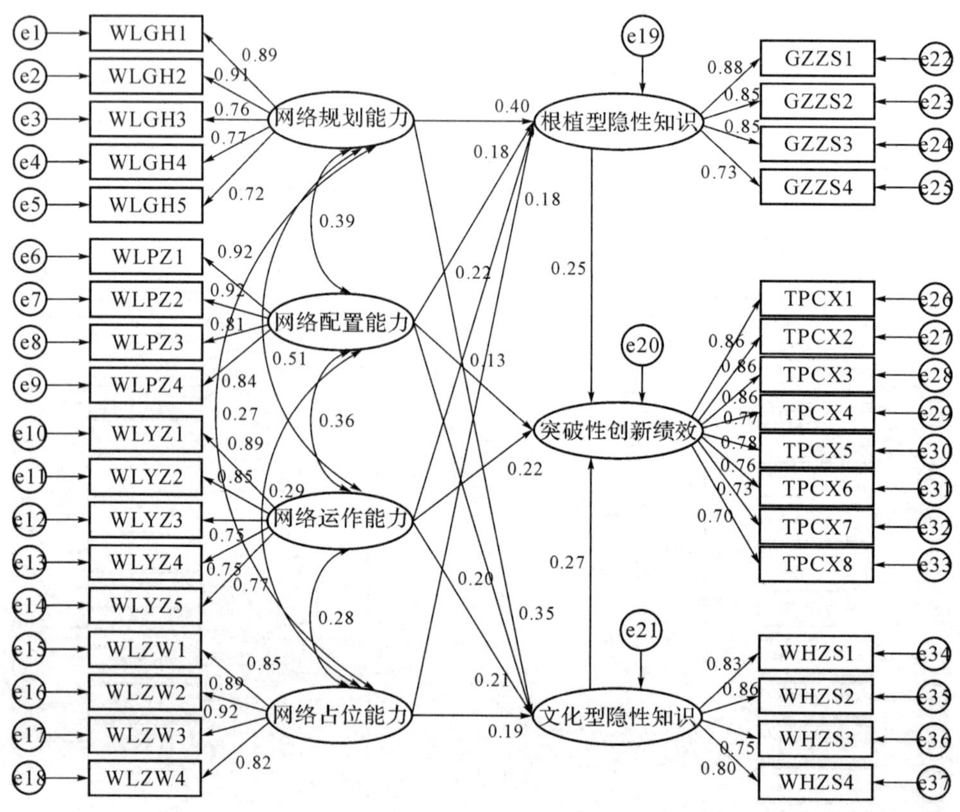

图 4.5 结构方程修正模型二

表 4.39 修正模型二分析结果

假设路径	标准化回归系数	C. R. 值	显著性 P
根植型隐性知识获取←网络规划能力	0.367	5.401	***
文化型隐性知识获取←网络规划能力	0.296	4.538	***
根植型隐性知识获取←网络配置能力	0.148	2.901	0.004
文化型隐性知识获取←网络配置能力	0.153	3.016	0.003
根植型隐性知识获取←网络运作能力	0.200	3.127	0.002

续表

假设路径	标准化回归系数	C. R. 值	显著性 P
文化型隐性知识获取←网络运作能力	0.182	2.888	0.004
根植型隐性知识获取←网络占位能力	0.161	2.998	0.003
文化型隐性知识获取←网络占位能力	0.153	2.885	0.004
突破性创新绩效←根植型隐性知识获取	0.245	3.117	0.002
突破性创新绩效←文化型隐性知识获取	0.280	3.317	***
突破性创新绩效←网络运作能力	0.198	3.208	0.001
突破性创新绩效←网络配置能力	0.106	1.966	0.049

拟合指标	χ^2	df	P	χ^2/df	RMSEA	GFI	NFI	CFI
具体数值	757.904	509	0.000	1.489	0.048	0.825	0.873	0.954

由图 4.5 和表 4.39 模型分析结果可以发现，修正模型二模型拟合指标与初始模型、修正模型一变化较大，均达到模型拟合标准值，模型拟合度较好。12 条假设的 C. R. 值均符合大于 1.96 的标准值，且所有相关路径在 $P=0.05$ 水平上有显著性。

综上可以发现，相比于初始模型和修正模型一，修正模型二更优，且已无必要再次进行修正。由此网络能力对 KIBS 中小企业组织隐性知识获取和突破性创新绩效影响机制的最终结构方程模型得以确定。

3. 直接效果、间接效果与总效果分析

本研究将运用 AMOS17.0 对变量之间的直接效果、间接效果和总效果进行分析，以进一步分析模型是否达到优化，并分析中介变量对自变量与因变量关系的影响程度。修正模型的直接效果、间接效果与总效果分析结果见表 4.40。

由表 4.40 可以发现，网络规划能力、网络占位能力对企业突破性创新绩效的直接效果为 0.000，这主要因为本研究在修正模型中删除了未达到要求的两条路径“突破性创新绩效←网络规划能力”和“突破性创新绩效←网络占位能力”。同时在间接效果分析中，网络规划能力、网络占位能力对企业突破性创新绩效的间接效果分别达到了 0.173 和 0.083，可知在中介变量组织隐性知识获取的作用下，网络规划和占位能力对突破性创新绩效的直接作用低于显著性水平，只是间接影响突破性创新绩效，而网络配置和运作能力在中介变量的影响下，对突破性创新绩效的影响虽然依旧显著但数值明显降低。从而可以得出，组织隐性知识获取在网络能力四个维度对突破性创新绩效影响作用中发挥了中介作用(其中在网络配置能力与网络运作能力对突破性创新绩效的影响中起部分中介效应，而在网络规划能力与网络占位能力对突破性创新绩效的影响中起完全中介效应）。

表 4.40　修正模型的直接效应、间接效应与总效应分析（标准化）

效果类型		规划能力	配置能力	运作能力	占位能力	组织根植型隐性知识	组织文化型隐性知识
直接效果	组织根植型隐性知识	0.400	0.184	0.219	0.182	0.000	0.000
	组织文化型隐性知识	0.346	0.203	0.215	0.186	0.000	0.000
	突破性创新绩效	0.000	0.134	0.217	0.000	0.251	0.266
间接效果	组织根植型隐性知识	0.000	0.000	0.000	0.000	0.000	0.000
	组织文化型隐性知识	0.000	0.000	0.000	0.000	0.000	0.000
	突破性创新绩效	0.193	0.100	0.112	0.095	0.000	0.000
总效果	组织根植型隐性知识	0.400	0.184	0.219	0.182	0.000	0.000
	组织文化型隐性知识	0.346	0.203	0.215	0.186	0.000	0.000
	突破性创新绩效	0.193	0.234	0.330	0.095	0.251	0.266

4. 模型确立与假设检验结果

本研究通过对浙江省内 KIBS 中小企业发放调查问卷，共收集有效样本 213 份。在此基础上运用探索性因子分析、验证性因子分析等统计方法，对企业网络能力、组织隐性知识获取与突破性创新绩效测量量表的信度和效度进行检验。随后运用 SPSS17.0 与 AMOS17.0 进行回归分析和结构方程模型分析，验证了网络能力对 KIBS 中小企业组织隐性知识获取和突破性创新绩效影响机制的理论模型和研究假设，得到最终理论模型。

本研究通过对 213 份有效企业样本数据的分析、结构方程模型分析，验证并修正了本研究之前所提出的企业网络能力对组织隐性知识获取和企业突破性创新绩效的概念模型。研究结果显示，本研究所提出的 20 条假设中，除“网络规划能力对企业突破性创新绩效有显著正向影响”、“网络占位能力对企业突破性创新绩效有显著正向影响”两条路径没有得到验证，“网络能力对企业突破性创新绩效有显著正向影响”得到部分支持外，其余 17 条假设全部得到证实（见表 4.41）。

表 4.41 网络能力对组织隐性知识获取和企业突破性创新绩效影响的研究假设验证表

假设编号	研究假设	验证结果
H1	网络能力对组织隐性知识获取有显著正向影响	支持
H1a	网络规划能力对组织根植型隐性知识获取有显著正向影响	支持
H1b	网络规划能力对组织文化型隐性知识获取有显著正向影响	支持
H1c	网络配置能力对组织根植型隐性知识获取有显著正向影响	支持
H1d	网络配置能力对组织文化型隐性知识获取有显著正向影响	支持
H1e	网络运作能力对组织根植型隐性知识获取有显著正向影响	支持
H1f	网络运作能力对组织文化型隐性知识获取有显著正向影响	支持
H1g	网络占位能力对组织根植型隐性知识获取有显著正向影响	支持
H1h	网络占位能力对组织文化型隐性知识获取有显著正向影响	支持
H2	组织隐性知识获取对企业突破性创新绩效有显著正向影响	支持
H2a	组织根植型隐性知识对企业突破性创新绩效有直接显著正向影响	支持
H2b	组织文化型隐性知识对企业突破性创新绩效有显著正向影响	支持
H3	网络能力与企业突破性创新绩效正相关	部分支持
H3a	网络规划能力对企业突破性创新绩效有显著正向影响	支持
H3b	网络配置能力对企业突破性创新绩效有显著正向影响	不支持
H3c	网络运作能力对企业突破性创新绩效有显著正向影响	支持
H3d	网络占位能力对企业突破性创新绩效有显著正向影响	不支持
H4	组织隐性知识获取在网络能力与企业突破性创新绩效之间起中介影响	支持
H4a	组织根植型隐性知识获取在网络能力与企业突破性创新绩效之间起中介影响	支持
H4b	组织文化型隐性知识获取在网络能力与企业突破性创新绩效之间起中介影响	支持

4.6 研究结论与管理启示

4.6.1 研究结论

激烈的市场竞争中创新成为企业立足市场、取得发展的一个重要手段。特别是对于中小企业而言，要想在与大型企业的市场博弈中生存并壮大，就必须进行有效的创新，另辟蹊径挖掘出属于自己的蓝海。在经济全球化的浪潮中，企业开始嵌入于各种各样的社会网络中，这些社会网络蕴藏着企业发展所需的各种稀缺资源。有效获取这些资源，弥补自身资源的匮乏，对中小企业而言具有重要的意义。通过借鉴已有研究成果，本研究构建了网络能力对 KIBS 中小企业组织隐性知识获取和企业突破性创新绩效的理论模型，并结合实证分析对模型进行了验证与修正。

1. 网络能力四个维度对 KIBS 中小企业组织隐性知识获取有显著正向影响

网络规划能力从战略高度对企业外部网络活动进行规划和指导；网络配置能力通过网络伙伴和资源获取渠道选择，为企业构建外部网络配置优质资源；网络运作能力保障企业外部网络的良性运作；网络占位能力保证企业在网络中的有利位置。网络能力四个维度共同发挥积极影响，为企业高效获取外部网络中的组织隐性知识创造了有利条件。其中网络规划能力对组织根植型和文化型隐性知识获取的影响最强(路径系数分别为 0.367 和 0.296，P 值均小于 0.001)；网络运作能力次之(路径系数分别为 0.200 和 0.182，P 值分别为 0.002 和 0.004)，网络配置能力和网络占位能力对两类组织隐性知识获取的影响虽然显著，但强度相对较弱。其原因可能是网络规划能力作为企业的一种战略能力，直接为组织隐性知识获取提供正确的方针指导和方向指引；网络运作能力有助于强化企业与网络成员间的直接联系和信任关系，从而对组织隐性知识获取产生较大影响；网络配置能力和网络占位能力对组织隐性知识获取的影响则相对间接并有一定的滞后性，KIBS 中小企业较短的成长年限使其影响未能完全体现。

2. 组织隐性知识获取正向显著影响 KIBS 中小企业突破性创新绩效

从外部社会网络中获取的各类组织隐性知识，能保证企业的高效运行，并有效满足企业突破性创新活动对组织文化、组织结构、组织惯例和组织思维方式等的苛刻要求，是提升企业突破性创新绩效的重要资源。对研究结果进一步分析可以发现，相对于组织根植型隐性知识的影响，组织文化型隐性知识获取对突破性创新绩效的影响程度更高。产生这种差异的主要原因可能有以下两个：一是突破性创新强调打破常规，需要企业有较强的风险承担意愿和创新导向，并由此对组织文化型隐性知识获取提出了更高要求。二是对 KIBS 中小企业而言，从外部网络中获取的文化型隐性知识一般能得到较好的吸收和利用，而来自外部网络的组织根植型隐性知识，由于具有一定的嵌入性和延续性，就相对难以吸收，且大多数吸收过程较慢。

3. 网络能力四个维度对 KIBS 中小企业突破性创新绩效的影响存在显著差异

网络能力四个维度对突破性创新绩效的影响存在一定差异。实证分析结果显示，网络配置能力和网络运作能力对突破性创新绩效有显著正向影响（路径系数分别为 0.106 和 0.194，P 值分别为 0.049 和 0.004）；网络规划能力和网络占位能力对突破性创新绩效的直接影响则未得到有效验证，其原因主要是组织隐性知识在其中起了完全中介的作用。

虽然结构方程建模显示网络规划能力和网络占位能力对 KIBS 中小企业突破性创新绩效不存在直接显著的正向影响，但是其可能通过其他影响因素来间接影响企业突破性创新绩效。在结构方程模型直接效应、间接效应和总效应分析结果中，我们可以看到网络规划能力和网络占位能力对企业突破性创新绩效的间接效应分别达到了 0.193 和 0.095。由此可以说明网络规划能力和网络占位能力对 KIBS 中小企业突破性创新是存在重要影响的，只是其影响程度小于组织隐性知识获取对企业突破性创新绩效的影响程度，即网络规划能力和网络占位能力对企业突破性创新绩效的影响更多的是通过组织隐性知识获取来实现的。同时从总效应来看，网络能力四个维度对突破性创新绩效的影响程度，从高至低依次为网络运作能力（0.330）、网络配置能力（0.234）、网络规划能力（0.193）和网络占位能力（0.095），由此可知网络运作能力对企业突破性创新绩效的影响最为显著，而影响效用具有一定滞后性的网络占位能力对 KIBS 中小企业突破性创新绩效的影响显著性相对较弱。

4. 组织隐性知识获取在网络能力四个维度与 KIBS 中小企业突破性创新绩效之间具有中介影响

组织根植型和文化型隐性知识获取都在网络能力及其各维度对企业突破性创新绩效之间起中介影响，其中组织隐性知识获取在网络配置能力和网络运作能力对企业突破性绩效的影响中起部分中介作用，在网络规划能力和网络占位能力对企业突破性绩效的影响中起完全中介作用。

从本研究的结构方程模型以及进一步的变量间直接效应、间接效应和总效应分析显示，网络规划能力对 KIBS 中小企业突破性创新绩效的直接效应系数为 0.000，通过组织隐性知识获取间接影响企业突破性创新的效应系数为

0.173；网络占位能力对KIBS中小企业突破性创新绩效的直接效应系数为0.000，借由组织隐性知识获取影响企业突破性创新的效应系数为0.095；网络配置能力直接影响KIBS中小企业突破性创新绩效的效应系数为0.134，通过组织隐性知识获取间接影响企业突破性创新的效应系数为0.100；网络运作能力对KIBS中小企业突破性创新绩效的直接效应系数为0.217，通过组织隐性知识获取间接影响企业突破性创新的效应系数为0.112。通过以上数据对比，我们可以发现网络配置能力与网络运作能力对KIBS中小企业突破性创新绩效的直接影响效应大于通过组织隐性知识获取所产生的间接影响效应，而网络规划与占位能力对KIBS中小企业突破性创新绩效的影响均是在组织隐性知识获取的影响下完成的。通过以上分析，我们可以发现隐性知识获取在网络能力及其各维度与KIBS中小企业突破性创新绩效之间具有中介影响作用。

4.6.2 管理启示

1. 设置专门的外部网络活动管理部门，积极培育企业各类网络能力

研究结论显示，网络规划能力、网络配置能力、网络运作能力和网络占位能力对各类组织隐性知识获取和企业突破性创新绩效均有不同程度的促进影响。因此KIBS中小企业应结合自身已有资源结构和能力状态，有意识、有针对性地培育各类网络能力，从外部网络成员中高效获取组织隐性知识并提升突破性创新绩效。必要时KIBS中小企业还可设置专门的网络活动管理部门，对所处网络的运转情况进行实时监控，在日常网络管理过程中不断积累企业网络活动经验，推进企业各类网络能力的协调发展。

2. 在加大各类组织隐性知识获取力度基础上，强化对已获组织隐性知识的吸收、转化和利用

研究结论显示，组织根植型和文化型隐性知识获取对提升企业突破性创新绩效均有积极的推动作用。因此KIBS中小企业应高度重视并采取多种形式，积极获取来自外部网络伙伴和优秀成功企业等渠道的各类组织隐性知识。与此同时，来自企业外部的各类组织隐性知识，不一定能迅速发挥作用并直接成为提升企业突破性创新绩效的动力。特别是组织根植型隐性知识，由于存在一定的嵌入性和延续性而相对难以得到快速有效利用。因此KIBS中小企业还应通过积极开展组织学习等途径，不断强化对各类已获组织隐性知识的吸收、转化和利用，以充分发挥其对企业突破性创新绩效的促进作用。

3. 努力营造企业自身独具特色的组织隐性知识体系

在社会网络中，企业与网络伙伴之间是一种相互联结、互为学习的动态关系。因此在通过网络能力从外部网络中获取各类组织隐性知识并加以吸收和

利用的同时，KIBS 中小企业还应深入挖掘自身拥有的各类优质组织隐性知识，并对来自企业内外部的组织隐性知识进行系统整合和创造性拓展，逐步形成独具企业自身特色、难以被竞争对手获取、持续改进和升级的组织隐性知识体系，为企业开展突破性创新活动和构建持续竞争优势奠定坚实基础。

4. 把握合适时机，勇于开展突破性创新活动

突破性创新是市场新进入者利用新技术、新产品或新服务，扰乱并占据主流市场的重要手段，也是实力相对较弱的中小企业与大企业进行市场竞争的有效策略之一，对 KIBS 中小企业生存发展和竞争优势获取有重要意义。此外，知识密集型服务业的高技术应用和高创新性，以及中小企业自身灵活性、适应性较强的特点，也有利于突破性创新活动的开展。因此 KIBS 中小企业应在把握合适时机的前提下，积极培育和运用网络能力，不断获取外部组织隐性知识，勇于开展突破性创新活动，以开辟属于自己的一片蓝海，赢得较大的生存和发展空间。

附录 1

知识密集性服务业突破性创新调查问卷

尊敬的女士/先生：

您好！感谢您在百忙之中参与本课题组的问卷调查。本调查旨在通过对企业网络能力、组织隐性知识获取和突破性创新绩效的关系进行深入调研，探究企业突破性创新绩效的影响因素，为促进企业突破性创新绩效的提高提供理论指导和政策建议。

本问卷采用匿名调查方式，所收集数据将会严格保密，仅供科学研究之用。为答谢您的参与，本研究最终成果可以与贵企业共享，希望能为贵企业的发展提供有益参考。同时为保证研究成果的实效性，请您如实填写。如果对某些题目的理解有疑问，或希望得到本研究的分析结果，请与作者联系。

第一部分　企业基本信息

1. 贵企业成立的时间____
2. 贵企业所在地__________
3. 您的职位：____________
4. 公司员工人数为：________

①100 人以下;②100～399 人;③400～699 人;④700～999 人;
⑤1000 人及以上

5. 公司所属行业________

①信息服务业;②金融服务业;③ 教育服务业;④ 专业技术服务业;
⑤健康保健服务业;⑥其他服务业

6. 贵企业资产总额__________

①100 万以下;②100 万～499 万;③500 万～999 万;④1000 万～4999 万;
⑤5000 万及以上

第二部分　企业网络能力

（请结合公司的实际对以下问题进行评分，其中 1 表示非常不同意，7 表示非常同意，依次类推，请您在合适的分值上打√）

网络能力是关于企业发展和管理外部网络主体关系的能力，其中“外部网络主体”指与企业有业务联系的顾客、供应商、合作伙伴（大学、科研机构、合作商等）、竞争者、政府、中介机构、商会等主体。

网络能力	不同意←→同意						
1. 我们理解企业网络的内涵和目标	1	2	3	4	5	6	7
2. 我们具有指导企业网络的基本原则和行动准则	1	2	3	4	5	6	7
3. 我们能够辨识企业网络带来的价值和机会	1	2	3	4	5	6	7
4. 我们能够预测企业网络未来的发展方向	1	2	3	4	5	6	7
5. 我们具有寻找、评估有价值网络关系的能力	1	2	3	4	5	6	7
6. 我们有选择根据自身发展条件及市场环境，与不同网络主体建立关系的能力	1	2	3	4	5	6	7
7. 我们与外部网络主体有各种各样的网络联系	1	2	3	4	5	6	7
8. 我们具有同时与多个外部各种网络主体保持密切联系的能力	1	2	3	4	5	6	7
9. 我们有频繁地与网络关系主体联系、交往的能力	1	2	3	4	5	6	7
10. 我们有与各外部网络主体建立相互协作、相互信任的能力	1	2	3	4	5	6	7
11. 我们与各外部网络主体交流、沟通得很深入	1	2	3	4	5	6	7
12. 我们有维护网络关系、处理网络冲突的能力	1	2	3	4	5	6	7
13. 我们有动态调整、优化外部网络组合的能力	1	2	3	4	5	6	7
14. 我们有占据网络优势地位的能力	1	2	3	4	5	6	7
15. 我们有占据网络中心位置的能力	1	2	3	4	5	6	7

续表

网络能力	不同意←——→同意						
16. 我们经常成为外部不同网络主体间沟通的桥梁	1	2	3	4	5	6	7
17. 我们有不依赖第三方与网络主体联系的能力	1	2	3	4	5	6	7

组织隐性知识主要是指以组织作为知识主体所拥有或掌握的，对组织正常运行、组织行为方式和思维模式有重要影响，但难以用语言、文字形式明确表达的知识。

组织隐性知识获取	不同意←——→同意						
1. 我们从网络成员那里获取了很多有关团队建设方面的隐性知识	1	2	3	4	5	6	7
2. 我们从网络成员那里获取了很多有关组织内部成员协作方面的隐性知识	1	2	3	4	5	6	7
3. 我们从网络成员那里获取了很多有关组织沟通技能方面的隐性知识	1	2	3	4	5	6	7
4. 我们从网络成员那里获取了很多管理经验方面的隐性知识	1	2	3	4	5	6	7
5. 我们从网络成员那里获取了很多利于创新的组织愿景实施方面的隐性知识	1	2	3	4	5	6	7
6. 我们从网络成员那里获取了很多利于创新的组织价值观培养方面的隐性知识	1	2	3	4	5	6	7
7. 我们从网络成员那里获取了很多利于创新的组织氛围培养方面的隐性知识	1	2	3	4	5	6	7
8. 我们从网络成员那里获取了很多利于创新的组织信念培养方面的隐性知识	1	2	3	4	5	6	7
突破性创新绩效(请判断贵公司以下方面近三年的实际情况)	不同意←——→同意						
1. 我们公司能够不断地推出全新的服务	1	2	3	4	5	6	7
2. 我们公司开发新服务的周期不断缩短	1	2	3	4	5	6	7
3. 我们开发新服务的费用在不断降低	1	2	3	4	5	6	7
4. 我们公司能够不断开拓新的市场	1	2	3	4	5	6	7
5. 我们公司推出的全新产品(服务)拥有较高的市场美誉度	1	2	3	4	5	6	7
6. 我们推出的全新产品(服务)提升了公司的品牌形象	1	2	3	4	5	6	7
7. 我们推出的全新产品(服务)极大地提升了我们的销售额	1	2	3	4	5	6	7
8. 我们推出的全新产品(服务)极大地提升了我们的利润	1	2	3	4	5	6	7

调查结束，谢谢您的支持与合作！

5 顾客参与、顾客知识获取与新服务开发绩效

5.1 问题提出

伴随着知识经济时代的来临，知识密集型服务业取得了较快的发展。知识密集型服务业以产品无形化、顾客专业化、雇员知识化、高增值性、强时效性和高科技性等为特征，已经成为知识经济社会知识基础结构的重要组成部分，在国民经济发展中起着前瞻性、领导性和新驱动者的作用(魏江等，2007)。尽管我国知识密集型服务业发展速度很快，但是在商业运作模式、创新水平等方面与国外发达国家相比仍不具备竞争优势，因此我国的知识密集型服务业需要通过不断加强自主创新才能更具竞争力。知识密集型服务业需要通过新服务开发，不断增加服务的创新性，避免创新太容易而被竞争对手复制或模仿。之前有些学者的相关研究显示企业新服务开发是高收益伴随着高风险，开展新服务开发需要全面收集来自顾客的需求信息，一旦开发失败将直接影响企业的运营绩效，因此需要在新服务开发阶段引导顾客参与其中，提高新服务开发的成功率。

倾听来自顾客的声音，让顾客参与到企业的生产活动中，这样可以让企业更加深入地了解顾客的需求，紧跟顾客的需求进行产品和服务的创新。对于知识密集型服务业来说，由于其具有高度的顾客导向性、顾客参与性，需要给顾客提供“知识密集”的产品，而这些产品中通常包含有需要通过与顾客互动交流才能获取

的大量隐性知识，因此顾客在知识密集型服务业的创新过程中扮演着重要的角色。一方面，知识密集型服务企业在创新过程中需要通过吸收顾客的知识来不断扩大自己的知识储量，增加对市场与用户需求的理解，设计出更符合顾客要求的新服务。另一方面，如果顾客直接参与到新服务的开发过程，这样既能有助于产生自己真正需要的新服务，又能丰富自己的专业领域知识，提高顾客满意度。顾客参与企业的服务创新过程中，通过扮演企业临时员工的角色，有效改善企业的绩效，提高企业的生产效率，使顾客与企业之间建立更为持久的合作关系。

知识已经成为企业重要的资产，知识基础观认为知识是组织持续竞争优势的源泉，企业只有不断地从外界吸收知识，增加自身的知识存量才能更具竞争力。知识密集型服务业顾客与企业的互动过程既是一个知识转移的过程，也是一个双方增加知识存量、不断学习的过程。一方面企业将从外部获取的知识、自身拥有的知识以及在互动中产生的新知识转移给顾客。另一方面，企业自身也在不断扩大自己的知识储量，增加对行业的了解，并且积累越来越多的隐性知识，这为其他项目的开发提供了一定的基础。此外通过企业与顾客的持续互动，可以将更多的隐性顾客知识显性化，从而通过技术分析，发现现有服务中尚未满足的关键流程或环节，针对这些关键部分进行差异化创造，从而使产品成为顾客所期望的，并且具备独特的价值个性，使得比竞争对手的产品更具有优势。

基于这样的背景，本研究将从顾客知识获取视角出发，实证研究顾客参与对新服务开发绩效的影响，并且验证顾客参与的不同形式对顾客知识获取的影响，同时考虑到知识内隐性对获取的影响，将内隐性作为调节变量加入其中，更加丰富了实证研究的内容。

5.2 概念界定

5.2.1 顾客参与

顾客参与主要是指顾客在服务生产、传递和消费过程中的各类参与行为，可以用参与的广度（范围）和深度（程度）来衡量（Fang，2008）。顾客参与的主要目的是获取经济联结和社会联结，经济联结即寻求利益和用途，社会联结即满足友好、人际接触、情感、乐趣等需求（Remy & Kopel，2002）。参考 Ennew 和 Binks（1999）、Hsieh 和 Yen（2005）等学者的已有研究，本研究将顾客参与定义为:在服务生产、传递和消费过程中,顾客为服务企业提供资源的各类活动,并从顾企互动角度,将顾客参与分为信息共享、责任行为和人际互动三个维度。信息共享主要是指顾客与服务企业分享自身拥有的需求、市场等信息;责任行为主要是指顾客亲自完成服务的部分内容,扮演部分企业服务人员的角色,比如为服务企业提供资料、配合企业调研、关注企业投资动向等;人际互动主要是指顾客与企业服务人员的交流、互动、信息反馈等,它有助于服务企业及时了解顾客需求等信息,并增强顾客与企业间的信任关系。

5.2.2 顾客知识

Gebert 等(2003)认为顾客知识是系统化的顾客信息,主要包括顾客需求、顾客特征等基本信息,以及服务消费经验和对服务或服务企业的建议等综合信息。参考已有相关研究,本研究将顾客知识归纳为服务相关知识、消费使用知识和顾客自我知识三类。其中服务相关知识主要包括顾客对服务的认识和理解、对服务的各种需求、对服务创新性的要求等知识和信息;消费使用知识主要包括顾客在服务消费使用过程中所获得的各类经验,以及对服务的评价和对服务的意见建议等反馈性信息;顾客自我知识主要包括顾客基本信息,以及顾客所拥有的关于企业、市场和其他竞争者等方面的知识和信息等。

5.2.3 知识内隐性

知识内隐性是知识的一种属性,可以用两个指标来衡量:一是知识的"非成文性",即无法公式化,难以用文字、图像等方式表述其含义或编撰成正式文本的程度,以及必须通过大量信息才能解释清楚的复杂性。二是知识的"专属性",即知识高度关联性的系统化,不容易被重复使用的非标准化,以及不容易传授的不可教导性程度(Kei,2007;Grant,1996)。参考已有相关研究,本研究主要从四个方面来衡量顾客知识的内隐性:能否从顾客资料中直接获取、是否需要与顾客面对面沟通才能获取、是否需要经过较长时间才能理解并加以利用、是否会因员工背景(学历、工作经验等)不同而造成理解差异。

5.3 研究模型

5.3.1 理论基础

1. 顾客参与及维度划分

对顾客参与的研究起步较早,大多数学者比较赞同 Silpakit 和 Fisk(1985)

所提出的概念，认为顾客参与是在产品和服务提供过程中的投入，包括在智力上、实体上和情感上的投入。Cermak，File 和 Prince(1994)则认为顾客参与是物质和精神两方面的具体行为，是一种行为涉入。本研究中认为顾客参与是为了让新服务更加符合自己的需求，顾客在服务的生产和传递过程中为企业提供必要的活动或者资源，包括智力上、实体上和情感上的付出。

在顾客参与的维度研究中，以参与过程、参与程度和互动程度三个视角划分的最多。如参与过程划分维度的方法中，An Tien 和 Wen Ting(2004)，彭家敏(2009)，张祥、陈荣秋(2006)等均参考 Kellogg(1997)提出的事前准备、信息交换、关系建设和干涉行为四个维度开展研究。参与程度视角由最初 Hubbert(1995)划分的高中低三种程度，到随后 Claycomb(2001)依据 Hubbert 的思想所划分的出席、信息提供和共同制造三个维度，更加明确了每个维度中顾客所扮演的不同角色。互动程度的视角主要以 Ennew 和 Binks(1999)划分的信息共享、责任行为和人际互动为代表，而耿先锋(2008)的研究更是结合了互动和过程两个划分方法，将顾客参与分为责任行为、信息搜索和人际互动三个维度。Skaggs 和 Youndt (2004)认为顾客参与的内涵包括三个方面：合作生产、顾客接触以及服务定制。本研究中将顾客参与的三个维度划分为信息共享、责任行为和人际互动。信任共享主要是指顾客通过与企业分享信息来保证企业所提供的新服务可以更好地满足自己的需要。责任行为指的是在双方的合作过程中，顾客需要亲自完成服务中的部分内容，比如准确提供企业所需要的资料，配合企业调研等，这些行为将对开发新服务的成功有重要的影响。人际互动主要指顾客与企业服务人员之间的互动行为，包括就新服务的相关情况及时与服务人员进行反馈。人际互动有助于企业更好地了解顾客需求，及时获取相关信息，并且增加顾客对企业的信任，有利于顾客与企业间关系的建设。

2. 顾客知识获取及维度划分

顾客知识获取简单来讲就是获取顾客知识，并将其应用到企业新服务的开发过程中。对顾客知识的定义较多，Gordon(1993)认为顾客知识是指厂商对众多间接或终端顾客业务的理解，这些知识可以用来开发和提供更高的顾客价值。Yli-Renko(2001)认为顾客知识是从外部获取的一种战略资源，嵌入于与外界的社会交互中。这些定义都强调顾客知识是企业需要从外部获取的一种特殊知识，其可以用来提高企业绩效和顾客满意度。此外还有一些顾客知识的定义强调的是顾客知识是系统化的顾客信息，是顾客需求的体现，包括顾客的基本信息、相关经验以及对企业的建议等等(Alan Cooper，1998；Gebert & Geib，2003；Li & Calantone，1998；Campbel1，2003；Jos hi & Sharma，2004；Natt，2006)。

然而最常用的划分方法是 Gebert 和 Geib(2003)的研究中所指出的关于顾客的、顾客拥有的和来自顾客的三类知识。Roger D. Blackwell(2009)将消费者知识划分为五类:产品知识、购买知识、消费或使用知识、说服知识、自我知识。参考诸多学者对顾客知识的研究,本研究认为顾客知识获取是指企业通过顾客参与所获取顾客的服务相关知识、消费使用知识和顾客自我知识。服务相关知识和消费使用知识都属于关于顾客的和来自顾客的知识,其中服务相关的知识包括顾客对新服务的需求、自己具备的与服务相关的知识、对新服务创新性的要求等,而消费使用知识指的是对新服务的建议评价等反馈性信息,顾客自我知识与顾客拥有的知识类似,指顾客基本信息、自身具有的同行业其他竞争者信息或者有关更好地服务于顾客的建议等。

3. 知识内隐性

以往文献显示在研究知识获取、吸收和转移时,会将知识特性作为重要影响因素之一,因为知识对企业和组织的作用日益重要,且已经成为影响企业竞争力的重要因素。知识具备内隐性、复杂性、专有性等特点,需要在获取、转移时充分考虑这些特点,以提高获取、转移的效率。卢启程(2007)将顾客知识分为显性顾客知识和隐性顾客知识,显性的顾客知识是经过人们的整理和组织,可以以文字、公式、计算机程序等形式表现出来,并可以通过正式的、系统的方式加以传播的,包括顾客的背景知识,顾客的偏好、购买信息、购买记录等,这些都可以通过技术手段存储在顾客数据库中,随时加以分析利用。隐性的顾客知识是与人密切结合在一起的经验性知识,很难将其文字化或公式化进行传播,特别是与企业产品或服务相关的知识,包括使用经验,对产品或服务的见解、评价、意见和建议等。顾客隐性知识中包含更多企业需要的有价值的顾客知识,但是由于知识内隐性特征,会增加企业获取顾客知识的难度,因此本研究将知识内隐性作为顾客知识获取的调节因素。

Polanyi(1958)最早提出显性知识和隐性知识的划分,他将知识内隐性解释为“我们能知道的远远超过我们所能说出来的”。显性知识可以被解释和编码,易于文件化,便于获取和转移,但是隐性知识大部分是由经验或从实际操作中获得,深嵌于个人,难以用文字或符号表达,很难与他人沟通或分享,难以转移给接收方,这类知识的转移必须通过“做中学”来实现(Polanyi,1966;Myers & Davids,1992;Hedlund,1994;Nonka & Takeuchi,1995)。知识的内隐性特点增加了企业获取、转移和吸收利用知识的难度(Inkpen & Dinur,1998;Lord & Ranft,1998;Zander & Kogut,1995)。Nonka 和 Takeuchi(1995)提出隐性知识包含技术构面和认知构面,技术构面是指无法公式化或者难以说明的知识,认知构面指的是保留心智模式、信仰和知觉力,以及深植于人们心中却常常被忽视的知识。本研究将从四个方面来测量知识内隐性：(1)企业需要的顾客知识无法从顾客资料中直接获取。(2)企业需要的顾客知识需要与顾客面对面沟通才能获取。(3)企业获取的顾客知识要经过一段时间才能理解并加以利用。(4)企业获取的顾客知识会因员工背景(学历、工作经验等)的不同而产生不同的理解。

4. 新服务开发绩效

新服务开发绩效的评价指标主要是参考企业创新绩效和产品创新绩效指标，如 Cooper 和 Kleinschmidt(1987)的财务指标、机会窗口和市场影响三个绩效指标；Cordero(1990)将创新加入绩效的评价指标，划分了三种不同的绩效评价指标，即整体业务绩效、技术绩效、商业绩效。针对 NSD 的绩效指标，主要有 Chyi Jaw，Jyue-YuLo 和 Yi-Hsing Lin(2010)划分了五个指标来衡量 NSD 绩效，即新服务达到先前目标的程度、新服务的市场份额、新服务创造的利润率、新服务的销售量和新服务超过竞争者的总数。王春(2007)参考 Voss 等(1992)的研究从三个方面衡量新服务开发绩效，即财务指标、竞争力指标和品质指标。刘顺忠(2009)从利润、投资回报期、投资回报率和销售量指标测量新服务开发绩效，而朱兵(2010)则是用企业的新产品和服务得到顾客认可、企业的竞争优势建立在技术之上、与竞争对手相比企业盈利水平很好三个指标来衡量。魏江(2009)研究知识密集型服务企业创新组织结构特征及其与创新绩效关系时，从两个方面测度 KIBS 组织的创新绩效，即项目标准性绩效和成员获得性绩效。在所有不同的衡量指标中，不同学者使用比较多的主要包括市场、财务和顾客三个方面(Griffin & Page，1993；Cooper，1994；蔺雷、吴贵生，2003；张若勇、刘新梅、张永胜，2007)，因此结合以往学者的相关研究，本研究使用五个指标来衡量新服务开发绩效，分别是新服务产品达到预先目标的程度、新服务产品相比竞争对手的创新性情况、新服务产品相比竞争对手的市场占有率、新服务产品的投入回报率情况，以及新服务产品的顾客满意度。

5.3.2 研究假设

1. 顾客参与和顾客知识获取关系

依据 Silpaldt 和 Fisk(1985)对顾客参与的定义，顾客参与就是一种顾客的投入，包括智力上、实体上和情感上的投入，智力上的投入表示为顾客在参与过程中会贡献自己的想法，这属于简单的顾客知识。在顾客参与企业的过程中伴随有大量的顾客—企业间互动，顾客参与程度越高，越有利于企业获取顾客知识。张若勇(2007)的研究指出，顾客与企业合作生产过程中，顾客的角色会发生变化，这会导致顾客情感上的积极参与。顾客会产生许多角色外行为，参与到企业的生产活动中，合作生产可以提高顾客知识分享的意愿，有利于企业获取顾客知识。Ennew 和 Binks(1999)将信息分享划入顾客参与的维度中，顾客与企业分享的信息中就包含有顾客所知道的关于竞争者的信息、关于现有服务如何更好满足自己需求的建议等等，因此顾客参与中的信息共享有利于企业获取更多的顾客知识。Lengnick-Hall(1996)指出企业与顾客之间的人际互动可以产生相互依赖的关系，顾客可以提供很多隐性的知识，而顾客隐性知识对于企业的服务创新具有很大的影响。Kogut 和 Zander(1996)认为企业可以通过顾客的背景资料获取显性顾客知识，但是只有通过与顾客建立友好长久的关系网络才能获取深植于顾客头脑中的隐性知识，而且为了能获取更多有效的顾客信息，需要加强企业与顾客之间的社会交往活动。

据此提出假设如下：

Ha：顾客参与对顾客知识获取有正向影响。

Ha1：顾客与企业间信息共享越多，越有利于企业获取服务相关的知识。

Ha2：顾客参与过程中的责任行为越多，越有利于企业获取服务相关的知识。

Ha3：顾客与企业间人际互动越多，越有利于企业获取服务相关的知识。

Ha4：顾客与企业间信息共享越多，越有利于企业获取消费使用的知识。

Ha5：顾客参与过程中的责任行为越多，越有利于企业获取消费使用的知识。

Ha6：顾客与企业间人际互动越多，越有利于企业获取消费使用的知识。

Ha7：顾客与企业间信息共享越多，越有利于企业获取顾客自我知识。

Ha8：顾客参与过程中的责任行为越多，越有利于企业获取顾客自我知识。

Ha9：顾客与企业间人际互动越多，越有利于企业获取顾客自我知识。

2. 顾客知识获取和新服务开发绩效关系

关于新服务开发研究的很多文献都提到，顾客是影响新服务开发的重要影响因素。企业需要不断地从顾客参与过程中获得顾客需求，及时纠正潜在的设计和传递中存在的问题。本研究是以知识密集型服务业为研究对象，认为来自顾客的知识对新服务开发绩效有较为显著的影响。Rothewell(1974)等指出许多成功的企业是通过在新产品开发过程中与潜在顾客持续互动，从而获得对用户需求的深入理解，顾客需求信息是企业获取的主要顾客知识。Shaw(1985)选择了英国医疗仪器行业 34 个项目作为研究样本，研究表明顾客互动会显著影响新产品的成功。Voss(1985)指出新产品开发的关键因素是企业需要具有较强的市场导向和有效获取顾客知识的能力。Von Hippel(1977)、王永贵(2005)等学者研究表明，企业创新的来源更多来自最终顾客。Zahra 等(2000)的研究也证明，企业拥有知识的多样化加快了企业生产的流程，缩短了企业产品的开发周期。Yli-Renko，Autio 和 Sapienza(2001)根据对新建高新技术企业的研究指出获取关键顾客的知识对于高新技术企业开发新产品具有重要意义。Keegan 和 Turner(2002)认为，推动创新首先在于对市场的关注，以及通过教育和帮助增强顾客的参与程度。王立生(2007)通过对制造业企业的研究也验证了关键顾客的顾客知识获取显著正向影响企业的产品创新绩效。另外，企业在进行服务创新时，需要多种互补性的知识作为补充，此时所获取的顾客关于竞争者的知识就显得尤为关键。通过获取更多的顾客知识，企业对顾客的需求就会有更深入的理解，进而提高企业开发新产品的成功率。

据此提出假设如下：

Hb：顾客知识获取对新服务开发绩效有正向影响。

Hb1：企业从顾客获取的与服务相关的知识对新服务开发绩效有正向影响。

Hb2：企业从顾客获取的消费使用知识对新服务开发绩效有正向影响。

Hb3：企业从顾客获取的顾客自我知识对新服务开发绩效有正向影响。

3. 知识内隐性的调节作用

知识的内隐性增加了知识获取、转移和吸收利用的难度(Myers 和 Davids，1992；Nonka 和 Takeuchi，1995；Polanyi，1966)，对企业来说获取顾客知识实际上是知识从顾客一方朝企业一方转移的过程，因此知识内隐性必然会影响获取的效果。苏卉(2009)研究知识特性对知识转移效率的影响时，发现知识的内隐性、复杂性、专业性会对知识转移的效率产生影响，转移的效率包括获取程度、运用程度、满意程度和顺畅程度，因此为了使知识转移更为有效，需要将隐性的知识外显化，增加转移的效率。就顾客知识而言，隐性顾客知识深植于顾客一方，属于顾客的经验性知识，很难直接通过文字表达出来，必然要通过企业的服务人员与顾客进行面对面的沟通来获得，通过这样的人际互动，可以掌握顾客的需求，获得顾客已有的专业知识，不断改进新服务产品开发的设计和进程。此外由于企业所面对的顾客需求各异，而知识密集型服务业更多是提供高度专业化的知识，因此企业在获取顾客的知识时需要具备经验的资深员工，这样才可以在与顾客互动的过程中较快地掌握顾客的要求，更准确地分析顾客的需求，使得新服务产品更加符合要求。为了更清晰地反映内隐性在顾客参与和顾客知识获取之间的调节作用，本研究将对顾客参与和顾客知识获取的每个维度逐一验证。

据此提出假设如下：

Hc：知识内隐性会对顾客参与和顾客知识获取的关系起调节作用。

Hc1:知识内隐性对信息共享和服务相关知识获取的关系起显著调节作用。

Hc2:知识内隐性对责任行为和服务相关知识获取的关系起显著调节作用。

Hc3:知识内隐性对人际互动和服务相关知识获取的关系起显著调节作用。

Hc4:知识内隐性对信息共享和消费使用知识获取的关系起显著调节作用。

Hc5:知识内隐性对责任行为和消费使用知识获取的关系起显著调节作用。

Hc6:知识内隐性对人际互动和消费使用知识获取的关系起显著调节作用。

Hc7:知识内隐性对信息共享和顾客自我知识获取的关系起显著调节作用。

Hc8:知识内隐性对责任行为和顾客自我知识获取的关系起显著调节作用。

Hc9:知识内隐性对人际互动和顾客自我知识获取的关系起显著调节作用。

4. 顾客知识获取的中介作用

之前的分析中已经提到顾客参与会提高服务效率、降低服务成本,同时提高顾客满意度,这些都会导致企业绩效的提升。创新领域的很多研究表明,顾客参与会提高企业的创新绩效,比如 Shaw(1985)发现顾客参与会对新产品开发产生影响,在企业新产品开发时,倾听来自顾客的声音,可以开发出比竞争对手更适合顾客需求、同时性能更优的产品,而且顾客与企业间互动的增强会减少新服务引入市场的风险(Teece,1992)。对于知识密集型服务业而言,顾客与企业双方的互动其实是一个互相学习的过程,因为在互动的过程中,随着知识的传递和转移,双方的知识都得到丰富,从而更加有利于各自的创新,因此顾客与 KIBS 企业互动的过程实质上就是一个知识的转移过程。很多学者都强调 KIBS 企业与顾客企业之间的互动合作其实就是知识的转移和创新(Miles,2003;Nijkamp,1994)。Schulz(2000)和 Gluckler(1999)指出,咨询者为顾客企业提供服务的过程并不是简单的单边知识传递,而是吸收了很多隐性知识,KIBS 企业通过将这些知识吸收并运用到其他企业中,进而提高顾客企业的绩效。因此对于 KIBS 企业来说,面对的顾客并不是单独的个体消费者,较多的是企业类型的顾客,顾客参与之所以可以提高新服务开发的绩效,正是由于知识在其中发挥了作用。

据此提出假设如下:

Hd:顾客知识获取在顾客参与和新服务开发绩效之间起中介作用。

5.3.3 模型构建

在理论分析基础之上,可以得出顾客参与会对新服务开发绩效产生积极影响,本研究选择知识需求量和流动量较多的知识密集型服务业,验证企业新服务开发绩效的提高是否可以通过在参与过程中获取有效的顾客知识来实现。本研究将从顾客参与的信息共享、责任行为和人际互动角度出发研究对顾客知识获取和新服务开发绩效的影响，其中顾客知识获取主要包括服务相关知识、消费使用知识和顾客自我知识。考虑到顾客知识特性对获取的影响作用，所以选取知识内隐性作为调节变量，验证在其调节作用下，顾客参与对顾客知识获取的影响。因此本研究建构如图5.1所示研究模型。

在文献回顾与理论假设基础上，本研究以顾客知识需求量和流动量较大的KIBS企业为研究对象，构建了顾客参与、顾客知识获取与KIBS企业新服务开发绩效的关系模型，并选取知识内隐性为顾客参与和顾客知识获取间作用关系的调节变量。

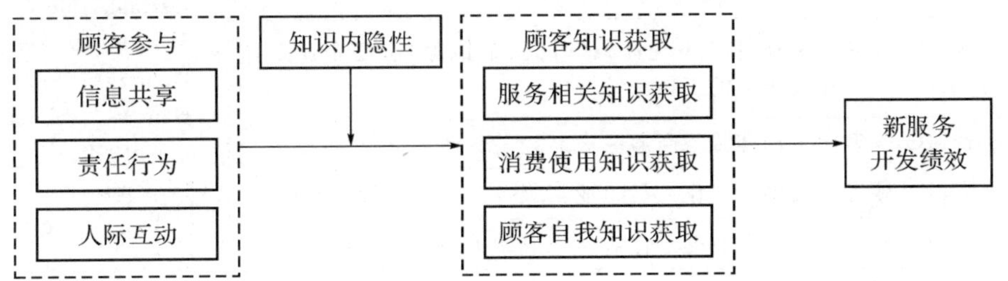

图5.1 顾客参与、顾客知识获取和KIBS企业新服务开发绩效的关系模型

5.4 问卷设计

5.4.1 变量测量

1. 顾客参与的测量

根据相关理论研究，本研究认为顾客参与是指为了让新服务更加符合自己的需求，顾客在服务的生产和传递过程中为企业提供必要的活动或者资源，包括智力上、实体上和情感上的付出。同时将顾客参与划分为信息共享、责任行为和人际互动三个维度。信任共享主要是指顾客与企业共享自己所知晓的，并且是与新服务相关的信息。责任行为主要是指在双方的合作过程中，顾客需要亲自完成服务中的部分内容，比如准确提供企业所要的资料，配合企业调研等等，这些行为将对新服务开发的成功有重要的影响。人际互动主要是指顾客与企业服务人员的互动，包括与服务人员面对面的沟通，就新服务的相关情况及时与服务人员进行反馈等。本研究将对每个维度用5个问项来测量，具体如表5.1所示。

表 5.1　顾客参与各维度的测量问项

维度	测量问项	参考来源
信息共享	A1:顾客会向企业清晰表述对新服务的要求	Cermak,File & Prince (1994);Kellogg(1997);Ennew & Binks (1999);Claycomb (2001);Eric Fang & Robert W. Palmatier & Kenneth R. Evans (2008)
	A2:顾客会与企业分享自己具备的专业知识	
	A3:顾客会在参与过程中提出合理化的建议	
	A4:顾客在参与过程中遇到问题时会及时告知企业工作人员	
	A5:即使遇到的问题不会对顾客产生很大的困扰,顾客也会主动告知企业服务人员	
责任行为	B1:顾客会额外付出一些资源(时间、金钱等)协助企业工作人员完成相关的工作	
	B2:顾客会主动搜寻与新服务产品相关的信息	
	B3:顾客会提供给工作人员企业新服务开发所需要的资料	
	B4:顾客会配合企业的工作人员完成相关的工作(如调研等)	
	B5:顾客会对不熟悉自己企业情况的工作人员主动提供帮助	
人际互动	C1:顾客在参与过程中与企业工作人员进行良好的沟通	
	C2:顾客信任并以友善的态度对待企业的工作人员	
	C3:顾客与企业建立友好的合作关系	
	C4:企业工作人员会以不同形式定期回访顾客	
	C5:对于企业提供的服务产品出现的问题,顾客会与企业工作人员共同讨论制定解决方案	

2. 顾客知识获取的测量

本研究中将顾客知识获取定义为企业在顾客参与服务创新的过程中所获取的来自顾客的知识,包括与服务相关的知识、消费使用知识和顾客自我知识。服务相关的知识包括顾客对新服务的需求、顾客具备的与服务相关的知识、对新服务创新性的要求等等。消费使用知识指的是对新服务的建议评价等反馈性信息。顾客自我知识与顾客拥有的知识类似,主要是指顾客基本信息、自身具备的同行业其他竞争者或者关于更好地服务顾客的建议等等。参考 Gebert 和 Geib(2003)、卢启程(2007)、Roger D. Blackwell(2009)等对顾客知识获取的研究,本研究提出 12 个测量问项,如表 5.2 所示。

表 5.2　顾客知识获取各维度的测量问项

维度	测量问项	参考来源
服务相关知识获取	D1:我们获取顾客具有的与新服务产品相关的信息	Yli-Renko(2001);Gebert & Geib(2003);张方华(2004);王立生(2007);卢启程(2007);Roger D. Blackwell(2009);范钧(2010)
	D2:我们获取顾客对新服务产品的具体要求	
	D3:我们获取顾客对新服务产品创新性的具体要求	
	D4:我们获取顾客对于新服务独特性的具体要求	
消费使用知识获取	E1:我们获取顾客消费新服务产品的主要影响因素	
	E2:我们获取顾客对新服务产品的评价	
	E3:我们获取更好改善新服务产品的建议	
	E4:我们获取顾客使用新服务产品的经验、诀窍	
顾客自我知识获取	F1:我们获取关于顾客的基本信息	
	F2:我们从顾客那里获取关于新服务产品营销推广方面的知识和技能	
	F3:我们从顾客那里获取关于服务理念和技能的知识	
	F4:我们从顾客那里获取关于竞争对手的相关知识	

3. 知识内隐性的测量

本研究将知识内隐性定义为企业需要的顾客知识是属于顾客的隐性知识，这类知识深嵌于个人，难以用文字或符号直接表达，需要通过面对面的沟通才能获得。对知识内隐性的测量本研究参考 Nonka 和 Takeuchi(1995)、疏礼兵(2008)、胡明(2009)等的研究，具体测量问项见表 5.3。

表 5.3　知识内隐性测量问项

测量问项	参考来源
G1:企业需要的顾客知识无法从顾客资料中直接获取	Polanyi(1966);Reed & DiFillippi(1990);Nonka & Takeuchi(1995);疏礼兵(2008);胡明(2009)
G2:企业需要的顾客知识需要与顾客面对面沟通才能获取	
G3:企业获取的顾客知识要经过一段时间才能理解并加以利用	
G4:企业获取的顾客知识会因员工背景(学历、工作经验等)不同而有不同的理解	

4. 新服务开发绩效的测量

在理论分析基础上，综合各学者的观点，本研究参考刘顺忠(2009)、Chyi Jaw,Jyue-YuLo 和 Yi-Hsing Lin(2010)等对新服务开发绩效的研究，从市场、财务和顾客三个方面来测量新服务开发绩效，具体测量问项见表 5.4。

表 5.4 新服务开发绩效测量问项

测量问项	参考来源
H1:新服务产品达到预先目标的程度	Cooper(1994);Storey Kelly(2001);刘顺忠(2009);王春(2007);Chyi Jaw, Jyue-YuLo 和 Yi-Hsing Lin(2010)
H2:新服务产品相比竞争对手的创新性情况	
H3:新服务产品相比竞争对手的市场占有率	
H4:新服务产品的投入回报率情况	
H5:新服务产品的顾客满意度	

5.4.2 小样本测试

展开大规模调查之前,为了更好地发现问卷中存在的问题,需要进行问卷前测,也就是要选择比问卷测量问项数量多的样本进行小样本测试,剔除容易造成歧义和信度较低的问项,以提高问卷问项的信度和效度。本研究在前测部分总共发放问卷 75 份,回收有效问卷 56 份。

对于回收的有效问卷,主要通过信度和探索性因子分析来删减不合适的问项,以净化问卷,提高问卷的针对性和可行性,为大规模调查做准备。信度分析是针对量表的有效性进行研究,主要利用克朗巴哈 α 系数(Cronbach's α)来检验。一般选择 α 系数大于 0.7。此外通过计算剔除该项后的克朗巴哈 α 系数来检验该项的合理性,如果剔除的克朗巴哈 α 系数有显著提高,则说明所剔除的评估项目与其他项目的相关性较低,是由于剔除了该项才使其他项目的总体相关性得到提高。信度分析之后,通过 KMO 样本充分性测度和巴特莱特球体检验判断是否可以进行因子分析。因子分析是一种能够有效降低变量维数的分析方法,因子分析的目的是从众多的原有变量中综合出少数具有代表性的因子,这就要求原有变量之间具有较强的相关关系。因此如果 KMO 大于 0.7 则可以进行因子分析,若 KMO 过小,不适合进行因子分析。在探索性因子分析中,主要采用主成分分析方法,也就是将原来众多具有一定相关性的变量重新组合成新的少数几个互相无关的综合变量,来替代原来的变量,从而对原始的变量因素进行提取和简化,使得新的变量既包含原始数据或数据的主要信息,又更能集中、典型地显现出研究对象的特征。采用最大方差法将因子进行旋转,再采用特征值大于 1 的标准选取因子,并且剔除不合适的因子。

1. 信度分析

(1)顾客参与维度的信度分析

从表 5.5 中可以看出,信息分享这一维度的 α 值为 0.768,责任行为这一维度的 α 值为 0.829,人际互动这一维度的 α 值为 0.880,顾客参与的三个维度 α

值均大于 0.7,说明顾客参与这一变量的量表符合标准,其中人际互动维度的 α 值最高。从信度分析也可以看出,顾客参与的实证研究已经较多,涉及的行业也较广,已经开发出较为成熟的量表,但是具体测量问项可能会因调查行业的不同而需要进行稍微的改动。删除该项后的 α 值一列中,信息分享维度的测量问项 A5 和责任行为的测量问项 B5 两个测量问项的 α 值比同维度的其他问项均较高,因此考虑如果在探索性因子分析中,旋转后因子载荷低于 0.5,则将其予以删除。

表 5.5 顾客参与维度的信度分析

维度	测量问项	删除该项后的 α 值	α 值
信息分享	A1	0.714	α=0.768>0.7
	A2	0.711	
	A3	0.684	
	A4	0.752	
	A5	0.883	
责任行为	B1	0.812	α=0.829>0.7
	B2	0.789	
	B3	0.746	
	B4	0.782	
	B5	0.872	
人际互动	C1	0.855	α=0.880>0.7
	C2	0.878	
	C3	0.857	
	C4	0.824	
	C5	0.853	

(2)顾客知识获取维度的信度分析

从表 5.6 中可以看出,服务相关知识获取这一维度的 α 值为 0.834,消费使用知识获取维度的 α 值为 0.702,顾客自我知识获取维度的 α 值为 0.826,顾客知识获取的三个维度 α 值均大于 0.7,量表符合标准。其中消费使用知识获取维度的信度值偏低,α 值小于 0.8,尽管信度偏低但是仍然可以使用。考虑到这主要是由于现有的实证研究中较少涉及这一维度的量表,本研究所提取的问题针对性不够强,还有待进一步的研究来提高其信度值。删除该项后的 α 值一列中,消费使用知识获取问项 E4 的值较高,因此考虑如果在探索性因子分析中,旋转后因子载荷低于0.5，则将其删除。

表5.6 顾客知识获取维度的信度分析

维度	测量问项	删除该项后的α值	α值
服务相关知识获取	D1	0.797	α=0.834>0.7
	D2	0.755	
	D3	0.715	
	D4	0.828	
消费使用知识获取	E1	0.683	α=0.702>0.7
	E2	0.558	
	E3	0.564	
	E4	0.725	
顾客自我知识获取	F1	0.816	α=0.826>0.7
	F2	0.731	
	F3	0.720	
	F4	0.805	

(3)知识内隐性的信度分析

从表5.7中可以看出，知识内隐性这一维度的α值为0.803，大于0.7，可以继续做因子分析。删除该项后的α值分别为0.749、0.784、0.664、0.793，没有特别高的问项，故可以保留四个问项。知识内隐性的研究也起步较早，本研究参考了较早文献中较为成熟的问项，因此α值可以接受。

表5.7 知识内隐性的信度分析

维度	测量问项	删除该项后的α值	α值
知识内隐性	G1	0.749	α=0.803>0.7
	G2	0.784	
	G3	0.664	
	G4	0.793	

(4)新服务开发绩效的信度分析

从表5.8可以看出，新服务开发绩效的α值为0.867，大于0.7，信度较好，可以接受。新服务开发绩效的测量问项最早是参考服务创新绩效而来的，后来又有学者专门针对新服务开发绩效的测量做了深入研究，本研究正是参考了这两种研究的量表来设计新服务开发绩效的测量问项，所以α值在可以接受的范围内。

表 5.8 新服务开发绩效的信度分析

变量	测量问项	删除该项后的 α 值	α 值
新服务开发绩效	P1	0.808	α=0.867>0.7
	P2	0.853	
	P3	0.821	
	P4	0.856	
	P5	0.850	

2. 探索性因子分析

从表 5.9 小样本的探索性因子分析可以看出，信息共享的 A5 问项与责任行为的 B5 问项因子载荷分别为 0.467 和 0.472，均小于 0.5，另外考虑到之前信度分析时删除这两项后的 α 值均表现较高，所以决定在问卷中将删掉 A5 和 B5 项。A5 和 B5 删除前 KMO 的值为 0.768，大于 0.7 表明可以做因子分析，三个维度的累积解释变异量为 53.201%，A5 和 B5 删除后 KMO 的值为 0.792，显著性水平为 0.000，累积可以解释的变异量为 67.308%。由此可以看出删除这两项后 KMO 值有所上升，而且解释的方差总变异百分比也有所上升。在顾客知识获取这一变量中，消费使用知识获取维度的问项 E4 因子载荷只有 0.414，小于 0.5，因此将其删除。删除 E4 之前，顾客知识获取的 KMO 值为 0.718，可以解释总变异量的 66.712%，将 E4 删除后，KMO 值变为 0.754，可以解释的总变异量为 69.672%，显著性水平为 0.000，删除后解释力度提高，增强了问卷的针对性。消费使用知识在信度分析时值较低，原本是测量企业获取新服务产品的使用经验、诀窍等知识，可能由于表述不正确或者 E2、E3 两个问项中的评价和意见已经包括了 E4 中的经验，造成 E4 因子载荷偏小。知识内隐性这一变量的 KMO 值为 0.701，四个问项经过方差最大化旋转形成一个因子，因子载荷分别为 0.816、0.696、0.867、0.614，显著性水平为 0.000，可以解释的总方差变异为 63.345%。新服务开发绩效这个变量没有分维度，经过方差最大化旋转也只提取出一个因子，并且因子载荷都较高，分别为 0.893、0.760、0.857、0.760、0.777，均满足条件，不需要剔除问项。其中 KMO 值为 0.814，显著性水平为 0.000，可以解释的总方差变异为 65.508%。因此经过探索性因子分析，将经过方差最大化旋转后的因子载荷小于 0.5 的问项剔除，分别为信息共享的 A5、责任行为的 B5 和消费使用知识的 E4。最后总问卷的问项数量为 33 项。

表 5.9　小样本探索性因子分析结果

变量	维度	问项	因子载荷		
			因子 1	因子 2	因子 3
顾客参与	信息共享	A1	0.734		
		A2	0.717		
		A3	0.764		
		A4	0.704		
		A5	0.467		
	责任行为	B1		0.631	
		B2		0.781	
		B3		0.835	
		B4		0.777	
		B5		0.472	
	人际互动	C1			0.710
		C2			0.842
		C3			0.817
		C4			0.765
		C5			0.685
顾客知识获取	服务相关知识获取	D1	0.902		
		D2	0.794		
		D3	0.725		
		D4	0.722		
	消费使用知识获取	E1		0.809	
		E2		0.697	
		E3		0.617	
		E4		0.414	
	顾客自我知识获取	F1			0.680
		F2			0.872
		F3			0.875
		F4			0.755

续表

变量	维度	问项	因子载荷		
			因子 1	因子 2	因子 3
知识内隐性		G1	0.816		
		G2	0.696		
		G3	0.867		
		G4	0.614		
新服务开发绩效		H1		0.893	
		H2		0.760	
		H3		0.857	
		H4		0.750	
		H5		0.777	

5.5 数据统计分析

5.5.1 数据收集和描述性统计分析

本研究调查对象主要是江浙地区的 KIBS 企业,问卷中出现的顾客是 KIBS 企业所面对的顾客,与一般服务企业所面对的单个消费者不同,KIBS 企业的顾客更多的是以正式组织形式存在的公司。数据收集阶段共进行了两个多月,主要采用纸质和电子版两种形式,由于在问卷前测阶段数据收集时寻找符合要求的企业存在一些困难,因此在大样本调查时采用的是同一企业由不同部门受访者填写问卷,主要选择与顾客接触频繁或者与新服务开发有较多联系的部门,这样数据回收率有所提高,而且数据也更加全面。本次研究共发放问卷 260 份,回收 232 份,回收率 89%,其中无效问卷 28 份,有效问卷 204 份。调查样本的基本情况见表 5.10。

表 5.10 样本描述性统计分析

属性	分类标注	统计个数	所占百分比(%)
企业性质	国有企业(含国有控股)	33	16.2
	民营企业	156	76.5
	中外合资企业	9	4.4
	外商独资企业	6	2.9

续表

属性	分类标注	统计个数	所占百分比(%)
企业主要业务所在领域	金融业	42	20.6
	信息与通信服务业	51	25.0
	科技服务业	30	14.7
	商务服务业	81	39.7
受访者所在部门	营销运作部	54	26.5
	研发部	60	29.4
	顾客服务部	48	23.5
	其他部门	42	20.60
受访者在现有企业的工作时间	1年以下	15	7.4
	1～3年	102	50.00
	3～5年	63	30.84
	5年以上	24	11.76

通过表5.10可以看出，本研究所调查的企业主要以民营企业为主(76.5%)，其次是国有企业(16.2%)，中外合资企业和外商独资企业所占的比例较少，分别为4.4%和2.9%。根据魏江(2007)对KIBS企业的划分，本研究中所调查的企业除了四大国有银行、保险和电信属于国有企业外，其他均是民营企业。企业主要业务所在领域分布中最多的是商务服务业和信息与通信服务业，分别占39.7%和25.0%，因为这两个领域中以咨询企业和软件企业居多，且顾客参与度较高，而且新服务开发也较多，最少的是科技服务业，只占14.7%。受访者所在部门以研发部最多(29.4%)，营销运作部和顾客服务部分别占26.5%和23.5%，其他部门占20.60%。受访者的工作年限，较多的是1～3年和3～5年，分别占总受访者的50%和30.84%，而不到一年的只占7.4%，五年以上的占11.76%。

5.5.2 信度分析

大样本的信度分析采用Cronbach's α 系数，在问卷净化的基础上总体信度 α 系数值为0.918，明显大于0.7，表明本研究总体上具有较高的信度。顾客参与这一变量的克朗巴哈 α 系数为0.886，顾客知识获取这一变量的克朗巴哈 α 系数为0.764，各变量的信度分析结果如表5.11所示，可以看出顾客参与三个维度的克朗巴哈 α 系数分别为0.809、0.774、0.826，均大于0.7，顾客知识获取三个维度的克朗巴哈 α 系数分别为0.842、0.734、0.812，也均大于0.7，总体信度较好，可以进行下一步研究。调节变量知识内隐性信度系数为 0.833，新服务开发绩效的信度系数为 0.856，均大于 0.7，说明量表符合标准。

表 5.11 各变量的信度分析结果

变量	维度	问项	Cronbach's α 系数	删除该项后 α 系数
顾客参与	信息共享	A1	0.809	0.745
		A2		0.773
		A3		0.710
		A4		0.803
	责任行为	B1	0.774	0.720
		B2		0.718
		B3		0.638
		B4		0.671
	人际互动	C1	0.826	0.816
		C2		0.826
		C3		0.776
		C4		0.739
		C5		0.789
顾客知识获取	服务相关知识获取	D1	0.842	0.793
		D2		0.774
		D3		0.741
		D4		0.767
	消费使用知识获取	E1	0.734	0.735
		E2		0.460
		E3		0.541
	顾客自我知识获取	F1	0.812	0.806
		F2		0.732
		F3		0.696
		F4		0.774

续表

变量	维度	问项	Cronbach's α 系数	删除该项后 α 系数
知识内隐性		G1	0.833	0.773
		G2		0.802
		G3		0.727
		G4		0.828
新服务开发绩效		H1	0.856	0.797
		H2		0.828
		H3		0.804
		H4		0.839
		H5		0.838

5.5.3 效度分析

本研究中大样本效度分析主要采用因子分析来进行，因子分析的目的是为了揭示各变量之间的内在关联性，在尽可能保持原有资料的前提下，用较少的维度去表示原来的数据结构。本样本的变量测量问项总计 33 项，样本量 204，变量数与样本数比例接近 1∶6，适合进行因子分析。

在因子分析前，先测出各变量的 KMO 值和巴特莱特球体检验，如果 KMO 在 0.9 以上代表非常适合，0.8～0.9 代表很适合，0.7～0.8 代表适合，0.6～0.7 代表不太适合，0.5～0.6 代表很勉强，0.5 以下代表不适合。本次研究主要利用主成分分析方法进行因子分析，并采用最大方差法来进行因子旋转，选择特征值大于 1 的因子，通过评价测量问项的因子载荷来判断效度，对于因子载荷小于 0.5 的指标予以删除。

1. 顾客参与各维度的因子分析

通过表 5.12 可以看出，顾客参与的 KMO 值为 0.841，大于 0.7，巴特莱特球体检验显著性水平为 0.000，因此可以对顾客参与这一变量进行因子分析。

表 5.12 顾客参与的 KMO 和巴特莱特球检验结果

评价指标		顾客参与
KMO		0.841
巴特莱特球体检验	Approx. chi-Square	1307.308
	df	78
	Sig.	0.000

顾客参与三个维度在剔除了 A5 和 B5 两个问项后，各个问项的因子载荷都

大于 0.5,并且提取的三个因子累积总方差解释力度为 63.858%,说明已经包含了测量变量的大部分信息(见表 5.13 和表 5.14)。

表 5.13 顾客参与各维度因子分析结果

维度	问项	因子 1	因子 2	因子 3
信息共享	A1	0.824		
	A2	0.787		
	A3	0.701		
	A4	0.580		
责任行为	B1		0.630	
	B2		0.749	
	B3		0.755	
	B4		0.709	
人际互动	C1			0.516
	C2			0.823
	C3			0.829
	C4			0.662
	C5			0.513

表 5.14 顾客参与解释的总方差

因子	初始特征值			旋转后负荷平方和		
	特征值	解释变异(%)	累积解释变异(%)	特征值	解释变异(%)	累积解释变异(%)
1	5.648	43.446	43.446	3.047	23.442	23.442
2	1.547	11.899	55.346	2.773	21.330	44.772
3	1.107	8.512	63.858	2.481	19.086	63.858

2. 顾客知识获取因子分析

通过表 5.15 可以看出顾客知识获取的 KMO 值为 0.710,虽然不是很高,但是还是大于 0.7,也是可以进行因子分析的。

表 5.15 顾客知识获取的 KMO 值和巴特莱特球体检验结果

评价指标		顾客知识获取
KMO		0.710
巴特莱特球体检验	Approx. chi-Square	1135.833
	df	55
	Sig.	0.000

顾客知识获取各维度的因子分析结果见表 5.16,各因子的因子载荷均大于 0.5,特别是消费使用知识在剔除问项 E4 后,各问项因子载荷分别为 0.674、0.819 和 0.763。旋转后提取的三个因子累计解释总方差 69.132%(见表 5.17),可以包含大部分的测量信息。

表 5.16 顾客知识获取因子分析结果

变量	问项	因子 1	因子 2	因子 3
服务相关知识获取	D1	0.780		
	D2	0.816		
	D3	0.872		
	D4	0.710		
消费使用知识获取	E1		0.674	
	E2		0.819	
	E3		0.763	
顾客自我知识获取	F1			0.629
	F2			0.838
	F3			0.890
	F4			0.788

表 5.17 顾客知识获取解释的总方差

因子	初始特征值			旋转后负荷平方和		
	特征值	解释变异(%)	累积解释变异(%)	特征值	解释变异(%)	累积解释变异(%)
1	3.767	34.243	34.243	2.840	25.821	25.821
2	2.775	25.226	59.469	2.760	25.092	50.913
3	1.063	9.663	69.132	2.004	18.220	69.132

3. 知识内隐性因子分析

通过表 5.18 可以看出知识内隐性的 KMO 值为 0.747，大于 0.7，可以进行因子分析。因子分析结果见表 5.19，只提取了一个因子，各因子的因子载荷均大于 0.5，各问项的因子载荷分别为 0.850、0.802、0.897 和 0.714。旋转后提取的因子累计解释总方差 67.015%，可以包含测量的大部分信息，因此知识内隐性这一变量的问项设计也是有效的。

表 5.18　知识内隐性 KMO 和巴特莱特球体检验结果

评价指标		知识内隐性
KMO	0.747	
巴特莱特球体检验	Approx. chi-Square	351.405
	df	6
	Sig.	0.000

表 5.19　知识内隐性因子分析结果

变量	问项	因子 1
知识内隐性	G1	0.850
	G2	0.802
	G3	0.897
	G4	0.714

4. 新服务开发绩效因子分析

通过表 5.20 可以看出新服务开发绩效的 KMO 值为 0.811，大于 0.7，可以进行因子分析。因子分析结果见表 5.21，也只提取了一个因子，各因子的因子载荷均大于 0.5，各问项因子载荷分别为 0.880、0.798、0.862、0.753 和 0.687。旋转后提取的因子累计解释总方差 63.843%，可以包含测量的大部分信息，因此新服务开发绩效这一变量的问项设计也是有效的。

表 5.20　新服务开发绩效的 KMO 值和巴特莱特球体检验结果

评价指标		新服务开发绩效
KMO	0.811	
巴特莱特球体检验	Approx. chi-Square	471.279
	df	10
	Sig.	0.000

表 5.21　新服务开发绩效因子分析结果

变量	问项	因子 1
新服务开发绩效	H1	0.880
	H2	0.798
	H3	0.862
	H4	0.753
	H5	0.687

通过对顾客参与三个维度、顾客知识获取三个维度、知识内隐性和新服务开发绩效的信度和效度分析，各变量的信度系数 α 和 KMO 值均大于 0.7，各问项的因子载荷均大于 0.5，因此问卷的问项设计是有效的，可以进行下一步的分析以验证假设。

5.5.4　相关分析和回归分析

相关分析是研究变量之间相关程度并用相应的统计指标表示出来的统计方法，本研究中将采用皮尔森(Pearson)相关分析法衡量变量之间相关性是否显著。然而相关分析只是验证变量之间是否存在相关关系，需要通过回归分析进一步来验证变量之间的因果关系和关系强弱。

1. 顾客参与和顾客知识获取的相关分析

在相关分析中，顾客参与的责任行为和人际互动维度与顾客知识获取三个维度均表现出显著正相关。其中信息共享与顾客知识获取三个维度的相关系数分别为 0.423、0.133 和 0.156，责任行为与顾客知识获取三个维度的相关系数分别为 0.629、0.423 和 0.332，人际互动与顾客知识获取三个维度的相关系数分别为 0.629、0.466 和 0.498。从表 5.22 可以看出，信息共享与消费使用知识获取的相关性不显著，显著性系数为 0.057，大于 0.05。

表 5.22　顾客参与和顾客知识获取的相关分析

顾客参与	相关性和显著性	顾客知识获取		
		服务相关知识获取	消费使用知识获取	顾客自我知识获取
信息共享	Pearson 相关系数	0.423**	0.133	0.156*
	显著性(双侧)	0.000	0.057	0.026
责任行为	Pearson 相关系数	0.629**	0.423**	0.332**
	显著性(双侧)	0.000	0.097	0.000

续表

顾客参与	相关性和显著性	顾客知识获取		
		服务相关知识获取	消费使用知识获取	顾客自我知识获取
人际互动	Pearson 相关系数	0.692**	0.466**	0.498**
	显著性(双侧)	0.000	0.000	0.000

注:**表示在 0.01 水平(双侧)上显著相关;*表示在 0.005 水平(双侧)上显著相关。

2. 顾客参与对顾客知识获取的回归分析

(1)顾客参与对服务相关知识获取的逐步多元回归分析

通过表 5.23 可以看出,顾客参与三个维度信息共享、责任行为和人际互动对服务相关知识获取的逐层回归均为显著,最终调整 R^2 为 0.557,说明回归方程能解释的总变异为 55.7%。最终的标准回归系数为 0.134、0.313 和 0.449,而且显著性系数均小于 0.005,说明顾客参与可以显著地提高服务相关知识的获取。

表 5.23 顾客参与对服务相关知识获取的逐步多元回归分析结果

模型		标准回归系数 β	t	F	Sig.	调整 R^2
模型 1	信息共享	0.423	6.637	44.046	0.000	0.175
模型 2	信息共享	0.237	4.246	80.552	0.000	0.439
	责任行为	0.548	9.812		0.000	
模型 3	信息共享	0.134	2.606	86.149	0.010	0.557
	责任行为	0.313	5.298		0.000	
	人际互动	0.449	7.381		0.000	

容差是测度解释变量间多重共线性的统计量,容差的取值在 0 到 1 之间,越接近 0 表示多重共线性越强,越接近 1 表示多重共线性越弱。在逐步多元回归分析结果中,容差都接近 1,说明不存在多重共线性。方差膨胀因子(VIF)是容差的倒数,取值均大于等于 1。当 1≤VIF<10 的时候,不存在多重共线性;当 10≤VIF<100 的时候,存在较强的多重共线性;当 VIF≥100 的时候,存在严重的多重共线性。三个维度对服务相关知识获取的 VIF 值也接近 1,因此不存在多重线性相关。因此通过顾客参与三个维度对服务相关知识的回归分析,可以验证假设 Ha1、Ha2 和 Ha3 成立。

(2)顾客参与对消费使用知识获取的逐步多元回归分析

通过表 5.24 可以看出,顾客参与的责任行为和人际互动两个维度可以显著地提高消费使用知识的获取，显著性系数均小于 0.005。而信息共享与消费使用知识的回归不显著，在第一次回归中显著性系数为 0.057，第二次回归中显著性系数为 0.865，第三次复回归的回归系数为 0.163，说明信息共享对顾客消费使用知识的获取不明显。因此通过顾客参与两个维度对消费使用知识的回归分析，可以验证假设 Ha5 和 Ha6 成立，假设 Ha4 不成立。

表 5.24 顾客参与对消费使用知识获取的逐步多元回归分析结果

模型		标准回归系数 β	t	F	Sig.	调整 R^2
模型 1	信息共享	0.133	1.912	3.656	0.057	0.013
模型 2	信息共享	−0.12	−0.170	21.940	0.865	0.171
	责任行为	0.427	6.287		0.000	
模型 3	信息共享	−0.094	−1.399	22.946	0.163	0.245
	责任行为	0.238	3.084		0.002	
	人际互动	0.361	4.546		0.000	

(3)顾客参与对顾客自我知识获取的逐步多元回归分析

通过表 5.25 可以看出，顾客参与三个维度中人际互动对顾客自我知识的逐层回归显著。但是信息共享和责任行为对顾客自我知识获取的影响均不显著，显著性系数分别为 0.349 和 0.446，均大于 0.05。因此通过顾客参与三个维度对顾客自我知识的回归分析，可以验证假设 Ha7、Ha8 不成立，Ha9 成立。

表 5.25 顾客参与对顾客自我知识获取的逐步多元回归分析结果

模型		标准回归系数 β	t	F	Sig.	调整 R^2
模型 1	信息共享	0.156	2.238	5.007	0.026	0.019
模型 2	信息共享	0.049	0.687	12.706	0.493	0.103
	责任行为	0.315	4.465		0.000	
模型 3	信息共享	−0.063	−0.940	22.598	0.349	0.242
	责任行为	0.059	0.764		0.446	
	人际互动	0.489	6.143		0.000	

综上所述，通过顾客参与三个维度分别对顾客知识获取三个维度的相关分析和逐步回归分析可以得出，信息共享与服务相关知识获取正相关，责任行为

与服务相关知识获取和消费使用知识获取正相关，人际互动与三种顾客知识均相关。因此假设 Ha 中的 9 个假设，Ha4、Ha7 和 Ha8 不成立，其余 6 个假设均成立，可以证明顾客参与对顾客知识获取存在一定的影响。

3. 顾客知识获取和新服务开发绩效的相关分析

从表 5.26 可以看出，顾客知识获取三个维度和新服务开发绩效显著正相关，显著性系数均为 0.000，相关系数分别为 0.509、0.583 和 0.434。因此可以通过逐步回归验证三种知识获取对新服务开发绩效的影响。

表 5.26　顾客知识获取和新服务开发绩效的相关分析结果

顾客知识获取	相关性和显著性	新服务开发绩效
服务相关知识获取	Pearson 相关系数	0.509**
	显著性(双侧)	0.000
消费使用知识获取	Pearson 相关系数	0.583**
	显著性(双侧)	0.000
顾客自我知识获取	Pearson 相关系数	0.434**
	显著性(双侧)	0.000

注：**表示在 0.01 水平(双侧)上显著。

4. 顾客知识获取对新服务开发绩效的回归分析

通过表 5.27 可以看出，顾客知识获取的三个维度对新服务开发绩效的逐层回归均为显著，显著性系数均小于 0.05，最终调整 R^2 为 0.381，说明回归方程能解释的总变异为 38.1%。同时容差和 VIF 均接近 1，不存在多重共线性的问题。三步回归中 DW 值也均大于 1.5，可以接受样本中的残差序列不存在自相关的现象，说明回归方程能够解释变量的变化规律。因此通过顾客知识获取三个维度对新服务开发绩效的回归分析，可以验证假设 Hb 成立，即顾客知识获取对新服务开发绩效有正向影响，同时 Hb1、Hb2 和 Hb3 均成立。

表 5.27　顾客知识获取对新服务开发绩效的逐步多元回归分析结果

模型		标准回归系数 β	t	F	Sig.	调整 R^2
模型 1	服务相关知识获取	0.509	8.396	70.500	0.000	0.255
模型 2	服务相关知识获取	0.223	3.006	58.641	0.003	0.362
	消费使用知识获取	0.438	5.911		0.000	

续表

模型		标准回归系数 β	t	F	Sig.	调整 R^2
模型 3	服务相关知识获取	0.205	2.796	42.618	0.006	0.381
	消费使用知识获取	0.363	4.646		0.000	
	顾客自我知识获取	0.171	2.654		0.009	

5.5.5 中介作用验证

1. 中介变量的验证方法

自变量 X 对因变量 Y 的影响通过变量 M 来实现时，则 M 为中介变量。对于中介变量的验证，本研究主要采用 Baron 和 Kenny(1986)判定中介变量的标准，分别做自变量与因变量回归、自变量与中介变量回归、中介变量与因变量回归，最后做因变量同时与自变量和中介变量回归，回归系数均为显著，如果中介变量有作用时，自变量对因变量的影响减弱或者消失。如果是完全中介作用，自变量对因变量的影响系数会变得不显著，如果是部分中介作用，自变量对因变量的显著性系数仍然显著，但是会减小。

2. 顾客知识获取中介作用验证

通过表 5.28 可以得出：模型 1 表示自变量顾客参与对新服务开发绩效的直接影响，回归系数显著，为 0.562。模型 2 将因变量换成顾客知识获取，回归系数显著，为 0.669。模型 3 将自变量换成中介变量顾客知识获取，因变量为新服务开发绩效，回归还是显著的，回归系数为 0.496。模型 4 将自变量顾客参与和中介变量顾客知识获取同时与新服务开发绩效做回归，可以看出回归显著，回归系数分别变成了 0.268 和 0.438，说明由于顾客知识获取这一变量的存在，导致顾客参与到新服务开发绩效和顾客知识获取到新服务开发绩效的作用减弱，因此可以说明顾客知识获取在顾客参与和新服务开发绩效中发挥部分中介作用，验证假设 Hd。

表 5.28 中介作用验证分析结果

模型	自变量	因变量	标准回归系数	t	F	Sig.	调整 R^2
模型 1	顾客参与	新服务开发绩效	0.562	9.647	93.060	0.000	0.312
模型 2	顾客参与	顾客知识获取	0.669	12.809	164.066	0.000	0.445
模型 3	顾客知识获取	新服务开发绩效	0.496	8.124	124.589	0.000	0.378

续表

模型	自变量	因变量	标准回归系数	t	F	Sig.	调整 R^2
模型 4	顾客参与	新服务开发绩效	0.268	3.716	73.146	0.000	0.415
	顾客知识获取	新服务开发绩效	0.438	6.063			

5.5.6 调节作用验证

1. 内隐性在顾客参与和顾客知识获取之间的调节作用

通过表 5.29 可以看出，内隐性在顾客参与和顾客知识获取之间有显著调节作用。将顾客参与、内隐性分别对顾客知识获取做回归，得出的调整 R^2 为 0.467，将顾客参与＊内隐性加入回归中得出最终调整 R^2 为 0.480，大于之前的 R^2，而且显著性系数均小于 0.05，可以证明假设 Hc 成立。

表 5.29 内隐性在顾客参与和顾客知识获取之间的调节作用分析结果

模型		标准回归系数	t	F	Sig.	最终调整 R^2
模型 1	顾客参与	1.733	4.016	61.440	0.000	0.480
	内隐性	1.445	2.906		0.004	
	顾客参与＊内隐性	−2.143	−2.655		0.009	

因变量：顾客知识获取

2. 内隐性在顾客参与和服务相关知识获取之间的调节作用

通过表 5.30 可以看出，内隐性在顾客参与三个维度与服务相关知识获取之间有调节作用。模型 1 是信息共享和信息共享＊内隐性分别对服务相关知识获取的回归分析结果，最终调整 R^2 为 0.190，高于信息共享、内隐性对服务相关知识获取回归的 $R^2$0.174，显著性系数均小于 0.05，调节作用成立。模型 2 为责任行为和责任行为＊内隐性对服务相关知识获取的回归分析，调整 $R^2$0.425 也高于责任行为和内隐性单独对服务相关知识的 $R^2$0.415，显著性系数均小于 0.05，调节作用成立。模型 3 为人际互动和人际互动＊内隐性对服务相关知识获取的回归分析，调整 $R^2$0.514 也高于人际互动、内隐性对服务相关知识的 $R^2$0.474，显著性系数均小于 0.05，调节作用成立。因此验证假设 Hc1、Hc2 和 Hc3。

表 5.30　内隐性在顾客参与和服务相关知识获取之间的调节作用分析结果

模型		标准回归系数	t	F	Sig.	最终调整 R^2
模型 1	信息共享	1.407	3.018	16.903	0.003	0.190
	内隐性	1.017	2.375		0.019	
	信息共享 * 内隐性	−1.797	−2.246		0.026	
模型 2	责任行为	1.538	3.348	51.016	0.001	0.425
	内隐性	−1.442	2.468		0.014	
	责任行为 * 内隐性	−0.152	−2.086		0.038	
模型 3	人际互动	2.552	5.660	72.455	0.000	0.514
	内隐性	1.767	4.198		0.000	
	人际互动 * 内隐性	−3.062	−4.178		0.000	

因变量:服务相关知识获取

3. 内隐性在顾客参与和消费使用知识获取之间的调节作用

由于信息共享对消费使用知识获取的影响不显著,因此只验证内隐性在责任行为、人际互动和消费使用知识获取之间的调节作用。通过表 5.31 可以看出,模型 1 是责任行为和责任行为 * 内隐性对消费使用知识获取的回归分析结果,最终调整 R^2 为 0.241,高于责任行为、内隐性对消费使用知识获取回归的 $R^2$0.227,显著性系数均小于 0.05,调节作用成立。模型 2 是人际互动和人际互动 * 内隐性对消费使用相关知识获取的回归分析,调整 $R^2$0.231,略低于于人际互动、内隐性单独对消费使用知识的回归 $R^2$0.232,显著性系数大于 0.05,调节作用不显著。因此验证假设 Hc4 和 Hc6 不成立,Hc5 成立。

表 5.31　内隐性在顾客参与和消费使用相关知识获取之间的调节作用分析结果

模型		标准回归系数	t	F	Sig.	最终调整 R^2
模型 1	责任行为	1.492	2.828	22.513	0.005	0.241
	内隐性	1.271	2.649		0.009	
	责任行为 * 内隐性	−1.714	−2.158		0.033	
模型 2	人际互动	0.827	1.458	21.275	21.275	0.231
	内隐性	0.571	1.078		21.275	
	人际互动 * 内隐性	−0.709	−0.769		21.275	

因变量:消费使用知识获取

4. 内隐性在顾客参与和顾客自我知识获取之间的调节作用

由于在多元回归分析中信息共享和责任行为对顾客自我知识获取均没有

显著作用，因此这里只验证内隐性在人际互动和顾客自我知识获取之间的调节作用。通过表5.32可以看出，人际互动和人际互动＊内隐性对顾客自我知识获取的回归分析，最终调整$R^2$0.337，略低于人际互动、内隐性单独对顾客自我知识获取的回归$R^2$0.340，显著性系数大于0.05，调节作用不显著成立。因此验证假设Hc9，Hc7和Hc8不成立。

表5.32 内隐性在顾客参与和顾客自我知识获取之间的调节作用分析结果

模型		标准回归系数	t	F	Sig.	最终调整R^2
模型1	人际互动	0.124	0.236	35.460	0.814	0.337
	内隐性	0.137	0.278		0.781	
	人际互动＊内隐性	0.369	0.432		0.667	

因变量：顾客自我知识

通过验证知识内隐性的调节作用，本研究发现知识内隐性会部分调节顾客参与和顾客知识获取之间的关系，特别是调节顾客参与和服务相关知识获取之间关系、责任行为和消费使用知识获取之间关系时最为显著。因此通过验证内隐性的调节作用可以得出假设Hc成立，Hc1、Hc2、Hc3、Hc5显著，Hc4、Hc6、Hc9、Hc7、Hc8不显著。

5.5.7 假设验证结论

通过多元回归分析，将本研究的研究假设验证情况总结如表5.33所示。

表5.33 假设验证结果

研究假设	验证结果
Ha：顾客参与对顾客知识获取有正向影响	部分支持
Ha1：顾客与企业间信息共享越多，越有利于企业获取服务相关的知识	支持
Ha2：顾客参与过程中的责任行为越多，越有利于企业获取服务相关的知识	支持
Ha3：顾客与企业间人际互动越多，越有利于企业获取服务相关的知识	支持
Ha4：顾客与企业间信息共享越多，越有利于企业获取消费使用的知识	不支持
Ha5：顾客参与过程中的责任行为越多，越有利于企业获取消费使用的知识	支持
Ha6：顾客与企业间人际互动越多，越有利于企业获取消费使用的知识	支持
Ha7：顾客与企业间信息共享越多，越有利于企业获取顾客自我知识	不支持
Ha8：顾客参与过程中的责任行为越多，越有利于企业获取顾客自我知识	不支持
Ha9：顾客与企业间人际互动越多，越有利于企业获取顾客自我知识	支持

续表

研究假设	验证结果
Hb:顾客知识获取对新服务开发绩效有正向影响	支持
Hb1:企业从顾客获取的与服务相关的知识对新服务开发绩效有正向影响	支持
Hb2:企业从顾客获取的消费使用知识对新服务开发绩效有正向影响	支持
Hb3:企业从顾客获取的顾客自我知识对新服务开发绩效有正向影响	支持
Hc:知识内隐性会对顾客参与和顾客知识获取的关系起调节作用	支持
Hc1:知识内隐性对信息共享和服务相关知识获取的关系起显著调节作用	支持
Hc2:知识内隐性对责任行为和服务相关知识获取的关系起显著调节作用	支持
Hc3:知识内隐性对人际互动和服务相关知识获取的关系起显著调节作用	支持
Hc4:知识内隐性对信息共享和消费使用知识获取的关系起显著调节作用	不支持
Hc5:知识内隐性对责任行为和消费使用知识获取的关系起显著调节作用	支持
Hc6:知识内隐性对人际互动和消费使用知识获取的关系起显著调节作用	不支持
Hc7:知识内隐性对信息共享和顾客自我知识获取的关系起显著调节作用	不支持
Hc8:知识内隐性对责任行为和顾客自我知识获取的关系起显著调节作用	不支持
Hc9:知识内隐性对人际互动和顾客自我知识获取的关系起显著调节作用	不支持
Hd:顾客知识获取在顾客参与和新服务开发绩效之间起中介作用	支持

5.6 研究结论与管理启示

5.6.1 研究结论

1. 以影响新服务开发绩效视角重新划分顾客知识获取维度

现有研究知识获取对新服务开发绩效影响的文献中,没有将顾客知识的维度进一步细化,本研究参考 Gebert 和 Geib(2003)、Roger D. Blackwell(2009)等对顾客知识的研究,选取了与新服务开发绩效密切相关的三类知识,即服务相关知识、消费使用知识和顾客自我知识作为顾客知识获取的维度。Gebert 和 Geib(2003)将顾客知识划分为三种,不仅指出了每种顾客知识所包含的内容,同时还说明了知识的转移方向,被诸多学者引用:顾客需要的知识是需要企业传递给顾客的关于企业产品和服务的相关信息;关于顾客的知识,是企业需要获取的,是要从顾客转移到企业的知识,包含顾客的基本信息、顾客的偏好、购买信息等,企业获得这类知识可以更好地了解顾客需求;顾客拥有的知识,是顾客自己具备的知识，属于隐性顾客知识，企业需要通过与顾客的人际互动来获取。本研究中的服务相关知识是顾客拥有的与服务相关的知识，包括自己对新服务的要求。消费使用知识是顾客对新服务的评价和意见，获取这类知识企业可以不断增加新服务功能，改善现有服务的不足。顾客自我知识是关于顾客的背景知识，以及顾客具备的与本企业相关的或者与竞争对手相关的信息，获取这类知识可以更好地丰富企业的知识库。可以看出本研究选取的这三类知识多是属于顾客隐性知识，是深植于顾客头脑的，需要通过人际交流来获取的，因为对企业来说隐性顾客知识比显性顾客知识更有价值。

顾客知识获取这一维度的问项在小样本分析时删掉了消费使用知识的问项 E4，各维度的信度系数和各问项的因子载荷也都满足条件，测量问项满足要求。在相关分析中，顾客参与的三个维度与顾客知识获取均显著正相关。在逐步回归分析中，信息共享对服务相关知识有显著正向影响，责任行为对服务相关知识和消费使用知识有显著正向影响，人际互动对三类知识获取均有显著正向影响。因此以新服务开发绩效视角来看，可以从这三个维度划分顾客知识获取。

2. 顾客参与对顾客知识获取有正向影响

本研究中顾客参与会显著促进顾客知识获取，验证了假设 Ha。张若勇(2007)的研究中理论分析了顾客参与三种形式，即合作生产、服务接触和服务定制，均会促进知识的转移，从企业的角度来看，顾客将知识向企业转移的过程就是企业获取顾客知识的过程。陈晓红(2007)的实证研究也证明了顾客在新产品开发不同阶段的参与互动会使企业获得更多的顾客需求，而顾客需求也属于顾客知识范畴。本研究就顾客参与和顾客知识获取之间的关系进行了验证，且分别验证了顾客参与三个维度，信息共享、责任行为和人际互动对顾客知识获取三个维度的影响。总体而言，顾客参与的三个维度中，人际互动对三类顾客知识获取的影响作用是最显著的，因此人际互动可以看作是获取顾客知识最重要的途径。通过企业服务人员与顾客的不断沟通交流可以获取更多来自顾客的需求信息，掌握更多顾客需求的变化情况，同时获得更多关于同行业竞争对手的信息，因此人际互动这一维度对三类顾客知识获取影响最显著。信息共享是顾客将自己对新服务的需求、创新性的要求向企业传递的过程，因此也会正向影响顾客知识的获取，特别是在获取与服务相关知识时表现最显著。责任行为强调顾客完成自己职责以内的事情，包括表述需求、提供反馈，在多元回归中可以看出责任行为对服务相关知识获取和消费使用知识获取的影响最为显著。

3. 顾客知识获取对新服务开发绩效有正向影响

本研究结果显示获取的三类顾客知识均会显著正向影响新服务开发绩效。

知识密集型服务业与一般服务业不同，需要吸取来自顾客的大量知识开展创新活动，提供高知识、定制化的服务。定制化服务需要知识密集型企业对顾客的需求有较为深入的了解，制定符合顾客需求的新服务产品，这也验证了本研究的结论，顾客知识获取对新服务开发绩效有正向影响。魏江(2007)研究知识密集型创新障碍时发现，顾客对新服务反应迟钝或者不愿意购买新服务成为一大障碍，在这里可以看出，顾客若具备较多的与新服务相关的知识，提前搜集有关新服务的信息，则会更了解新服务，对新服务绩效的影响也会变得显著。王莉(2007)的研究指出企业的顾客知识管理能力会影响产品开发绩效，企业需要采取先进的技术来提取更多有用的顾客知识用于产品开发，以提高产品的成功率。顾客是影响新服务开发成功的关键因素，新服务开发就是针对目前服务没有满足顾客关键利益的部分进行创新开发，针对这些关键利益进行服务产品有价值的差异化创造，因此顾客知识的获取、利用，对新服务开发来说至关重要。顾客与企业之间频繁交流信息，这也是对顾客的一个培训过程，可以让顾客更加了解新服务，避免企业将新产品或服务投放市场后无人问津的情况发生，从而提高新服务开发的成功率。

4. 顾客知识获取在顾客参与和新服务开发绩效之间起部分中介作用

本研究实证研究发现由于知识获取作为中介，顾客参与对新服务开发绩效和顾客知识获取对新服务开发绩效的直接作用减弱，验证了顾客知识获取的部分中介作用。对于知识密集型服务业而言，顾客与 KIBS 企业互动的过程其实就是一个知识的转移和创新的过程(Miles，2003)。汪涛(2010)的研究中也证实，顾客参与对新产品绩效的影响，是由于顾客知识分享的作用，同时顾客知识的异质性还会调节知识与新产品绩效的关系，因此为了使新产品开发产生更高的绩效，需要获取顾客不同类型的知识，丰富企业已有的知识。这一结论的验证为企业提高新服务开发绩效寻找到了新的路径，以往的研究中针对新服务开发只是做理论研究，强调顾客是影响新服务开发的重要因素。新服务开发中的顾客参与，可以让顾客更好地理解开发项目，企业也可以在顾客体验新服务时通过不同方式让顾客理解新服务，而来自顾客的反馈则可以使企业能够快速纠正在设计和传送中存在的问题，从而提高新服务开发的成功率。

5. 知识内隐性会调节顾客参与和顾客知识获取之间的关系

本研究实证证明了知识内隐性会对顾客参与和顾客知识获取之间的关系起调节作用。这一实证结果证明顾客知识作为知识的一种，同样具有知识内隐性，在获取时也会受到内隐性的影响，并且知识内隐性调节作用的产生还会因顾客参与形式的不同而有所差异。在验证调节作用时，只检验顾客参与对顾客知识获取有显著影响的路径，内隐性在调节顾客参与和服务相关知识获取之间关系时调节作用显著，这是因为服务相关知识中大都是顾客对于新服务的需求，属于隐性顾客知识，这种需求知识是隐藏于顾客头脑中并且是完全独特的知识，顾客的需求各异并且受到自身诸多因素的影响，因此对这类知识的获取会由于内隐性的特点增加获取的难度。内隐性在调节责任行为和消费使用知识时调节作用也表现出显著的调节作用，消费使用知识中包含大量的顾客反馈信息，这类信息是由顾客感受到期望的服务与实际服务之间的差距而得出的，每个顾客需求各异，因此这类知识也是属于独特的顾客知识，在获取时也会受到内隐性的调节作用。内隐性在调节人际互动和消费使用知识、顾客自我知识时调节作用不显著，这可能是由于人际互动降低了获取的难度，同时顾客自我知识中包含顾客基本信息，这些信息是可以通过顾客的背景资料直接获取的，因此受到内隐性影响较小。

5.6.2 管理启示

1. 了解顾客参与动机，提高顾客参与程度

顾客参与可以降低企业成本，提高企业绩效，增加顾客满意度，本研究也证实了顾客参与会对知识密集型服务业的新服务开发绩效产生显著的影响，因此，企业要了解顾客的参与动机，激发顾客的参与意愿，提高顾客的参与程度。相关文献研究表明，顾客参与的驱动因素有三类：经济利益驱动、心理利益动机和关系利益动机。Lloyd(2003)指出顾客感知的经济利益是决定顾客参与的一个主要因素，Rodi 和 Kleine(2000)认为顾客希望通过参与获得愉悦感、新鲜感或欢乐感，因此，顾客积极参与的动机分别是为了获取可观的经济收益或者减少诸如时间等成本的付出，为了在参与的过程中获得满足感，还有可能出于从人际交往中获得愉悦感。因此，企业要想提高顾客的参与程度就要从这三个驱动因素出发，让顾客在参与的过程中获得金钱、情感或者心理上的收益，只有这样才能激发其参与的意愿。企业可以通过给积极参与企业活动的顾客派发礼品、优惠券等形式来吸引顾客，此外还可以通过增加顾客活动的丰富性和趣味性来提高顾客的兴趣，针对不同类型的顾客提供不同的新服务体验活动，让顾客在服务体验的乐趣中获得满意感。在顾客参与的过程中，企业的工作人员可以通过专业讲解和热情服务与顾客建立良好的关系而获得顾客的信任，以获取更多的顾客反馈信息。加强与顾客的沟通交流，将顾客纳入到服务创新的过程中，提高顾客参与程度，这样可以随时获得关于新服务的反馈，减少开发过程中的不确定性和风险性，提高新服务开发的成功率。

2. 加强人际互动，促进顾客责任行为

顾客参与中的人际互动是获取顾客知识最重要的途径，加强顾客与企业之

间的人际互动，可以提高顾客对企业的信任，有利于顾客与企业间关系的建设。企业可以通过成立专门的顾客服务部门，定期收集来自顾客的反馈意见，不断地针对顾客变化的需求完善新服务的内容。可以在新服务开发的不同阶段挑选领先用户或者是购买新服务较多的顾客，通过企业工作人员与顾客面对面的交流，获得最直接的顾客信息，丰富企业的顾客知识库。另外，鼓励顾客责任行为，丰富顾客责任行为的内容，顾客简单的责任行为仅仅包括配合企业工作人员的工作，表述自己的需求等，实际上还可以通过多种鼓励措施来刺激顾客产生更多的责任行为，提高知识获取的数量和质量。顾客责任行为对服务开发结果有直接的影响，可以通过顾客介入新服务开发的多个阶段来增加顾客的责任行为，顾客表现的责任行为越多，企业也就越能收集更多的顾客需求信息，顾客对企业带来的贡献也就越多。

3. 重视顾客知识，提高获取利用效率

顾客知识是系统化的顾客信息，顾客知识中既包含了顾客的基本信息、购买信息，也包含了顾客的需求信息以及与企业共同创造的知识。企业往往只是根据顾客的背景资料来分析顾客的需求，这样就会导致由于对顾客需求把握不够全面和准确造成信息的缺失，而真正对顾客有影响价值的是隐藏于顾客头脑中的隐性顾客知识，因此企业应该重视顾客知识。由于顾客知识的内隐性特点，增加了顾客知识获取和转移的难度，因此企业需要采用多种方法来提高顾客知识的获取利用效率。企业可以通过采用先进的信息技术，加强对顾客知识库的管理工作，不断地从顾客注册信息、购买信息中挖掘有用的顾客需求信息、消费习惯、偏好等等，使得企业可以提供更适合顾客需求的产品或服务。此外企业还可以通过设立信箱、网上论坛、在线客服等方式增加与顾客的互动，收集来自顾客的信息，随时关注顾客的反馈意见。获取顾客知识最重要和最有效的途径还是通过人际互动，企业需要加强对员工的培训，让有经验的员工带领新员工走访顾客，了解顾客的需求，并且从与顾客的沟通中提取有价值的知识并运用到新服务的开发中。由于知识的转移和传递是双向的，企业工作人员在与顾客互动交流的过程中，一方面获取了来自顾客的知识，了解了更多的需求，另一方面顾客也可以更加了解企业，了解关于新服务的相关信息，避免新服务推向市场后顾客反应迟钝的现象。企业内部可以成立经验丰富员工和新员工组成的工作小组，这些员工来自与新服务开发相关的部门，可以定期就收集到的顾客知识加以讨论，在企业内部形成知识共享的氛围。

4. 加强员工培训，提高员工素质

知识密集型服务业的员工既是创新的生产者也是创新的来源者。知识密集服务业获得知识最重要的途径是人际互动，这就需要企业的员工与顾客不断地沟通交流，因此企业应该重视员工，通过加强对员工的培训，提高员工的素质和服务水平。对员工的培训应该从两个方面进行：一是对员工进行专业技能培训，提高员工的专业技能。顾客知识具有内隐性特点，企业当中具有经验和专业技能的员工才能更好地利用顾客知识。企业内部应该加强新老员工的交流，将更多的隐性知识在企业内部转移和分享，迅速提高新员工的专业技能。二是对员工进行沟通技巧的培训。通过有效的沟通提高与顾客互动的效率，在沟通过程中获得更多可以利用的顾客信息。此外对于企业表现较为优秀的员工，应当给予激励和奖励，以提高员工的工作积极性。

附录 1

顾客参与对新服务开发绩效影响的调查问卷

尊敬的女士/先生：

您好！首先感谢您在百忙之中抽出时间来完成这份调查问卷。本课题研究的是知识密集型服务业顾客参与对顾客知识获取、新服务开发绩效的影响，目的在于研究顾客参与不同形式对顾客知识获取的影响，从而给企业提供有效获取顾客知识、提升新服务开发绩效的管理启示。顾客知识是系统化的顾客信息，是顾客需求的体现，包括顾客的背景信息、相关经验以及对于企业的建议等。问卷第四部分主要测量企业获取的来自顾客的与服务相关的知识、消费使用知识和顾客自我知识。

本问卷纯属于学术研究的目的，内容不会涉及贵公司的商业机密，所获信息也不会用于任何商业目的，请您尽可能客观回答。若有某些问题没能完全表述您的意思时，请勾出最接近您看法的选项。如果您对本研究的结论感兴趣，请在问卷最后填写您的联系方式，我们会将问卷分析结果反馈给您。

非常感谢您的合作！

一、企业基本信息

1.企业名称：____________________

2.企业总部所在地：_______________

3.企业性质：

(1)国有企业(含国有控股) (2)民营企业(含民营控股) (3)中外合资 (4)外商独资

4.企业主要业务所在的行业领域：

(1)金融业(银行、证券、保险、其他从事金融活动的企业)

(2)信息与通信服务业(电信及其他通信服务业、计算机服务业、软件业)

(3)科技服务业(研究与试验发展、专业技术服务业、工程技术与规划管理、科技交流和推广服务业)

(4)商务服务业(法律服务、咨询与调查、其他商务服务业)

二、个人信息

1. 您所在部门:____________________

(1)营销运作部 (2)研发部 (3)顾客服务部 (4)其他部门

2. 您在现在这家企业工作的时间:(1)1 年以下 (2)1~3 年 (3)3~5 年 (4)5 年以上

本问卷采用 7 级打分,1—7 依次表示不同意向同意过渡,您只需要根据贵公司的实际情况在相应的数字框内打√。

三、顾客参与测度

问项	不同意←→同意						
A:信息共享							
A1:顾客会向企业清晰表述对新服务的要求	1	2	3	4	5	6	7
A2:顾客会与企业分享自己具备的专业知识	1	2	3	4	5	6	7
A3:顾客会在参与过程中提出合理化的建议	1	2	3	4	5	6	7
A4:顾客在参与过程中遇到问题时会及时告知企业工作人员	1	2	3	4	5	6	7
B:责任行为							
B1:顾客会额外付出一些资源(时间、金钱等)协助企业工作人员完成相关的工作	1	2	3	4	5	6	7
B2:顾客会主动搜寻与新服务产品相关的信息	1	2	3	4	5	6	7
B3:顾客会提供给工作人员企业新服务开发所需要的资料	1	2	3	4	5	6	7
B4:顾客会配合企业的工作人员完成相关的工作(调研等)	1	2	3	4	5	6	7
C:人际互动							
C1:顾客在参与过程中与企业工作人员进行良好的沟通	1	2	3	4	5	6	7
C2:顾客信任并以友善的态度对待企业的工作人员	1	2	3	4	5	6	7
C3:顾客在与企业建立了友好的合作关系	1	2	3	4	5	6	7
C4:企业工作人员会以不同的形式定期回访顾客	1	2	3	4	5	6	7
C5:对于企业提供的服务产品存在的问题,顾客会与企业工作人员共同讨论制定解决方案	1	2	3	4	5	6	7

四、顾客知识获取的测度

问　项	不同意←——→同意						
D:服务相关知识获取							
D1:我们获取顾客具有的与新服务产品相关的信息	1	2	3	4	5	6	7
D2:我们获取顾客对新服务产品的具体要求	1	2	3	4	5	6	7
D3:我们获取顾客对新服务产品创新性的具体要求	1	2	3	4	5	6	7
D4:我们获取顾客对新服务产品独特性的具体要求	1	2	3	4	5	6	7
E:消费使用知识获取							
E1:我们获取顾客消费新服务产品的主要影响因素	1	2	3	4	5	6	7
E2:我们获取了顾客对新服务产品的评价	1	2	3	4	5	6	7
E3:我们获取更好改善新服务产品的的建议	1	2	3	4	5	6	7
F:顾客自我知识获取							
F1:我们获取关于顾客的基本信息	1	2	3	4	5	6	7
F2:我们从顾客那里获取关于新服务产品营销推广方面的知识和技能	1	2	3	4	5	6	7
F3:我们从顾客那里获取关于服务理念和技能的知识	1	2	3	4	5	6	7
F4:我们从顾客那里获取关于竞争对手的相关知识	1	2	3	4	5	6	7

五、知识内隐性的测度

问　项	不同意←——→同意						
G1:企业需要的顾客知识无法从顾客资料中直接获得	1	2	3	4	5	6	7
G2:企业需要的顾客知识需要与顾客面对面沟通才能获得	1	2	3	4	5	6	7
G3:企业获取的顾客知识需要经过一段时间才能理解并加以利用	1	2	3	4	5	6	7
G4:企业获取的顾客知识会因员工背景(学历、工作经验等)不同而有不同的理解	1	2	3	4	5	6	7

六、新服务开发绩效的测度(与国内同行业其他企业相比,2011年的情况)

问　项	很低←——→很高						
H1:新服务产品达到预先目标的程度	1	2	3	4	5	6	7
H2:新服务产品相比竞争对手的创新性情况	1	2	3	4	5	6	7
H3:新服务产品相比竞争对手的市场占有率情况	1	2	3	4	5	6	7
H4:新服务产品的投入回报率情况	1	2	3	4	5	6	7
H5:新服务产品的顾客满意度	1	2	3	4	5	6	7

问卷到此结束,再次感谢您的参与!如果您对本研究的结论感兴趣,请填写您的联系方式,我们会将问卷分析结果反馈给您。

姓名:____________________

电话:____________________

E-mail:____________________

6 领先顾客在线参与、顾客知识获取与新服务开发绩效

6.1 问题提出

服务竞争的时代早已来临，世界经济逐渐以提供服务为主要特征，发达的经济体更是以服务作为主导(Machuca et al，2007)。在过去数十年时间里，服务俨然已经成为多数工业化国家的经济主体。许多发达国家服务业占GDP和就业的比值高达80%。纵观国内服务业的发展现状，自从改革开放以来，我国加大了对服务业的发展投入力度，传统服务产业实现复兴，新兴服务产业不断崛起，整个服务业呈现出全面快速发展的盛况。知识密集型服务企业作为服务经济的驱动者，在服务竞争时代发挥着重要作用。然而随着竞争的加剧、顾客需求异质性的增加、服务产品生命周期的缩短，KIBS企业日益面临着如何更好更有效地进行新服务开发的挑战(Menor & Roth，2008)。因此KIBS企业需要通过新服务开发来不断提高自主创新的能力，增强自身的综合竞争实力。

众多学者研究认为服务企业推进服务创新、实现新服务开发能带来高收益的回报，但同时也伴随着高风险，一旦服务开发失败将会使企业遭受重大损失，直接影响企业的总体绩效，甚至还会影响到服务企业的生存。因此需要在新服务开发阶段引导顾客参与，通过与顾客的合作来提高新服务开发的成功率。领先顾客作为一群特殊的顾客群体，蕴含着努力识别出创新性思想和寻

找用户智慧与洞察力的源泉。领先顾客在新服务开发上较普通顾客有明显的优势，他们对企业的新服务开发来说，是最有价值的顾客。如果让领先顾客参与到企业的新服务开发中，那么企业在创新过程中就可以通过吸收并消化领先顾客的知识，来充实自己的知识储量，增强自身对当前市场以及未来市场上顾客需求的理解能力，设计并研发出更加符合顾客需要、更能满足顾客需求的新产品或服务。此外领先顾客作为生产者之一，以共同开发者的形式参与到新服务开发过程中，这样不仅能让企业研发出真正迎合顾客需求的新产品或服务，而且还能使顾客自身的专业领域知识得到提升，进而提升顾客对企业的满意度。

随着信息技术和互联网的高速发展，现代服务业更具有了鲜明的网络化特征。越来越多的消费者通过网络虚拟社区来创造、交流和分享各类资讯，越来越多的企业通过互联网来发布信息，与顾客交流。IT 企业和网络企业是顾客在线参与的主要推动者，比如微软、戴尔、谷歌、腾讯等 IT 巨头都先后推出了 MicrosoftLive Lab、Dell 在线社区、Google Labs、腾讯实验室等，在这些虚拟实验室中与顾客深入开展交流，将顾客直接内化到企业创新过程中。还有一些企业在互联网上开展在线设计竞赛，比如美国在线公司让顾客来设计、确定产量，并负责市场推广和销售工作。通过网络虚拟社区来促进顾客在线参与服务创新，已经成为服务企业提升新服务开发绩效的重要手段(Fuller，2006，2008)。总而言之，各种形式顾客在线参与方式的不断发展，为企业提供了新服务开发的新途径。

基于这样的背景，本研究将从领先顾客知识获取的视角出发，通过实证研究来探讨领先顾客在线参与对新服务开发绩效的影响，并验证领先顾客在线参与的不同形式对顾客知识获取的影响，同时考虑新服务创新性对创新绩效的影响，将新服务创新性作为调节变量加入到研究模型，丰富了实证研究的内容。

6.2 概念界定

6.2.1 领先顾客

Von Hippel(1986)最先将领先顾客从普通顾客中区分出来，并强调了领先顾客在创新早期过程中的重要作用，认为领先顾客就是能提前察觉到新的市场需求，且从该需求的满足中获取收益的顾客。他们掌握着丰富的产品(服务)创新知识，对市场上未来的潜在需求十分了解，能够经常为满足自身需求而为企业提供有价值的产品(服务)设想与原型设计。Urban 和 Von hippel(1988)指出领先顾客具有以下两个关键特征,即把握市场的前沿趋势和较高的期望收益。由于这两种特征的存在,领先顾客较普通顾客表现出更强的创造性。Morrison 等(2004)、Ornetzedera M. 和 Rohracherb. H(2006)等学者的研究也表明大多数创新都集中在具有上述特征的领先顾客身上。因此领先顾客对企业来说是最有价值的顾客群。参考已有研究,本研究将领先顾客定义为:具有超前市场需求,且在满足自身需求过程中努力寻找创新思想的创新型顾客。与早期使用者不同,领先顾客对产品(服务)的需求大多在市场上尚未出现,他们在自己或其他顾客成为使用者之前就能发现或详细描述自己的需求。

6.2.2 领先顾客在线参与

对于传统环境下的顾客参与,大多数学者认同 Silpakit 和 Fisk(1985)的观点,认为顾客参与是指企业在提供产品和服务的过程中,顾客智力、实体以及情感上的投入,也是顾客为满足个人需求、顺利享受服务所必需的付出。Alam(2006)认为在服务创新过程中,企业根据创新政策,采用合适的参与形式,在合适的阶段引入合适顾客的过程就是顾客参与。Yi 等(2011)认为顾客参与包括在企业价值创造的过程中所有的顾客涉入行为。随着因特网和信息技术的广泛应用,顾客参与的形式从线下逐渐延伸到线上,顾客通过企业的虚拟社区来参与到企业提供产品和服务的过程中。Nambisan 和 Baron(2009)强调虚拟社区环境(VCE)概念,并指出企业应构建网络虚拟顾客环境,如提供在线论坛、创新工具箱、原型制造中心来吸引顾客在线参与创新,引导顾客在新产品(服务)开发各阶段担任不同的角色。参考 Hsieh 和 Yen(2005)、Yi 等(2011)等学者已有研究,本研究将领先顾客在线参与定义为:在服务企业 NSD 过程中,领先顾客通过网络为企业在线提供的各类资源或所从事的活动。

在领先顾客在线参与的维度划分方面,主要有顾客投入、参与过程、参与程度、顾企互动等几种维度划分方式。其中最主流的是以顾企互动的视角,对顾客在线参与进行维度划分。Ennew 和 Binks(1999)将顾客参与分为信息共享、责任行为、人际互动三个维度。Skaggs 和 Youndt(2004)将顾客参与分为合作生产、顾客接触、服务定制三个维度。耿先锋(2008)将顾客参与划分为责任行为、信息搜索和人际互动三个维度。姚山季、王永贵(2011)将顾客参与划分为信息提供、共同开发、顾客创新三个维度。本研究根据以上学者的研究,将领先顾客在线参与分为信息共享、共同开发和在线互动三个维度。其中信息共享是指领先顾客在互联网上通过与服务企业以及其他领先顾客分享信息,来保证自身的需要在新服务中得到更好的满足。共同开发是指领先顾客与企业通过网络共同参与新服务的研发设计。在线互动是指领先顾客与服务企业员工在网络环境中进行的各种交互活动。

6.2.3 领先顾客知识获取

Gebert 等(2003)认为顾客知识是系统化的顾客信息,包括顾客需求、特征等基本信息,以及服务消费经验和对服务或服务企业的建议等综合信息。顾客知识是企业需要从外部获取的一种特殊知识,对顾客知识的获取和利用能够提高企业绩效和顾客满意度。与普通顾客相比,领先顾客拥有更多的知识,比如产品使用经验、相关知识、技术知识等等(Morrison et al.,2000)。领先顾客往往能产生突破性的创新概念,而这些概念知识有利于加速企业的 NSD 进程(Lilien,2002)。领先顾客拥有领先的需求知识,能把握市场的前沿趋势,提前察觉到市场需求变化,拥有领先的技术知识,能推动企业新技术和新设计的开发,是渐进性技术变革的源泉(Ornetzedera & Rohracherb,2006)。根据领先顾客的独有特征,本研究将领先顾客知识归纳为概念知识、需求知识和技术知识三类。其中概念知识是指领先顾客拥有的服务创意、概念以及新服务原型等知识。需求知识是指领先顾客对新服务的各种需求,即期望从新服务中获得的收益。技术知识是指领先顾客拥有的与 NSD 相关的信息、新服务开发所用到的专业技术知识、新服务使用知识以及对新服务的反馈性信息。

6.2.4 新服务创新性

新服务创新性是指新服务异于竞争性替代品的程度。已有研究主要从技术和市场两个维度衡量新服务创新性(Lee,2008;徐延庆和薛有志,2010;朱秀梅等,2011)。姚季山和王永贵(2011)将服务创新分为渐进式创新和突破式创新两类,渐进式创新所面临的技术需求、市场环境较为稳定,而突破式创新则具有较高风险,存在技术和市场的高度不确定性。参考已有研究,本研究主要从三个方面来衡量新服务创新性:新服务在市场上是否具有很强的新颖性;新服务在技术上是否具有很强的创新性;新服务比现有服务是否具有很大的改进。

6.2.5 新服务开发绩效

新服务开发活动通常采用财务(如投资回报率、边际利润等)、市场(市场占有率、销售量等)或顾客(顾客满意度等)来测量 NSD 绩效(Griffin & Page,1993;Cooper,1994;张若勇等,2007)。例如 Cooper 和 Kleinschmidt(1987)在研究中使用财务指标、市场影响和机会窗口三个绩效指标。有些将 NSD 绩效分割成 NSD 过程绩效和 NSD 结果绩效进行测量,过程绩效主要和效率有关并关注 NSD 的实施过程，结果绩效主要和效果有关并关注 NSD 的目标（Voss et al.，1992）。在 NSD 绩效的评价指标上，主要有 Jaw，Lo 和 Lin(2010)提出的五项衡量指标：新服务的市场占有率、新服务达到预设目标的程度、新服务创造的利润率、新服务超过竞争额的总数以及新服务的销售水平。朱兵等(2010)则提出了竞争优势是否建立在技术之上、企业的新产品（服务）得到顾客认可的程度、相比于竞争对手的盈利水平这三项指标。参考已有研究，本研究从五个指标来衡量 NSD 绩效：新服务达到预设目标的程度（时间、费用、内容），新服务的市场占有率达到或超过预设目标，新开发项目的投资回报率达到或超过预设目标的程度，新服务的顾客满意程度以及新服务的销售水平。

6.3 研究模型

6.3.1 研究假设

1. 领先顾客在线参与和顾客知识获取关系

(1)信息共享和 KIBS 企业顾客知识获取关系

Lilien(2002)实证研究表明，在参与创新过程中，领先顾客往往会产生比普通顾客更有价值的突破性思想和创意，且能更清楚地表达这些创意信息。领先顾客可以通过网络实现与服务企业员工的在线信息共享，从而促进创新性思想从领先顾客向服务企业的转移，使服务企业获得更多的顾客知识（Luteberget，2005）。张若勇等(2010)指出，顾客在与企业进行合作生产的过程中会发生角色的变化，在情感上积极参与并与企业共享信息，从而有利于企业获取各类顾客的知识。领先顾客与 KIBS 企业在线共享的各种信息，都是企业 NSD 活动中不可或缺的顾客知识。领先顾客在线参与 NSD 过程中的信息共享行为，能为企业不断贡献顾客自身特有的信息和知识，使 KIBS 企业高效获取更丰富的顾客知识。基于上述理论分析提出如下研究假设：

H1a：领先顾客在线参与的信息共享对 KIBS 企业顾客概念知识获取有显著正向影响。

H1b：领先顾客在线参与的信息共享对 KIBS 企业顾客需求知识获取有显著正向影响。

H1c：领先顾客在线参与的信息共享对 KIBS 企业顾客技术知识获取有显著正向影响。

(2)共同开发和 KIBS 企业顾客知识获取关系

共同开发就是在网络环境下,领先顾客通过合作生产方式在线参与服务企业的 NSD 活动,比如表述需求、提供反馈意见、参与问题诊断和解决过程等等。Ornetzeder 和 Rohracher(2006)对领先顾客参与创新的案例研究中发现,领先顾客有能力从事新技术和新设计的开发活动,也有能力发现和测试新产品(服务)的用途,从而实现与企业的价值共创。Squire 等(2009)指出,顾客在共同开发中承担责任的多少以及履行程度,将大大影响知识从顾客转移到企业的程度。在 KIBS 企业的 NSD 活动中,通过网络让领先顾客在线承担部分开发任务和开发内容,既可使领先顾客与 KIBS 企业间建立起更为坚固的情感纽带,又会对 KIBS 企业提高领先顾客知识获取的数量和质量产生积极的促进作用。基于上述理论分析提出如下研究假设:

H1d:领先顾客在线参与的共同开发对 KIBS 企业顾客概念知识获取有显著正向影响。

H1e:领先顾客在线参与的共同开发对 KIBS 企业顾客需求知识获取有显著正向影响。

H1f:领先顾客在线参与的共同开发对 KIBS 企业顾客技术知识获取有显著正向影响。

(3)在线互动和 KIBS 企业顾客知识获取关系

获取 NSD 所需的各种顾客知识,是 KIBS 企业鼓励领先顾客与企业在线互动的重要目标。Muller 和 Zenker(2001)的研究表明,顾客与 KIBS 企业的互动可使企业获取更多的顾客知识,并同时扩大互动双方的知识储量。领先顾客与服务企业的在线互动是一种双向交互过程,其实质是知识的生产和扩散。这种在线互动无论对加强领先顾客与企业之间的信任关系,还是促进双方知识的共同创造和更新均十分有利(Daghfous,2004;Natti et al.,2006)。领先顾客在网络环境中与 KIBS 企业经常性的相互交流和沟通,能使顾客进一步明确自身的需求和想法,并更加清晰地向企业表达自己的创意思想,从而使 KIBS 企业能高效获取顾客反馈信息等各类顾客知识,有利于企业更深入地了解顾客需求,并从中发现新的思想和市场机会。基于上述理论分析提出如下研究假设:

H1g:领先顾客在线参与的在线互动对 KIBS 企业顾客概念知识获取有显著正向影响。

H1h:领先顾客在线参与的在线互动对 KIBS 企业顾客需求知识获取有显著正向影响。

H1i:领先顾客在线参与的在线互动对 KIBS 企业顾客技术知识获取有显著正向影响。

2. 领先顾客知识获取和KIBS企业新服务开发绩效关系

Zahra(2000)认为新产品(服务)开发的关键因素是企业具有较强的市场导向和顾客知识获取能力,拥有多样化的顾客知识能加快新产品(服务)开发效率并降低开发成本。Yli-Renko等(2001)指出领先顾客知识获取对高新技术企业新服务开发有极其重要的价值。Presutti等(2007)认为领先顾客所具有的关键顾客知识可以从获得新资源、新构念,强化联系的稳定性和长期性,提供研发知识三个方面来提高服务企业新服务开发绩效。Brettel和Cleven(2011)的实证研究表明,在新产品(服务)开发过程中,外部顾客知识获取可显著提升企业的创新绩效。王莉、罗瑾琏(2012)的实证研究也验证了顾客知识对企业创新绩效的显著正向影响。由于KIBS企业的NSD活动,具有高风险、高创新性、高知识密集和高顾客参与等特征,通过强化领先顾客在线参与来获取更多的互补性顾客知识,有助于KIBS企业深入理解顾客需求,全面掌握市场动态,并及时纠正NSD过程中的问题,从而降低开发风险并提升NSD绩效。基于上述理论分析提出如下研究假设:

H2:领先顾客知识获取对KIBS企业NSD绩效有显著正向影响。

H2a:领先顾客概念知识获取对KIBS企业NSD绩效有显著正向影响。

H2b:领先顾客需求知识获取对KIBS企业NSD绩效有显著正向影响。

H2c:领先顾客技术知识获取对KIBS企业NSD绩效有显著正向影响。

3. 领先顾客在线参与和KIBS企业新服务开发绩效关系

Fuller等(2006)的案例研究显示,顾客通过在线参与为企业提供问题解决方案,这些方案对提升新产品(服务)的市场潜力、新颖程度和技术可行性等创新绩效均有较大价值。Casalo等(2007)对开源软件社区的实证研究中,验证了顾客在线参与对顾客信任和品牌忠诚的显著正向影响。Kohler等(2009)在Web 2.0的环境下,通过对领先顾客进行授权创新,研究得出领先顾客在线参与能够有效提高NSD绩效。Chan(2010)的实证研究表明,在新产品(服务)开发的各个阶段,领先顾客在线参与对新产品(服务)的市场投放速度均有显著正向影响。Carbonell等(2012)的实证研究也验证了顾客的领先用户性对NSD绩效有显著正向影响。王永贵等(2011)指出,领先顾客比普通用户拥有更强的创新能力,他们的参与对企业提升产品(服务)创新绩效有十分积极的作用。由此可见,领先顾客在线参与往往能够降低新服务开发成本,缩短新服务开发时间,提高新服务开发效率,对企业NSD绩效有显著的促进作用。基于上述理论分析提出如下研究假设:

H3:领先顾客在线参与对KIBS企业NSD绩效有显著正向影响。

H3a:领先顾客在线参与的信息共享对KIBS企业NSD绩效有显著正向

影响。

H3b:领先顾客在线参与的共同开发对 KIBS 企业 NSD 绩效有显著正向影响。

H3c:领先顾客在线参与的在线互动对 KIBS 企业 NSD 绩效有显著正向影响。

4. 顾客知识获取中介作用的假设

本研究的已有假设表明领先顾客在线参与对 KIBS 企业顾客知识获取有正向影响,同时领先顾客知识获取又正向影响着 KIBS 企业 NSD 绩效。由以上假设我们可以推知领先顾客在线参与对 KIBS 企业获取领先顾客知识的正向影响,会进一步对 KIBS 企业的 NSD 绩效产生影响。汪涛和郭锐(2010)认为顾客知识获取确实在顾客参与新产品(服务)开发中存在一定的中介作用。对于 KIBS 企业而言,领先顾客在线互动的过程,其实就是企业与领先顾客知识交换的过程。企业通过与顾客在线互动,来获取领先顾客知识,并将顾客知识收为己用,并在新服务开发中发挥作用。由此可见,领先顾客在线参与之所以能够影响企业 NSD 绩效正是因为顾客知识在其中发挥了桥梁作用。基于上述理论分析提出如下假设:

H4:顾客知识获取在领先顾客在线参与和 NSD 绩效之间起中介作用。

H4a:顾客知识获取在信息共享和 NSD 绩效之间起中介作用。

H4b:顾客知识获取在共同开发和 NSD 绩效之间起中介作用。

H4c:顾客知识获取在在线互动和 NSD 绩效之间起中介作用。

5. 新服务创新性调节作用的假设

KIBS 企业在进行新服务开发过程中,不仅包括与市场现有产品不同的高创新性 NSD 活动,也包括实现少许更新的低创新性 NSD 活动。以突破性创新为代表的高创新性 NSD 活动,虽然具有高风险、高不确定性以及任务多样性和复杂性等特征,但其所带来的高收益也使诸多 KIBS 企业趋之若骛。Brockman 和 Morgan(2006)指出,高创新性的产品(服务)开发活动对各类顾客知识的需求更为强烈,顾客知识获取对新产品(服务)开发绩效的正向影响会尤其显著。Verhees 等(2010)的研究表明,在从事突破性产品(服务)创新活动的企业中,顾客需求信息、技术信息以及对产品(服务)的远见,是影响新产品(服务)开发成功与否的重要因素。姚季山和王永贵(2011)的实证研究,也验证了产品创新类型对顾客参与和新产品开发绩效的调节效应。高创新性的 NSD 所带来的市场、技术方面的高不确定性,对 KIBS 企业的知识储备提出了更高要求,需要企业通过获取更多的领先顾客知识来提升 NSD 绩效。因此新服务创新性越高,领先顾客知识获取对 KIBS 企业 NSD 绩效的贡献也就越显著。基于上述理论分析提出如下研究假设：

H5：新服务创新性对 KIBS 企业顾客知识获取和 NSD 绩效关系起调节作用。

H5a：新服务创新性对 KIBS 企业顾客概念知识获取和 NSD 绩效关系起调节作用。

H5b：新服务创新性对 KIBS 企业顾客需求知识获取和 NSD 绩效关系起调节作用。

H5c：新服务创新性对 KIBS 企业顾客技术知识获取和 NSD 绩效关系起调节作用。

6.3.2 模型构建

本研究以 NSD 活动较为频繁的 KIBS 企业为研究对象，以领先顾客知识获取为中介变量，以新服务创新性为调节变量，构建了网络环境下领先顾客在线参与、顾客知识获取与 KIBS 企业 NSD 绩效关系的概念模型，如图 6.1 所示。

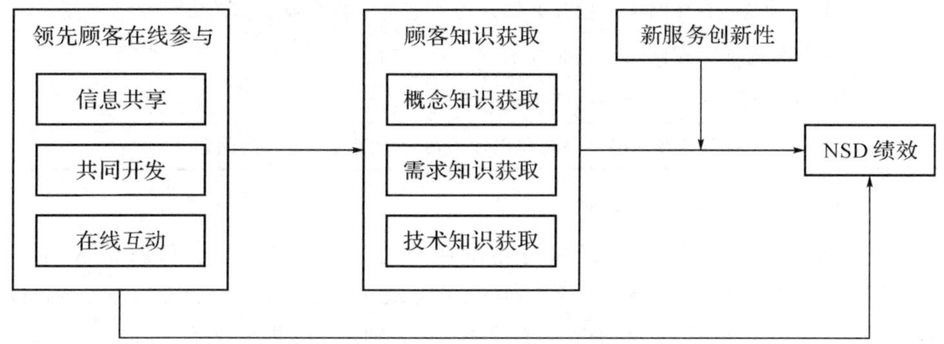

图 6.1 领先顾客在线参与、顾客知识获取和 KIBS 企业 NSD 绩效的关系模型

6.4 问卷设计

6.4.1 变量测度

1. 领先顾客在线参与测度

本研究对领先顾客在线参与的测量从信息共享、共同开发、在线互动三个方面展开，在参考 Claycomb 等(2001)、Fang(2008)、彭艳君(2010)等学者研究成果之上，设计出 15 个具体问项，具体如表 6.1 所示。

表 6.1 领先顾客在线参与的测量问项

维度	测量问项	参考来源
信息共享	GX1:领先顾客会在网络上与企业分享自己的创新性思想	Claycomb et al. (2001); Fang(2008); 彭艳君(2010)
	GX2:领先顾客会在网络上向企业清晰地表述自己对新服务的需求	
	GX3:领先顾客会在网络上与企业分享自己所具备的专业知识	
	GX4:领先顾客会在网络上向企业清晰表述对服务的合理化建议	
	GX5:领先顾客会在网络上及时告知企业在参与中遇到的问题	
共同开发	KF1:领先顾客会付出额外资源(时间等)协助企业完成相关工作	
	KF2:领先顾客会主动搜寻与服务相关的信息	
	KF3:领先顾客会向企业提供新服务开发所需要的资料	
	KF4:领先顾客会主动对新服务的部分内容进行设计或测试	
	KF5:领先顾客会配合企业工作人员完成相关的工作(调研等)	
在线互动	HD1:领先顾客在网络上与企业工作人员进行良好的沟通	
	HD2:领先顾客在网络上信任并以友善的态度对待企业工作人员	
	HD3:领先顾客在网络上与企业建立了良好的合作关系	
	HD4:领先顾客之间会在网络上进行良好的沟通合作	
	HD5:领先顾客会在网络上与企业工作人员讨论新服务存在的问题	

2. 领先顾客知识获取测度

本研究对领先顾客知识获取的测量从概念知识获取、需求知识获取、技术知识获取三个方面展开,在参考 Gebert 等(2003)、Natti 等(2006)、Roger D. Blackwell(2009)、范钧(2010)等学者研究的基础上,根据领先顾客的特征与实际情况,设计出 11 个具体问项,具体如表 6.2 所示。

表 6.2 领先顾客知识获取的测量问项

维度	测量问项	参考来源
概念知识获取	GN1:我们获取领先顾客关于新服务的创新性理念	Gebert et al. (2003); Natti et al. (2006); Roger D. Blackwell (2009); 范钧(2010)
	GN2:我们获取领先顾客关于新服务的创意概念	
	GN3:我们获取领先顾客关于新服务的原型设计	
需求知识获取	XQ1:我们获取领先顾客对新服务内容的具体要求	
	XQ2:我们获取领先顾客对新服务结果的具体要求	
	XQ3:我们获取领先顾客对新服务效果的具体要求	

续表

维度	测量问项	参考来源
技术知识获取	JS1：我们获取领先顾客关于服务技能的知识	Gebert et al.(2003)；Natti et al.(2006)；Roger D. Blackwell (2009)；范钧(2010)
	JS2：我们获取领先顾客对改善服务的建议	
	JS3：我们获取领先顾客关于服务营销推广方面的知识	
	JS4：我们获取领先顾客关于新服务的评价和反馈	
	JS5：我们获取领先顾客的服务消费经验	

3．新服务创新性测度

本研究对新服务创新性的测度主要参考了 Lee(2008)、朱秀梅等(2011)等的测量方法，共 3 个测量问项，具体如表 6.3 所示。

表 6.3 新服务创新性的测量问项

测量问项	参考来源
CXX1：公司开发的新服务在市场上具有新颖性	Lee(2008)、朱秀梅等(2011)
CXX2：公司开发的新服务在技术上具有很高的创新性	
CXX3：公司开发的新服务相对于本公司已有服务具有很高的创新性	

4．新服务开发绩效测度

本研究对新服务创新绩效的测度主要参考了 Jaw 等(2010)、姚山季和王永贵(2011)等的测量方法，共 5 个测量问项，具体如表 6.4 所示。

表 6.4 新服务开发绩效的测量问项

测量问项	参考来源
JX1：公司开发的新服务达到了预设目标的程度(时间、成本、内容)	Jaw et al.(2010)、姚山季和王永贵(2011)
JX2：公司开发的新服务市场份额达到或超过预设目标的程度	
JX3：公司开发的新服务达到了预期的投入回报率	
JX4：公司开发的新服务达到了预期的顾客满意程度	
JX5：公司开发的新服务的销售量达到了预计水平	

6.4.2 小样本测试

为了保证调查问卷的有效性和可靠性，在大样本调查之前，本研究先进行了小规模的样本测试，并结合前测信度和效度分析结果，进一步修缮问卷。该小规模样本测试主要是通过对杭州市 63 家有在线开发新服务项目的 KIBS 企业进行实地走访、发放回收问卷进行的，回收有效问卷51份。

1. 信度分析

信度分析是指测量工具或手段是否可以稳定一致地测量所检验的事物。量表的信度越高，代表同一量表中的不同问项测得值受到误差的影响就越小。本研究将使用SPSS17.0对小样本测量数据进行信度分析，并采用目前学术界最为常用的Cronbach's α系数来检验问卷的信度。通常来说，当Cronbach's α>0.5则被认可但属于偏低水平，当Cronbach's α达到0.7水平则认为量表具有较高的信度，Cronbach's α>0.9则表示量表信度非常好。同时本研究将主要依据纠正条款的总相关系数来对测量问卷进行修正，以CITC>0.35作为参考标准，删除CITC数值不符合要求的题项。

(1)领先顾客在线参与测量问项的信度分析

领先顾客在线参与三个维度的信度分析结果如表6.5所示。由表6.5可知，三个维度的Cronbach's α系数均大于0.8，表明领先顾客在线参与的量表符合标准，具有较好的信度。15个问项的CITC值均大于0.35，达到了研究使用标准，故将其全部保留。

表6.5 领先顾客在线参与三维度信度分析结果

维度	测量问项	CITC值	删除该项后的α系数	Cronbach's α系数
信息共享	GX1	0.758	0.791	0.845
	GX2	0.695	0.803	
	GX3	0.569	0.842	
	GX4	0.633	0.819	
	GX5	0.649	0.815	
共同开发	KF1	0.541	0.843	0.846
	KF2	0.662	0.813	
	KF3	0.662	0.813	
	KF4	0.644	0.817	
	KF5	0.769	0.783	
在线互动	HD1	0.721	0.789	0.842
	HD2	0.760	0.782	
	HD3	0.628	0.815	
	HD4	0.643	0.811	
	HD5	0.511	0.849	

(2)领先顾客知识获取测量问项的信度分析

领先顾客知识获取三个维度的信度分析结果如表 6.6 所示。由表 6.6 可知，三个维度的 Cronbach's α 系数均大于 0.8，表明领先顾客知识获取的量表符合标准，具有较好的信度。11 个问项的 CITC 值均大于 0.35，达到了研究使用标准，故将其全部保留，并用于大样本分析。

表 6.6　领先顾客知识获取三维度信度分析结果

维度	测量问项	CITC 值	删除该项后的 α 系数	Cronbach's α 系数
概念知识获取	GN1	0.761	0.826	0.872
	GN2	0.813	0.765	
	GN3	0.713	0.858	
需求知识获取	XQ1	0.755	0.695	0.830
	XQ2	0.766	0.698	
	XQ3	0.565	0.892	
技术知识获取	JS1	0.678	0.780	0.828
	JS2	0.554	0.813	
	JS3	0.705	0.722	
	JS4	0.597	0.803	
	JS5	0.603	0.801	

(3)新服务创新性测量问项的信度分析

新服务创新性信度分析的结果如表 6.7 所示。由表 6.7 可知，新服务创新性的 Cronbach's α 系数为 0.841，大于 0.8，表明新服务创新性的量表符合标准，具有良好的信度。3 个问项的 CITC 值均大于 0.35，达到了使用标准，故将其全部保留。

表 6.7　新服务创新性信度分析结果

变量	测量问项	CITC 值	删除该项后的 α 系数	Cronbach's α 系数
新服务创新性	CXX1	0.747	0.745	0.841
	CXX2	0.683	0.802	
	CXX3	0.699	0.793	

(4)新服务开发绩效测量问项的信度分析

新服务开发绩效的信度分析结果如表 6.8 所示。由表 6.8 可知，新服务开发绩效的 Cronbach's α 系数为 0.791，大于 0.7，但其中 JX5 题项的 CITC 值为

0.256，小于 0.35，所以该题项与其他题项之间的相关性较低且删除后 Cronbach's α 系数将有所提高，符合删除要求。删除后得到的 Cronbach's α 系数为 0.845。其他 4 个问项的 CITC 值均大于 0.35，达到了使用标准，故将其余问项保留。

表 6.8 新服务开发绩效信度分析结果

变量	测量问项	CITC 值	删除该项后的 α 系数	Cronbach's α 系数
新服务开发绩效	JX1	0.697	0.707	0.791
	JX2	0.624	0.734	
	JX3	0.642	0.727	
	JX4	0.670	0.721	
	JX5	0.256	0.845	

综上所述，从小样本分析结果来看本研究问卷中的测量题项，除了新服务开发绩效中的 JX5，其余均不符合删除要求，故将 JX5 项删除，其余问项全部保留。

2. 效度分析

本研究采用探索性因子分析对小样本数据进行效度分析。对测量模型进行小样本测试时，当样本数量大于预测题项数，便可进行因子分析（吴明隆，2000），本研究总共收集到有效数据 51 份，远大于预测题项数，可以进行后续分析。学术界大都采用巴特莱特球体检验来判定测量问卷是否可进行因子分析，KMO 值指标为大于 0.7。本研究将使用 SPSS17.0 对小样本数据进行 KMO 测度，并进行探索性因子分析。

小样本探索性因子分析结果如表 6.9 所示。4 个变量的 KMO 值均大于 0.7，且巴特莱特球体检验的显著性水平为 0.000。由此可见，问卷小样本测试数据可以用于探索性因子分析。在探索性因子分析中，本研究采用最大方差法和主成分分析法对小样本数据进行分析，并根据特征值是否大于 1 来确定因子个数。从表 6.9 中我们可以发现，相同维度的问题项因子载荷均出现在同一公共因子上（仅显示因子载荷大于 0.5）。由此可以得出，该量表具有较好的效度，无须进一步修缮。

表 6.9 小样本探索性因子分析结果

变量	维度	测量题项	因子载荷		
			因子 1	因子 2	因子 3
领先顾客在线参与(KMO=0.826 Sig. =0.000)	信息共享	GX1			0.707
		GX2			0.663
		GX3			0.677
		GX4			0.798
		GX5			0.782
	共同开发	KF1		0.794	
		KF2		0.697	
		KF3		0.678	
		KF4		0.608	
		KF5		0.734	
	在线互动	HD1	0.844		
		HD2	0.841		
		HD3	0.719		
		HD4	0.740		
		HD5	0.589		
领先顾客知识获取(KMO=0.767 Sig. =0.000)	概念知识获取	GN1			0.845
		GN2			0.910
		GN3			0.694
	需求知识获取	XQ1		0.892	
		XQ2		0.900	
		XQ3		0.647	
	技术知识获取	JS1	0.766		
		JS2	0.645		
		JS3	0.751		
		JS4	0.740		
		JS5	0.669		

续表

变量	维度	测量题项	因子载荷		
			因子 1	因子 2	因子 3
新服务创新性（KMO=0.722；Sig.=0.000）		CXX1	0.894		
		CXX2	0.859		
		CXX3	0.867		
新服务开发绩效（KMO=0.809；Sig.=0.000）		JX1	0.846		
		JX2	0.812		
		JX3	0.830		
		JX4	0.816		

6.5 数据统计分析

6.5.1 数据收集和描述性统计分析

本研究的调查对象主要是长三角地区的 KIBS 企业，其领先顾客不仅包括一般企业所面对的单个消费者，更多的是以正式组织形式存在的公司，他们是 KIBS 企业真正的领先顾客。本研究主要采取实地发放、电子邮件等方式进行问卷调查，因为在小样本调查时发现寻找符合情况的 KIBS 企业比较困难，故在大样本调查中，采取以新服务开发项目作为调查对象，对同一企业不同研发项目进行多次调查，以提高数据的回收率。主要通过以下几种方式进行数据收集：(1)进入科研合作企业进行问卷的发放与回收。(2)在杭州地区各高校的 MBA 班进行课堂发放与回收。(3)借助已经毕业的学生，对其所在地的 KIBS 企业进行问卷发放。本研究数据调查历时 3 个多月，对 193 家企业的 308 个项目进行调查，回收问卷 267 份，其中无效问卷 23 份，有效问卷 244 份(来自 127 家企业)，有效回收率为 79.2%。一般认为，样本数与观测变量问项数比例达到 5∶1 以上时，就可以进行 SEM(吴明隆，2010)。本问卷回收样本数 244 大于观测变量数 33 的五倍，可以进行 SEM。

本研究样本的具体情况如表 6.10 所示。就企业性质而言，以民营企业为主，其次为国有企业或国有控股企业。新开发项目所在领域以信息与通信服务业为主，科技服务业次之，金融业与商务服务业更少，分别占 15.2%和 13.9%，另外还有 4.5%属于其他 KIBS 企业。受访者所在部门，研发部、顾客服务部、营销运作部较为平均，分别占了32.5%、30.3%和27.5%，另外还有9.8%属于其他部门。企业运营时间主要集中在3～5年这一阶段，通常来说这一阶段的KIBS企业已经进入稳定期，并实现了稳步发展，企业得到了良好的运营，因此也更能反映KIBS企业的整体情况。被调查者全部为项目主要负责人之一，能最清楚地了解整个新服务开发的过程，这保证了所填问卷的准确性。

表6.10　描述性统计分析

项目	类别	统计个数	比例(%)
企业性质	国有企业(含国有控股)	78	32.0
	民营企业	104	42.6
	中外合资企业	45	18.4
	外商独资企业	17	7.0
开发项目所在领域	金融业	37	15.2
	信息与通信服务业	98	40.2
	科技服务业	64	26.2
	商务服务业	34	13.9
	其他服务业	11	4.5
受访者所在部门	营销运作部	67	27.5
	研发部	79	32.4
	顾客服务部	74	30.3
	其他部门	24	9.8
企业成立时间	1年以下	15	6.1
	1～3年	89	36.5
	3～5年	102	41.8
	5年以上	38	15.6
是否项目负责人	是	244	100
	否	0	0

6.5.2　信度分析

本研究继续采用Cronbach's α系数来对大样本数据中各测量指标进行信度检验。从表6.11可以看出各维度的Cronbach's α系数均在0.8以上，且各测量项目的CITC值均在0.4以上，删除该项后其Cronbach's α系数均低于总体Cronbach's α系数，表明各变量内部各测量项目具有很好的一致性。

表 6.11 各变量的信度系数分析结果

变量	维度	问项	CITC 值	删除该项后的 α 系数	Cronbach's α 系数
领先顾客在线参与	信息共享	GX1	0.614	0.801	0.830
		GX2	0.642	0.793	
		GX3	0.591	0.808	
		GX4	0.668	0.786	
		GX5	0.632	0.796	
	共同开发	KF1	0.604	0.840	0.854
		KF2	0.663	0.826	
		KF3	0.724	0.809	
		KF4	0.675	0.823	
		KF5	0.673	0.823	
	在线互动	HD1	0.729	0.847	0.877
		HD2	0.785	0.834	
		HD3	0.719	0.849	
		HD4	0.654	0.864	
		HD5	0.663	0.863	
领先顾客知识获取	概念知识获取	GN1	0.835	0.887	0.920
		GN2	0.847	0.877	
		GN3	0.832	0.890	
	需求知识获取	XQ1	0.806	0.826	0.890
		XQ2	0.798	0.833	
		XQ3	0.752	0.873	
	技术知识获取	JS1	0.647	0.846	0.865
		JS2	0.697	0.834	
		JS3	0.698	0.834	
		JS4	0.694	0.834	
		JS5	0.694	0.835	
新服务创新性		CXX1	0.772	0.772	0.861
		CXX2	0.746	0.796	
		CXX3	0.693	0.846	

续表

变量	维度	问项	CITC 值	删除该项后的 α 系数	Cronbach's α 系数
新服务开发绩效		JX1	0.736	0.815	0.863
		JX2	0.717	0.823	
		JX3	0.709	0.826	
		JX4	0.681	0.838	

6.5.3 效度分析

本研究在测度具体变量时，多数采用较为成熟的量表进行测量，部分问项根据实际情况进行适当修改，并与相关专家进行深度的讨论，故可以认为本量表具有较高的内容效度。对于构建效度本研究先使用 SPSS17.0 进行探索性因子分析，再使用 AMOS17.0 进行验证性因子分析。

1. 探索性因子分析

本研究主要使用 KMO 及巴特莱特球体检验来验证样本数据是否适合进行因子分析。通常来说，KMO 统计量取值范围设定在 0～1，并认为当 KMO 值大于 0.9 时，样本数据非常适合进行因子分析，0.8～0.9 很适合，0.7～0.8 为适合，0.7 以下为基本不合适。本研究在对各变量进行探索性因子分析时，将采用最大方差法和主成分分析法对收集到的有效数据进行分析，并主要依据特征值是否大于 1 来确定因子的个数。同时根据评价测量条款的因子载荷来判断区分效度，当同一个维度因子的载荷高于 0.5 的值仅出现在同一个公共因子上时，则认为问卷有较好的区分效度。

(1)领先顾客在线参与各维度的探索性因子分析

领先顾客在线参与各维度的 KMO 值和巴特莱特球体检验分析结果如表 6.12 所示。

表 6.12 领先顾客在线参与各维度 KMO 值及巴特莱特球体检验值

评价指标		领先顾客在线参与
KMO		0.928
巴特莱特球体	Approx. chi-Square	1918.731
	df	105
	Sig.	0.000

检验结果表明，KMO 值达到 0.928，属于非常适合进行因子分析，同时巴特莱特球体检验的显著性水平为 0.000，因此认为可以对领先顾客在线参与这

一变量进行探索性因子分析，分析结果如表 6.13 所示。

从因子分析结果可以看出，15 个问项共产生了 3 个因子，每个问项的因子载荷均大于 0.5，表明该部分效度较好，且 3 个因子累计解释变异 64.468%，表明已包含了测量变量的大部分信息。

表 6.13　领先顾客在线参与各维度因子分析结果

维度	问项	因子 1	因子 2	因子 3
信息共享	GX1			0.615
	GX2			0.734
	GX3			0.586
	GX4			0.788
	GX5			0.726
共同开发	KF1		0.738	
	KF2		0.617	
	KF3		0.714	
	KF4		0.660	
	KF5		0.709	
在线互动	HD1	0.804		
	HD2	0.807		
	HD3	0.714		
	HD4	0.701		
	HD5	0.619		
特征值		3.382	3.348	2.941
方差的百分比(%)		22.545	22.317	19.606
累计的方差百分比(%)		22.545	44.862	64.468

(2)领先顾客知识获取各维度的探索性因子分析

领先顾客知识获取各维度的 KMO 值和巴特莱特球体检验分析结果如表 6.14 所示。

表 6.14　领先顾客知识获取各维度 KMO 值及巴特莱特球体检验值

评价指标		领先顾客知识获取
KMO		0.922
巴特莱特球体	Approx. chi-Square	1848.566
	df	55
	Sig.	0.000

检验结果表明,KMO 值达到 0.922,属于非常适合进行因子分析,同时巴特莱特球体检验的显著性水平为 0.000,因此认为可以对领先顾客知识获取这一变量进行探索性因子分析,分析结果如表 6.15 所示。

从因子分析结果可以看出,11 个问项共产生了 3 个因子,每个问项的因子载荷均大于 0.5,表明该部分效度较好,并且 3 个因子累计解释变异 75.774%,表明已包含了测量变量的大部分信息。

表 6.15 领先顾客知识获取各维度因子分析结果

维度	问项	因子 1	因子 2	因子 3
概念知识获取	GN1		0.810	
	GN2		0.877	
	GN3		0.832	
需求知识获取	XQ1			0.821
	XQ2			0.799
	XQ3			0.785
技术知识获取	JS1	0.628		
	JS2	0.720		
	JS3	0.819		
	JS4	0.662		
	JS5	0.690		
特征值		3.081	2.687	2.567
方差的百分比(%)		28.008	24.428	23.338
累计的方差百分比(%)		28.008	52.436	75.774

(3)新服务创新性的探索性因子分析

新服务创新性的 KMO 值和巴特莱特球体检验分析结果如表 6.16 所示。

表 6.16 新服务创新性的 KMO 值及巴特莱特球体检验值

评价指标		新服务创新性
KMO		0.725
巴特莱特球体	Approx. chi-Square	344.590
	df	3
	Sig.	0.000

检验结果表明,KMO 值达到 0.725,属于比较适合进行因子分析水平,同

时巴特莱特球体检验的显著性水平为 0.000，因此认为可以对新服务开发绩效这一变量进行探索性因子分析，分析结果如表 6.17 所示。

表 6.17　新服务创新性因子分析结果

变量	问项	因子 1
新服务创新性	CXX1	0.905
	CXX2	0.891
	CXX3	0.859
特征值		2.350
方差的百分比(%)		78.324
累计的方差百分比(%)		78.324

从表 6.17 中可以看出，新服务创新性的所有问项均分布在同一因子上，且提取的公因子共累积解释变异量的 78.324%，说明已包含了问卷变量的大部分信息。

(4)新服务开发绩效的探索性因子分析

新服务开发绩效的 KMO 值和巴特莱特球体检验分析结果如表 6.18 所示。

表 6.18　新服务开发绩效的 KMO 值及巴特莱特球体检验值

评价指标		新服务开发绩效
KMO		0.826
巴特莱特球体	Approx. chi-Square	438.116
	df	6
	Sig.	0.000

检验结果表明，KMO 值达到 0.826，属于较为适合进行因子分析水平，同时巴特莱特球体检验的显著性水平为 0.000，因此认为可以对新服务开发绩效这一变量进行探索性因子分析，分析结果如表 6.19 所示。

表 6.19　新服务开发绩效因子分析结果

变量	问项	因子 1
新服务开发绩效	JX1	0.859
	JX2	0.846
	JX3	0.842
	JX4	0.821
特征值		2.837
方差的百分比(%)		70.921
累计的方差百分比(%)		70.921

从表 6.19 中可以看出，新服务开发绩效的所有问项均分布在同一因子上，且提

取的公因子共累积解释变异量的70.921%,表明已包含了问卷变量的大部分信息。

由探索性因子分析结果可以看出,本研究的调查问卷具有较高的效度。因此问卷所搜集的数据可以用于进一步的统计分析,即对各变量之间的关系进行进一步的深入研究。

2. 验证性因子分析

在探索性因子分析的基础上,本研究运用AMOS17.0对其进行验证性因子分析,构建验证性因子分析模型图并得到验证结果,如图6.2和表6.20所示。

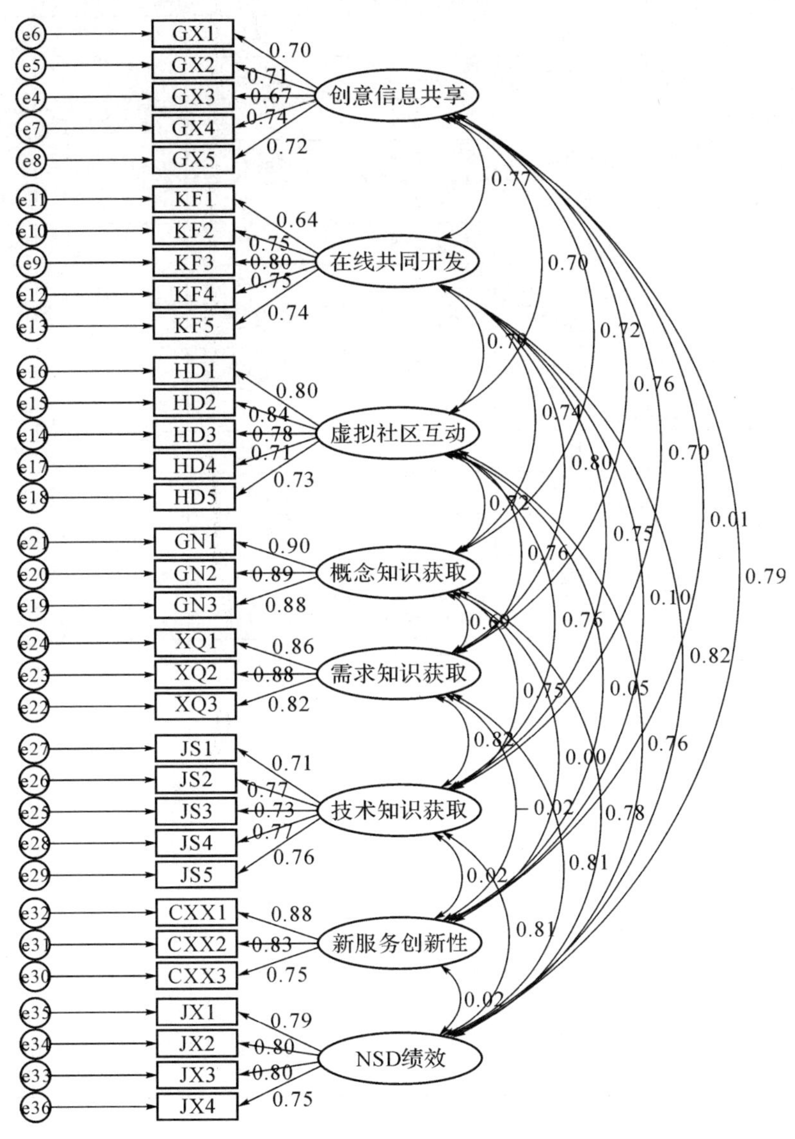

图6.2 验证性因子分析模型图

从验证性分析结果可知，所有测量问项在其所属变量上的标准化载荷系数均大于 0.6，t 值均大于 2.0，组合信度 CR 值均大于 0.8，平均提取方差 AVE 均大于 0.5，测量模型的各拟合指数也均基本达到要求，显示模型拟合良好。由此可见，本研究使用的测量量表具有较好的效度，关系模型和研究假设具备一定的合理性，可对各变量作用关系做进一步分析。

表 6.20 各变量的信度检验和验证性因子分析结果

变量	测量问项	因子载荷	t 值	CR 值	AVE
信息共享	GX1	0.697	9.41	0.83	0.50
	GX2	0.713	9.59		
	GX3	0.666	—		
	GX4	0.738	9.87		
	GX5	0.715	9.61		
共同开发	KF1	0.638	10.24	0.85	0.54
	KF2	0.751	12.47		
	KF3	0.797	—		
	KF4	0.747	12.39		
	KF5	0.738	12.20		
在线互动	HD1	0.796	13.18	0.88	0.60
	HD2	0.839	14.03		
	HD3	0.781	—		
	HD4	0.710	11.49		
	HD5	0.732	11.91		
概念知识获取	GN1	0.905	19.85	0.92	0.79
	GN2	0.891	19.32		
	GN3	0.876	—		
需求知识获取	XQ1	0.864	16.00	0.89	0.73
	XQ2	0.882	16.47		
	XQ3	0.822	—		
技术知识获取	JS1	0.712	10.77	0.87	0.56
	JS2	0.768	11.65		
	JS3	0.733	—		
	JS4	0.774	11.74		
	JS5	0.763	11.57		

续表

变量	测量问项	因子载荷	t 值	CR 值	AVE
新服务创新性	CXX1	0.881	12.67	0.86	0.68
	CXX2	0.763	12.50		
	CXX3	0.753	—		
新服务开发绩效	JX1	0.792	13.41	0.86	0.61
	JX2	0.796	13.49		
	JX3	0.796	—		
	JX4	0.746	12.44		

拟合指标	χ^2	df	P	χ^2/df	RMSEA	GFI	NFI	CFI
具体数值	614.406	467	0.000	1.316	0.036	0.873	0.890	0.971

6.5.4 结构方程模型分析

根据样本数据的信度与效度分析结果可知，各参数均符合进一步建立结构方程模型进行分析的要求。本研究将使用 AMOS17.0 建立结构方程模型，对模型进行识别检验并进行参数估计，根据结果判定模型拟合度，并得到假设检验结果和初步结论。

1. 初始模型建立与结果分析

本研究将利用 AMOS17.0 建立结构方程模型，对领先顾客在线参与、顾客知识获取、新服务开发绩效之间的相互关系进行检验。根据假设关系，绘制出本研究的初始结构方程模型，如图 6.3 所示。在模型中，GX、KF、HD、GN、XQ、JS、JX 分别代表信息共享、共同开发、在线互动、概念知识获取、需求知识获取、技术知识获取、新服务开发绩效，且 GX1～GX5、KF1～KF5、HD1～HD5、GN1～GN3、XQ1～XQ3、JS1～JS3、JX1～JX4 分别代表各自测量指标。

本研究将所收集到的有效数据导入 SEM，并运算得到初始模型分析结果，如图 6.3 和表 6.21 所示。

从表 6.21 可以看出，虽然初始结构方程模型的 P 值<0.05，但 χ^2/df 的值为 1.356<2，因此可对 χ^2 不显著的要求忽略不计。RMSEA 值为 0.038，小于 0.08 的参考值。CFI 为 0.971 大于 0.9，GFI 和 NFI 的值(0.878 和 0.898)也均接近 0.9，表明模型的拟合度良好。路径分析方面，15 条路径中，有 10 条路径的 C. R. 值大于 1.96，且 P 值小于 0.05，即在 $P=0.05$ 水平下具有显著性。但是另外 5 条路径，“NSD 绩效←需求知识获取”(C. R. 值＝1.797<1.96，P＝0.072>0.05)、“NSD 绩效←技术知识获取”(C. R. 值＝1.954<1.96，P＝

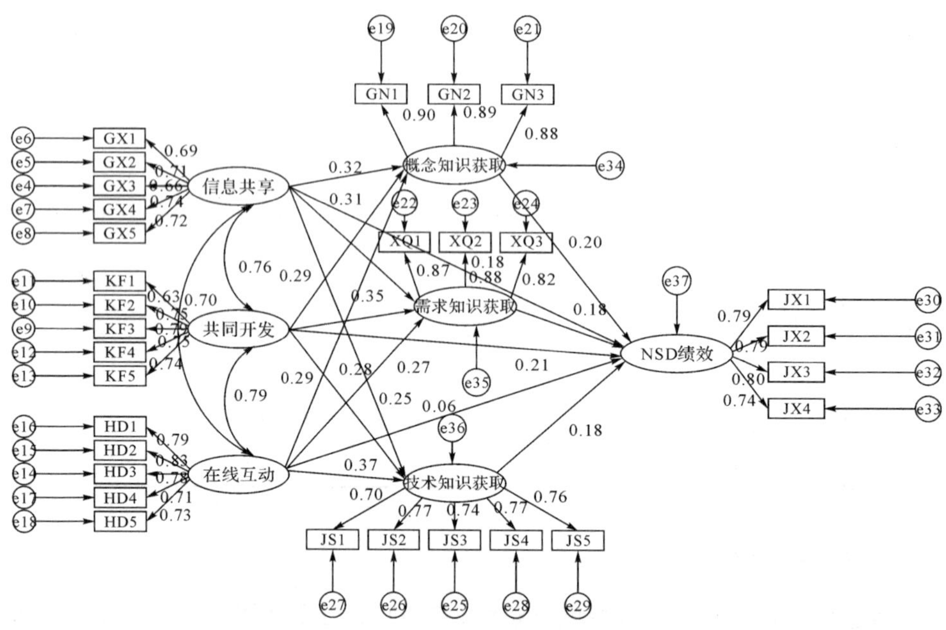

图 6.3 初始结构方程模型

0.051>0.05)、"NSD 绩效←信息共享"(C. R. 值=1.783<1.96，P=0.075>0.05)、"NSD 绩效←共同开发"(C. R. 值=1.815<1.96，P=0.070>0.05)、"NSD 绩效←在线互动"(C. R. 值=0.568<1.96，P=0.570>0.05)未能满足结构方程模型路径成立的要求。综上所述，我们可以发现领先顾客在线参与对顾客知识获取和新服务开发绩效的影响机制的结构方程模型拟合较好，但仍需进一步进行修正。

表 6.21 初始模型分析结果

假设路径	标准化回归系数	C. R. 值	显著性 P
概念知识获取←信息共享	0.318	3.324	***
需求知识获取←信息共享	0.314	3.476	***
技术知识获取←信息共享	0.246	2.540	0.011
概念知识获取←共同开发	0.286	2.503	0.012
需求知识获取←共同开发	0.355	3.275	0.001
技术知识获取←共同开发	0.293	2.496	0.013
概念知识获取←在线互动	0.277	2.861	0.004
需求知识获取←在线互动	0.272	2.982	0.003

续表

假设路径	标准化回归系数	C. R. 值	显著性 P
技术知识获取←在线互动	0.369	3.641	***
NSD 绩效←概念知识获取	0.200	2.535	0.011
NSD 绩效←需求知识获取	0.181	1.797	0.072
NSD 绩效←技术知识获取	0.181	1.954	0.051
NSD 绩效←信息共享	0.178	1.783	0.075
NSD 绩效←共同开发	0.211	1.815	0.070
NSD 绩效←在线互动	0.056	0.568	0.570

拟合指标	χ^2	df	P	χ^2/df	RMSEA	GFI	NFI	CFI
具体数值	524.616	387	0.000	1.356	0.038	0.878	0.898	0.971

2. 模型修正及其结果分析

本研究的初始模型尚存在一些不合理的地方，故需要对其进行修正。模型修正的主要方法为参考模型的路径系数显著性指标和模型修正指数 MI 进行模型的限制或者扩展。本研究主要采用路径限制的方法来对模型进行修正即删除或限制一些不存在显著性意义的路径。

由初始模型分析结果可知，“NSD 绩效←需求知识获取”、“NSD 绩效←技术知识获取”、“NSD 绩效←信息共享”、“NSD 绩效←共同开发”、“NSD 绩效←在线互动”5 条路径未能满足结构方程模型路径成立的要求。本研究将根据 5 条路径中，各路径的相关指数与标准值之间的差距大小，来依次删除该路径。根据初始模型分析结果，“NSD 绩效←在线互动”（C. R. 值＝0.568＜1.96，P＝0.570＞0.05）与标准值差距最大，故先将其删除，删除之后再导入数据进行拟合运算。修正模型如图 6.4 所示，模型分析结果如图 6.4 和表 6.22 所示。

表 6.22　结构方程修正模型一分析结果

假设路径	标准化回归系数	C. R. 值	显著性 P
概念知识获取←信息共享	0.317	3.320	***
需求知识获取←信息共享	0.313	3.474	***
技术知识获取←信息共享	0.245	2.533	0.011
概念知识获取←共同开发	0.284	2.483	0.013
需求知识获取←共同开发	0.353	3.248	0.001
技术知识获取←共同开发	0.290	2.463	0.014
概念知识获取←在线互动	0.278	2.859	0.004

续表

假设路径	标准化回归系数	C. R. 值	显著性 P
需求知识获取←在线互动	0.274	2.985	0.003
技术知识获取←在线互动	0.373	3.661	***
NSD 绩效←概念知识获取	0.209	2.736	0.006
NSD 绩效←需求知识获取	0.194	2.013	0.044
NSD 绩效←技术知识获取	0.198	2.310	0.021
NSD 绩效←信息共享	0.173	1.755	0.079
NSD 绩效←共同开发	0.231	2.026	0.043

拟合指标	χ^2	df	P	χ^2/df	RMSEA	GFI	NFI	CFI
具体数值	524.961	388	0.000	1.353	0.038	0.878	0.898	0.971

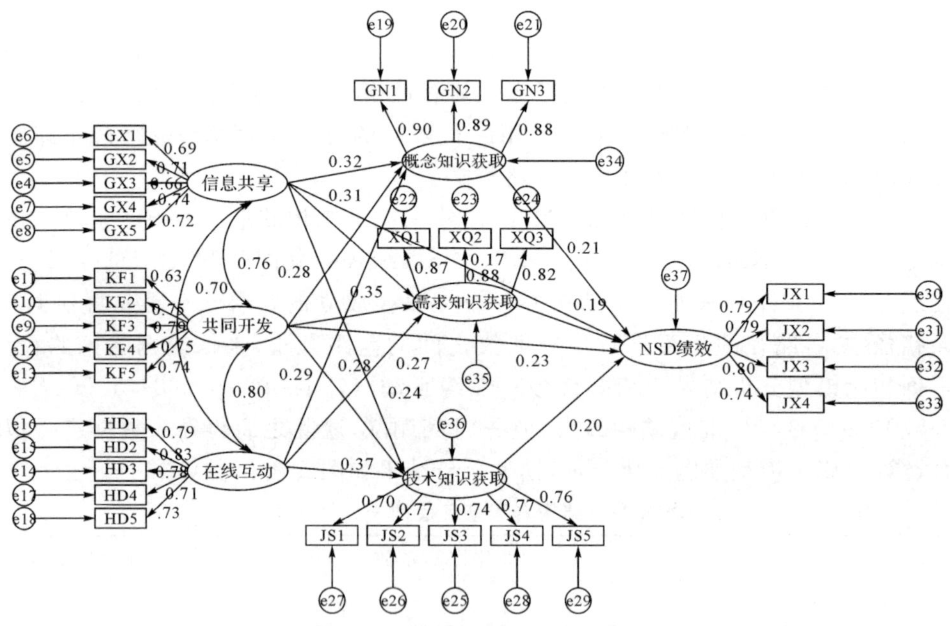

图 6.4 结构方程修正模型一

运算结果显示模型的拟合度较好，剩下的 14 条路径中，13 条路径的 C. R. 值大于 1.96，且 P 值小于 0.05，即在 $P=0.05$ 水平下具有显著性。但仍有一条路径“NSD 绩效←信息共享”(C. R. 值$=1.755<1.96$，$P=0.079>0.05$)未能满足结构方程模型路径成立的要求。因此需对模型进行第二次修正。删除“NSD 绩效←信息共享”路径之后，剩下的 13 条路径的 C. R. 值均大于 1.96，且

P 值小于 0.05，即在 $P=0.05$ 水平下具有显著性。修正模型如图 6.5 所示，模型分析结果如图 6.5 和表 6.23 所示。

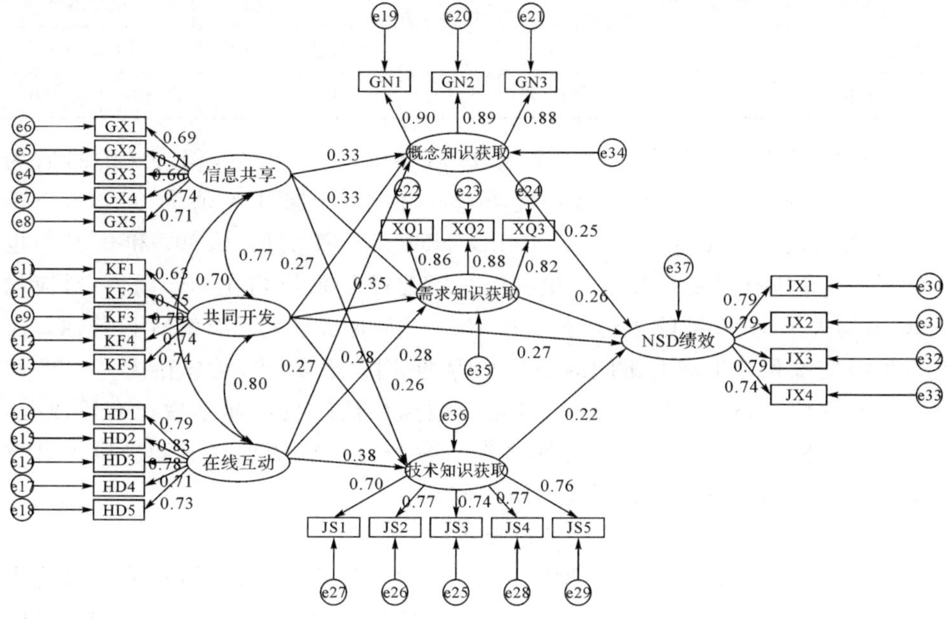

图 6.5　结构方程修正模型二

表 6.23　结构方程模型二分析结果

假设路径	标准化路径系数	C. R. 值	P 值
概念知识获取←信息共享	0.327	3.374	***
需求知识获取←信息共享	0.327	3.575	***
技术知识获取←信息共享	0.262	2.669	0.008
概念知识获取←共同开发	0.269	2.322	0.020
需求知识获取←共同开发	0.334	3.048	0.002
技术知识获取←共同开发	0.269	2.265	0.024
概念知识获取←在线互动	0.283	2.926	0.003
需求知识获取←在线互动	0.280	3.068	0.002
技术知识获取←在线互动	0.379	3.727	***
NSD 绩效←概念知识获取	0.251	3.422	***
NSD 绩效←需求知识获取	0.258	2.602	0.009
NSD 绩效←技术知识获取	0.218	2.839	0.005

续表

假设路径		标准化路径系数		C. R. 值		P 值	
NSD 绩效←共同开发		0.270		2.368		0.018	
拟合指标	χ^2	df	P	χ^2/df	RMSEA	GFI	NFI	CFI
具体数值	528.187	389	0.000	1.358	0.038	0.877	0.897	0.970

修正模型的拟合指标显示，虽然 P 值$=0.000<0.05$，但 χ^2/df 的值为 $1.358<2$，因此可对 χ^2 不显著的要求忽略不计。RMSEA 值为 0.038，小于 0.08 的参考值。CFI 为 0.970，大于 0.9，NFI 和 GFI 的值(0.897 和 0.877)也均接近 0.9。所有显变量和潜变量间的标准化路径系数均在 0.5 以上，对应的 C. R. 值均大于 1.96 的临界值，至少在 $P=0.05$ 的水平上具有统计显著性。所有内生潜变量和外生潜变量间的路径 C. R. 值均大于 1.96，至少在 $P=0.05$ 水平上具有统计显著性。由此可见，修正模型拟合良好且比初始模型有所改善，已无进一步修正必要。因此领先顾客在线参与对顾客知识获取和新服务开发绩效影响机制的最终结果方程模型得以确定。

3. 总效应、直接效应和间接效应分析

本研究在上述结构方程模型的基础上，对变量之间的总效应、直接效应和间接效应进行分析，以分析中间变量对自变量和因变量之间关系的影响程度。最终模型的总效应、直接效应和间接效应分析结果如表 6.24 所示。

表 6.24　总效应、直接效应、间接效应分析结果(标准化)

效果类型		信息共享	共同开发	在线互动	概念知识获取	需求知识获取	技术知识获取
总效应	概念知识获取	0.327	0.269	0.283	—	—	—
	需求知识获取	0.327	0.334	0.280	—	—	—
	技术知识获取	0.262	0.269	0.379	—	—	—
	NSD 绩效	0.223	0.482	0.226	0.251	0.258	0.218
直接效应	概念知识获取	0.327	0.269	0.283	—	—	—
	需求知识获取	0.327	0.334	0.280	—	—	—
	技术知识获取	0.262	0.269	0.379	—	—	—
	NSD 绩效	—	0.270	—	0.251	0.258	0.218
间接效应	概念知识获取	—	—	—	—	—	—
	需求知识获取	—	—	—	—	—	—
	技术知识获取	—	—	—	—	—	—
	NSD 绩效	0.223	0.212	0.226	—	—	—

由表 6.24 可知，信息共享和在线互动对 NSD 绩效的直接效果为 0，这主要

是因为在本研究模型修正时，删除了未达到要求的两条路径“NSD 绩效←信息共享”和“NSD 绩效←在线互动”。同时间接效应分析中，信息共享和在线互动对 NSD 绩效的间接效应分别达到了 0.223 和 0.226，可知在中介变量顾客知识获取的作用下，信息共享和在线互动对 NSD 绩效的直接效应低于显著性水平，只是间接影响 NSD 绩效。共同开发在顾客知识获取的影响下，直接效应明显下降。因此，可以得出领先顾客知识获取在领先顾客在线参与三个维度和 NSD 绩效之间发挥了中介作用(其中在信息共享和在线互动对 NSD 绩效的影响中起到了完全中介作用，而在共同开发对 NSD 绩效的影响中起到了部分中介作用)。

6.5.5 新服务创新性的调节效应分析

本研究采用 SPSS17.0 软件对样本数据进行分层回归分析，分析新服务创新性的调节效应，为减少变量间的多重共线性问题，事先对变量进行了中心化处理。将 NSD 绩效作为因变量，在第一阶层的回归分析中，首先选自变量三个维度(概念知识获取、需求知识获取、技术知识获取)以及调节变量(新服务创新性)进入回归方程。第二阶层回归中，选概念知识获取与新服务创新性、需求知识获取与新服务创新性、技术知识获取与新服务创新性三个交互项依次进入回归方程。得到分析结果如表 6.25 所示。

表 6.25 调节效应的回归分析结果

自变量	因变量:NSD 绩效	
	模型 1	模型 2
概念知识获取	0.321**	0.325**
需求知识获取	0.352**	0.341**
技术知识获取	0.225**	0.235**
新服务创新性	0.021	0.013
概念知识获取 * 新服务创新性	—	0.220**
需求知识获取 * 新服务创新性	—	0.173**
技术知识获取 * 新服务创新性	—	0.159**
R^2	0.632	0.679
ΔR^2	0.632	0.048
ΔF	102.473**	35.475**

分析结果显示，在模型 1 中，ΔF 为 102.473，$P=0.000$，校正的 R^2 为 63.2%，整个回归模型显示概念知识获取($b=0.321^{**}$)、需求知识获取($b=$

0.352**)、技术知识获取($b=0.225^{**}$)对 NSD 绩效有着显著影响。在模型 2 中加入交互项后,ΔF 为 35.475,$P=0.000$,比模型 1 增加了 4.8%的解释量($\Delta R^2=0.048$)。概念知识获取与新服务创新性的交互项系数显著($b=0.220^{**}$),需求知识获取和新服务创新性的交互项系数显著($b=0.173^{**}$),技术知识获取和新服务创新性的交互项系数显著($b=0.159^{**}$)。结果表明,在领先顾客知识获取三维度与 KIBS 企业 NSD 绩效间的作用关系中,新服务创新性均存在显著的调节效应。

6.5.6 假设验证结论

通过实证研究并运用结构方程模型和分层回归分析方法验证假设结果如表 6.26 所示。

表 6.26 假设检验结果

假设	假设内容	验证结果
H1a	信息共享对 KIBS 企业顾客概念知识获取有显著正向影响	支持
H1b	信息共享对 KIBS 企业顾客需求知识获取有显著正向影响	支持
H1c	信息共享对 KIBS 企业顾客技术知识获取有显著正向影响	支持
H1d	共同开发对 KIBS 企业顾客概念知识获取有显著正向影响	支持
H1e	共同开发对 KIBS 企业顾客需求知识获取有显著正向影响	支持
H1f	共同开发对 KIBS 企业顾客技术知识获取有显著正向影响	支持
H1g	在线互动对 KIBS 企业顾客概念知识获取有显著正向影响	支持
H1h	在线互动对 KIBS 企业顾客需求知识获取有显著正向影响	支持
H1i	在线互动对 KIBS 企业技术知识获取有显著正向影响	支持
H2	领先顾客知识获取对 KIBS 企业 NSD 绩效有显著正向影响	支持
H2a	领先顾客概念知识获取对 KIBS 企业 NSD 绩效有显著正向影响	支持
H2b	领先顾客需求知识获取对 KIBS 企业 NSD 绩效有显著正向影响	支持
H2c	领先顾客技术知识获取对 KIBS 企业 NSD 绩效有显著正向影响	支持
H3	领先顾客在线参与对 KIBS 企业 NSD 绩效有显著正向影响	部分支持
H3a	信息共享对 KIBS 企业 NSD 绩效有显著正向影响	不支持
H3b	共同开发对 KIBS 企业 NSD 绩效有显著正向影响	支持
H3c	在线互动对 KIBS 企业 NSD 绩效有显著正向影响	不支持
H4	顾客知识获取在领先顾客在线参与和 NSD 绩效之间起中介作用	支持
H4a	顾客知识获取在信息共享和 NSD 绩效之间起中介作用	支持

续表

假设	假设内容	验证结果
H4b	顾客知识获取在共同开发和 NSD 绩效之间起中介作用	支持
H4c	顾客知识获取在在线互动和 NSD 绩效之间起中介作用	支持
H5	新服务创新性对 KIBS 企业顾客知识获取和 NSD 绩效关系起调节作用	支持
H5a	新服务创新性对 KIBS 企业顾客概念知识获取和 NSD 绩效关系起调节作用	支持
H5b	新服务创新性对 KIBS 企业顾客需求知识获取和 NSD 绩效关系起调节作用	支持
H5c	新服务创新性对 KIBS 企业顾客技术知识获取和 NSD 绩效关系起调节作用	支持

6.6 研究结论与管理启示

6.6.1 研究结论

1. 领先顾客在线参与对 KIBS 企业顾客知识获取有显著正向影响

本研究通过结构方程模型验证了领先顾客在线参与三维度对 KIBS 企业各类顾客知识获取的显著正向影响。实证分析结果显示，领先顾客在线参与的信息共享（路径系数分别为 0.327、0.327、0.262，P 值分别为 $P<0.001$、$P<0.001$、0.008）、共同开发（路径系数分别为 0.269、0.334、0.269，P 值分别为 0.020、0.002、0.024）和在线互动（路径系数分别为 0.283、0.280、0.379，P 值分别为 0.003、0.002、$P<0.001$）三个维度，对 KIBS 企业顾客概念知识、需求知识和技术知识获取均有显著正向影响。基于网络环境下虚拟社区等平台的顾客互动，能够促进 KIBS 企业获取创新所需的顾客知识（Natti et al.，2006）。总体来说，三个维度对顾客知识获取都有不同程度的影响，信息共享对概念知识获取的影响最大，共同开发对需求知识的影响最大，而在线互动则对技术知识获取的影响最大。通过对服务开发网站论坛的查阅，我们发现领先顾客在线信息共享主要是分享在新服务概念上的想法，在激烈的讨论帖中，发现其大部分是领先顾客与企业服务人员或其他顾客的技术心得交流。同时在与被调查人员的访谈中，也得到了相似的结论，并且他们表示在共同开发中，领先顾客往往习惯于由自己的需求出发，使新服务迎合自己的需求。由此可见，信息共享、共同开发和在线互动作为领先顾客在线参与 NSD 活动的主要方式，三者缺一不可，都会对 KIBS 企业获取各类顾客知识发挥不同程度的作用。

2. 领先顾客知识获取对 KIBS 企业新服务开发绩效有显著正向影响

本研究通过结构方程模型验证了领先顾客知识获取三个维度对 KIBS 企业

新服务开发绩效均有显著正向影响。实证分析结果显示，领先顾客的概念知识、需求知识和技术知识获取，均会对 KIBS 企业 NSD 绩效产生显著正向影响（路径系数分别为 0.251、0.258、0.218，P 值分别为 $P<0.001$、0.009、0.005）。NSD 就是 KIBS 企业针对目前服务没有满足顾客关键利益的部分，进行有价值的差异化创造。领先顾客把握了市场需求的前沿趋势，同时又具有较高的期望收益。对于提供高知识密集、高定制化服务为特色的 KIBS 企业而言，只有充分获取各类领先顾客知识，才能开发出真正满足顾客需求的新服务并不断提高 NSD 绩效。魏江等(2009)在对 KIBS 企业的研究中发现，KIBS 企业新服务开发最大的障碍就是消费者对新服务的反应迟钝，这显示了概念知识和需求知识对新服务开发绩效的重要性。Lilien(2002)指出服务企业从领先顾客那里获取的关于需求和技术方面的信息能够有效提高新服务开发绩效。因此领先顾客知识的获取、利用，对 KIBS 企业新服务开发来说至关重要。

3. 顾客知识获取在领先顾客在线参与和 KIBS 企业新服务开发绩效中起中介作用

在结构方程模型的研究结果中，我们发现领先顾客在线参与各维度对 KIBS 企业 NSD 绩效的影响路径存在一定差异。研究结果显示，领先顾客在线参与三维度对 KIBS 企业 NSD 绩效均存在总效应影响，总效应分别为 0.223、0.482、0.226。共同开发对 NSD 绩效有显著的直接正向影响（路径系数 0.270，P 值 0.018），信息共享和在线互动对 NSD 绩效的直接影响未得到有效验证。进一步的直接效应和间接效应分析结果显示，领先顾客知识获取在信息共享、在线互动和 NSD 绩效关系中起完全中介作用，间接效应分别为 0.223 和 0.226，在共同开发和 NSD 绩效关系中起部分中介作用，直接效应和间接效应分别为 0.270 和 0.212。由此可见，领先顾客在线参与对 NSD 绩效的促进作用，在较大程度上是通过强化顾客知识获取来实现的。信息共享和在线互动更多的是在知识、信息转移上对 KIBS 企业 NSD 绩效产生影响，而共同开发还直接创造价值，对 NSD 绩效产生直接影响。领先顾客与 KIBS 企业的互动过程其实质就是信息传递的过程（Miles，2003）。汪涛和郭锐（2010）通过实证研究也得出了顾客知识在顾客参与和新服务开发中存在中介作用。领先顾客在线参与新服务开发，让 KIBS 企业在领先顾客的参与中获取更多的顾客知识，使企业更好地理解顾客需求，并提升企业新服务开发能力，从而使企业能够快速处理和纠正在新服务设计和实施中存在的不足和缺陷，提高企业 NSD 绩效。

4. 新服务创新性在领先顾客知识获取和 NSD 绩效关系中起调节作用

本研究通过分层回归方法分析了新服务创新性在领先顾客知识获取和 NSD 绩效之间的调节作用。实证分析结果显示，概念知识获取与新服务创新性的交互项系数(b=0.220**)、需求知识与新服务创新性的交互项系数(b=0.173**)、技术知识与新服务创新性的交互项系数(b=0.159**)均达到了显著性水平。即在领先顾客概念知识、需求知识、技术知识获取与KIBS企业NSD绩效的作用关系中,新服务创新性均存在显著的调节效应。新服务的创新性作为新服务的一种特性,其在技术和市场方面的创新程度会影响领先顾客知识获取和NSD绩效之间的作用关系。新服务创新性与NSD活动的复杂性和风险程度存在显著的正相关关系(徐延庆、薛有志,2010)。KIBS企业拟开发新服务的创新程度越高,就越需要大量获取来自领先顾客的各类相关性知识,以降低开发风险,减少技术和市场的不确定性,不断提升NSD绩效。当企业拟开发的新服务创新程度较低时,则应适当考虑获取顾客知识的成本,避免过多的投入换来少量的NSD绩效提升。因此企业应使有利于提升NSD绩效的领先顾客知识获取和新服务创新性相匹配。

6.6.2 管理启示

1. 善于发现和培育领先顾客,并激发和增强其在线参与意愿

研究显示,领先顾客在线参与对KIBS企业NSD绩效有显著的直接或间接正向影响作用。因此KIBS企业必须认识到领先顾客的重要性,善于发现并有意识地培养领先顾客。比如通过对顾客数据库的搜寻分析,举办各类顾企交流活动等,从中发现具有较高期望收益和超前需求等特征的领先顾客。同时还可以通过对普通顾客进行在线培训等方式,培养顾客的专业知识能力和创新能力,促进潜在顾客向领先顾客的转变。在此基础上,KIBS企业还应充分利用网络虚拟环境,通过提供顾客创新工具箱、创建或利用虚拟创新社区等方法,完善领先顾客在线参与渠道,建立起界面友好、操作方便的平台,使领先顾客更方便、更乐于实现在线参与。同时通过多种途径激发领先顾客在线参与意愿,比如采取向积极参与者发放网络礼品、企业服务优惠券、会员参与积分等形式来吸引领先顾客,或是通过增强顾企互动的丰富性和趣味性来提高领先顾客的参与兴趣,针对领先顾客的特定需求,提供不同的服务体验。通过各种物质或精神激励等途径,为领先顾客在线参与NSD提供便利的渠道和平台,并不断增强领先顾客的参与意愿,激发他们的参与热情,以获取更多的顾客知识,并有效提升NSD绩效。

2. 大力倡导各种在线参与方式和行为,积极拓展领先顾客在线参与的深度和广度

研究显示,领先顾客与KIBS企业在网络环境下的信息共享、共同开发和在线互动,都是企业获取顾客知识的有效方式和重要途径,会对NSD绩效产生显

著正向影响。因此KIBS企业应积极采取各种有效措施，充分利用网络开放环境，大力倡导领先顾客的各种在线参与方式和行为，不断拓展领先顾客在线参与的深度和广度。比如搭建界面友好、功能强大的网络合作创新平台，保持与领先顾客的长期互动和沟通，定期与领先顾客进行共同开发实验等。同时通过对企业服务人员专业技能和沟通技巧两方面的培训提高员工素质，从而提升企业员工的服务水平。专业技能培训是为了使企业员工更好地理解和吸收领先顾客知识，并将获得的领先顾客知识在企业内部迅速传递，使顾客知识更快转化为企业知识。培训沟通技巧是为了提高服务企业工作人员与领先顾客的沟通效率，以求在交互沟通中获得更多有价值的信息，并且通过良好的沟通环境，引导领先顾客参与到企业新服务的开发过程。与此同时，在领先顾客在线参与NSD过程中，KIBS企业还应与他们建立起良好的信任合作关系，并给他们以合理的激励和回报，以进一步鼓励他们的在线参与行为，形成良性循环和顾企双赢。就目前我国现状而言，比较适合进行领先顾客创新的一类KIBS企业是IT类企业，比如开放源代码，鼓励用户自行改进或开发实用软件，或者组织在线程序设计大赛。创意类产业也可以依托互联网进行创意外包、策划外包等。

3. 不断增强顾客知识管理的意识和能力，持续提高领先顾客知识获取和利用效率

研究显示，各类领先顾客知识获取对KIBS企业NSD绩效均有显著正向影响。因此，KIBS企业应重视顾客知识对企业的作用，并不断增强顾客知识管理的意识和能力，通过各种有效措施，高效获取领先顾客概念知识、需求知识、技术知识，并强化对各类顾客知识的转化和利用，以充分发挥其对提升NSD绩效的积极作用。比如建立研发人员和重点领先顾客的一对一服务，使研发人员可以与重点领先顾客保持长期联系，实时获取他们最近的创意思想或创新技术；设置专门的领先顾客资料库和数据库，对领先顾客的需求信息、消费习惯、消费偏好、技术水平、开发进程等详细数据进行记录，以更好地追踪领先顾客创新的进度；强化对顾客知识的挖掘和分析，通过对个体领先顾客的需求研究，挖掘整体市场需求；建立学习型组织文化以实现顾客知识在企业内部的高效流动和实时共享。

4. KIBS企业还应使有利于提升NSD绩效的领先顾客知识获取和新服务创新性相匹配

研究显示，新服务创新性在领先顾客知识获取和新服务开发绩效之间起到显著的调节作用。因此，在新服务开发过程中不能盲目地加大时间和金钱成本来获取顾客知识，应根据新服务创新性的高低来决定投入的多少。在开发高创新性新服务时，高效获取和利用领先顾客知识就显得尤为重要，可以花大成本

建立领先顾客知识管理体系，以获取更多的领先顾客知识来提高新服务开发的成功率，并获取高额回报；而当新服务创新程度较低时，KIBS企业则应适当考虑领先顾客在线参与和顾客知识获取所带来的成本增加问题，以保证NSD绩效。

附录1

新服务开发调查问卷

您好！万分感谢您可以在百忙之中抽出时间来完成这份调查问卷。该调查问卷研究的是领先顾客在线参与对顾客知识获取、新服务开发绩效的影响，其目的在于研究网络环境下，领先顾客在线参与的不同形式对顾客知识获取的影响，从而为企业如何有效获取顾客知识、提升新服务开发绩效方面提供一些管理启示。问卷中的“领先顾客”主要是指具有超前市场需求且在满足自身需求过程中努力寻找创新思想的创新型顾客，他们相对于普通顾客具有更重要的价值，可以是企业顾客，也可以是个体顾客。

本问卷纯属学术研究，内容不会涉及贵公司的商业机密，所获信息也不会用于任何商业目的，请您尽可能客观地回答。该问卷调查以新服务开发项目为单位，所有问题针对同一开发项目而言，请勾出您认为最为合适的选项。非常感谢您的合作！

第一部分　基本信息

1.企业名称：____________________

2.企业总部所在地：______________　成立时间：_____________

3.企业性质：

(1)国有企业(含国有控股)　(2)民营企业(含民营控股)　(3)中外合资

(4)外商独资

4.所开发项目名称：_______________

5.所开发项目所在的行业领域：

(1)金融业(银行、证券、保险、其他从事金融活动的企业)

(2)信息与通信服务业(电信及其他通信服务业、计算机服务业、软件业)

(3)科技服务业(研究与试验发展、专业技术服务业、工程技术与规划管理、科技交流和推广服务业)

(4)商务服务业(法律服务、咨询与调查、其他商务服务业)
(5)其他
6.您所在部门:____________________
(1)营销运作部 (2)研发部 (3)顾客服务部 (4)其他部门
7.是否项目主要负责人之一:是/否

第二部分 问卷内容

请根据您参加开发项目的实际情况在相应的数字框内打√,1~7依次表示不同意向同意过渡。

一、领先顾客在线参与测度

问 项	不同意←——→同意						
A:信息分享							
A1:领先顾客会在网络上与企业分享自己的创新性思想	1	2	3	4	5	6	7
A2:领先顾客会在网络上向企业清晰地表述自己对新服务的需求	1	2	3	4	5	6	7
A3:领先顾客会在网络上与企业分享自己所具备的专业知识	1	2	3	4	5	6	7
A4:领先顾客会在网络上向企业清晰表述对服务的合理化建议	1	2	3	4	5	6	7
A5:领先顾客会在网络上及时告知企业在参与中遇到的问题	1	2	3	4	5	6	7
B:共同开发							
B1:领先顾客会付出额外资源(时间等)协助企业完成相关工作	1	2	3	4	5	6	7
B2:领先顾客会主动搜寻与服务相关的信息	1	2	3	4	5	6	7
B3:领先顾客会向企业提供新服务开发所需要的资料	1	2	3	4	5	6	7
B4:领先顾客会主动对新服务的部分内容进行设计或测试	1	2	3	4	5	6	7
B5:领先顾客会配合企业工作人员完成相关的工作(调研等)	1	2	3	4	5	6	7
C:在线互动							
C1:领先顾客在网络上与企业工作人员进行良好的沟通	1	2	3	4	5	6	7
C2:领先顾客在网络上信任并以友善的态度对待企业工作人员	1	2	3	4	5	6	7
C3:领先顾客在网络上与企业建立了良好的合作关系	1	2	3	4	5	6	7
C4:领先顾客之间会在网络上进行良好的沟通合作	1	2	3	4	5	6	7
C5:领先顾客会在网络上与企业工作人员讨论新服务存在的问题	1	2	3	4	5	6	7

二、顾客知识获取的测度

问项	不同意←→同意						
D:概念知识获取							
D1:我们获取领先顾客关于新服务的创新性理念	1	2	3	4	5	6	7
D2:我们获取领先顾客关于新服务的原型设计	1	2	3	4	5	6	7
D3:我们获取领先顾客关于新服务的创意概念	1	2	3	4	5	6	7
E:需求知识获取							
E1:我们获取领先顾客对新服务内容的具体要求	1	2	3	4	5	6	7
E2:我们获取领先顾客对新服务结果的具体要求	1	2	3	4	5	6	7
E3:我们获取领先顾客对新服务效果的具体要求	1	2	3	4	5	6	7
F:技术知识获取							
F1:我们获取领先顾客关于服务技能的知识	1	2	3	4	5	6	7
F2:我们获取领先顾客对改善服务的建议	1	2	3	4	5	6	7
F3:我们获取领先顾客关于服务营销推广方面的知识	1	2	3	4	5	6	7
F4:我们获取领先顾客关于新服务的评价和反馈	1	2	3	4	5	6	7
F5:我们获取领先顾客的服务消费经验	1	2	3	4	5	6	7

三、新服务创新性的测度

问项	很低←→很高						
G1:公司开发的新服务在市场上具有新颖性	1	2	3	4	5	6	7
G2:公司开发的新服务在技术上具有很高的创新性	1	2	3	4	5	6	7
G3:公司开发的新服务相对于本公司已有服务具有很高的创新性	1	2	3	4	5	6	7

四、新服务开发绩效的测度

问项	很低←→很高						
H1:公司开发的新服务达到了预设目标的程度(时间、成本、内容)	1	2	3	4	5	6	7
H2:公司开发的新服务市场份额达到或超过预设目标的程度	1	2	3	4	5	6	7
H3:公司开发的新服务达到了预期的投入回报率	1	2	3	4	5	6	7
H4:公司开发的新服务达到了预期的顾客满意程度	1	2	3	4	5	6	7

问卷到此结束,再次感谢您的参与! 祝您生活愉快!

参考文献

[1] Betz F. Strategic technology management[M]. New York: McGraw-Hill,1993:128-135.

[2] Bourdieu P. The forms of capital in handbook of theory and research for the sociology of education [M]. New York: Greenwood Inc. ,1985.

[3] Burt R S. Structural holes: The social structure of competition [M]. MA: Cambridge, Harvard University Press,1992.

[4] Gabbay S M. Social capital in the creation of financial capital: The case of network marketing[M]. Illinois,Stipes Publishers,1997.

[5] Maskell P. Social capital, innovation and competitiveness [M]. *Social capital* edited by S. Baron, J. Field and T. Schuller,Oxford University Press,1999:7.

[6] Nonaka I, Takeuchi, H. The knowledge-creating company [M]. New York:Oxford University Press,1995:70-85.

[7] Putnam R D. Making democracy work: Civic traditions in modern Italy [M]. NJ: Princeton, Princeton University Press,1993.

[8] Adler P S,Kwon S W. Social capital:Prospects for a new concept[J]. Academy of Manage-ment Review,2002,27(1):17-40.

[9] Alan Cooper. Customer knowledge management[J]. Pool Business and Marketing Strategy,1998.

[10] Anand V, Glick W H. Thriving on the knowledge of outsiders: Tapping organizational social capital[J]. Academy of Management Executive, 2002, 16 (1): 87-101.

[11] Baker W. Market networks and corporate behavior[J]. American Journal of Sociology, 1990, 96: 589-625.

[12] Blosch M. Customer knowledge [J]. Knowledge and Process Management, 2000, 7(4): 265-268.

[13] Chen T J. Network resources for internationalization: The case of Taiwan' electronics firms[J]. Journal of Management Studies, 2003, 40 (5): 1107-1131.

[14] Cohen W M, Levinthal D A. Absorptive capacity: A new perspective on learning and innovation [J]. Administrative Science Quarterly, 1990, 35: 128-153.

[15] Coleman J S. Social capital in the creation of human capital [J]. American Journal of Sociology, 1988, 94(Supplement): 95-120.

[16] Cooke P, Clifton N. Social capital, and small and medium enterprise performance in the United Kingdom[J]. Enterpreneuship in the modern space-economy: Evolutionary and policy perspectives, Tinbergen Institute, Keizersgracht 482, Amsterdam, 2002, 6.

[17] Cooke P, Wills D. Small firms, social capital and enhancement of business performance through innovation programs [J]. Small Business Economics, 1999, 13(3): 219-234.

[18] Daft R L. A dual-core model of organizational innovation[J]. American of Management Journal, 1978, 21: 193-210.

[19] Dyer J H, Singh H. The relational view: Cooperative strategy and sources of interorganizational competitive advantage[J]. Academy of Management Review, 1998, 23(4): 660-679.

[20] Fritsch M, Lukas R. Who cooperates on R&D? [J]. Research Policy, 2001, 30: 297-312.

[21] Gabbay S M, Zuckerman E W. Social capital and opportunity in corporate R & D: The contingent effect of contact density on mobility expectations [J]. Social Science Research, 1998, 27: 189-217.

[22] Gallouj F, Weinstein O. Innovation in services[J]. Research Policy, 1997, 26(12): 537-556.

[23] Gebert H, Geib M, Kolbe L, Brenner W. Knowledge-enabled customer relationship manage-ment: Integrating customer relationship and knowledge management concepts[J]. Journal of Knowledge management, 2003, 7(5): 107-123.

[24] Granovetter M. Economic action and social structure: The problem of embeddedness[J]. American Journal of Sociology, 1985, 91(3): 481-510.

[25] Gulati R, Nohria N, Zaheer A. Strategic networks [J]. Strategic Management, 2000, 21(3): 203-215.

[26] Hagedoorn J, Cloodt M. Measuring innovative performance: Is there an advantage in using multiple indicators? [J]. Research Policy, 2003, 32: 1365-1379.

[27] Hagedoorn J, Duysters G. External sources of innovative capabilities: The preference for strategic alliances or mergers and acquisitions[J]. Journal of Management Studies, 2002, 39(2): 167-188.

[28] Hansen M T. The search-transfer problem: The role of week ties in sharing knowledge across organization subunits [J]. Administrative Science Quarterly, 1999, 44(1): 82-111.

[29] Hipp C, Thether B, Miles I. The incidence and effects of innovation in services: Evidence from Germany [J]. The International Journal of Innovation Management, 2000, 4(4): 47-54.

[30] Hite J M, Hesterly W S. The evolution of firm networks: From emergence to early growth of the firm [J]. Strategic Management Journal, 2001, 22: 275-286.

[31] Inkpen A C, Tsang Eric W K. Social capital, networks and knowledge transfer[J]. Academy of Management Review, 2005, 30(1): 146-165.

[32] Jennifer E. Rowley. Reflections on customer knowledge management in e-business[J]. Qualitative Market Research, 2002, 5(4): 268-280.

[33] Knight K E. A descriptive model of the intra-firm innovation process[J]. Journal of Business, 1967, 14: 478-496.

[34] Kogut B, Zander U. What firms do? Coordination, identity, and learning [J]. Organization Science, 1996, 7: 502-518.

[35] Kwuon I G, Suh T. Factors affecting the lever of trust and commitment in supply chain relationship[J]. Journal of Supply Chain Management, 2004, 40(2): 4-15.

[36] Landry R, Amara N, Lamari M. Does social capital determine innovation? To what extent? [J]. Technological Forecasting & Social Change, 2002, 69(7): 681-701.

[37] Lane P J, Lubatkin M. Relative absorptive capacity and interorganizational learning[J]. Strategic Management Journal, 1998, 19 (5):461-477.

[38] Li L. The effects of trust and shared vision on in-ward knowledge transfer in subsidiaries' intra-and inter-organization relationship [J]. International Business Review, 2005, 14:77-95.

[39] Liang C J, Wang W H. Integrative research into the financial services industry in Taiwan: Relationship bonding tactics, relationship quality and behavioural loyalty[J]. Journal of Financial Services Marketing, 2005, 10 (1):65-83.

[40] Mark C. Bolino, William H, et al. Citizenship behavior and the creation of social capital in organizations [J]. Academic of Management Review, 2002, 27(4):505-522.

[41] McEvilyB, Perrone V, Zaheer A. Trust as an organization principle[J]. Organization Science, 2003, 14(1):91-103.

[42] Muller E, Zenker A. Business services as actors of knowledge transformation: The role of KIBS in regional and national innovation systems [J]. Research Policy, 2001, 30(9):1501-1516.

[43] Nahapiet J, Ghoshal S. Social capital, intellectual capital and the organizational advantage [J]. Academy of Management Review, 1998, 23 (2):242-266.

[44] Nonaka Ikujiro, Konno Noboru. The Concept of "ba": Building a foundation for knowledge creation [J]. California Management Review, 1998, (18):40-50.

[45] Park S H, Luo Y. Guanxi and organizational dynamics: Organizational networking in Chinese firms[J]. Strategic Management Journal, 2001, 22: 455-477.

[46] Powell W W, Koput K W. Interorganizational collaboration and the locus of innovation: Network of learning in biotechnology[J]. Administrative Science Quarterly, 1996, 41(1): 116-145.

[47] Presutti M, Boari C, Fratocchi L. Knowledge acquisition and the foreign

development of high-tech start-ups: A social capital approach [J]. International Business Review,2007,16 (1):23-46.

[48] Sauer J, Schramme S, Rüttinger B. Knowledge acquisition in ecological product design: The effects of computer-mediated communication and elicitation method[J]. Behaviour & Information Technology, 2000, 19 (5):315-327.

[49] Simmie J. Innovation and urban regions as national and international nodes for the transfer and sharing of knowledge[J]. Regional Studies, 2003,37(8):607-620.

[50] Song S M, Parry M E. What separates Japanese new product winners from losers[J]. Journal of Product Innovation Management, 1996, 13: 422-439.

[51] Thomke S, Von Hippel E. Customers as innovators[J]. Harvard Business Review,2002(4):51-74.

[52] Tidd J. Development of novel product through intraorganizational and interorganizational networks:The case of home automation[J]. Journal of Product Innovation Management,1995,12:307-322.

[53] Tiwana A. An empirical study of the effect of knowledge integration on software development performance [J]. Information and Software Technology,2004,46:899-906.

[54] Tracey M, Mark A. Manufacturing technology and strategy formulation keys to enhancing competitiveness and improving performance [J]. Journal of Operations Management,1998,17: 411-428.

[55] Tsai W, Ghoshal S. Social capital and value creation: The role of intrafirm networks[J]. Academy of Management Journal,1998,41(4):464-476.

[56] Tsai Y C. Effect of social capital and absorptive capability on innovation in Internet marketing [J]. International Journal of Management,2006,23 (1):157-166.

[57] Uzzi B. The sources and consequences of embeddedness for the economic performance of organizations: The network effect [J]. American Sociological Review,1996,61:674-698.

[58] Von Hippel E. The dominant role of users in the semiconductor and electronic subassembly process innovation [J]. Transactions on Engineering Management,1977(5):60-71.

[59] Woolcock M. Microenterprise and social capital: A framework for theory, research, and policy [J]. Journal of Socio-Economics, 2001, 32: 193-198.

[60] Yang J. Knowledge integration and innovation: Securing new product advantage in high technology industry[J]. Journal of High Technology Management Research, 2005, 16 (1): 121-135.

[61] Yli-Renko H, Autio E, Sapienza H. Social capital, knowledge acquisition, and knowledge exploitation in young technology-based firms [J]. Strategic Management Journal, 2001, 22: 587-613.

[62] Yli-Renko H, Autio E, Tontti V. Social capital, Knowledge, and the international growth of technology-based new firm [J]. International Business Review, 2002, 11: 279-304.

[63] Bouzdine T, Lorgnier M B. The Role of social capital within business networks: Analysis of structural and relational arguments[C]. For The Fifth European Conference on Organizational Knowledge, Learning and Capabilities, 2004, 5-6 April, Innsbruck, Austria.

[64] Westlund H. Implications of social capital for business in the knowledge economy: Theoretical considerations [C]. International Forum on Economic Implication of Social Capital, Tokyo, Japan, 2003.

[65] OECD. Innovation and productivity in services [R]. Paris: OECD Report, 2001.

[66] Ali A. Pioneering versus incremental innovation: Review and research propositions[J]. Journal of Product Innovation Management, 1994(11): 46-56.

[67] Andreas H, Oliver G. & Ulrich E. An empirical study of the antecedents for radical product innovations and capabilities for transformation[J]. Journal of Engineering and Technology Management, 2007, 24 (3) : 92-120.

[68] Audretsch D B, Feldman M P. Knowledge spillovers and the geography of innovation [J]. Handbook of Regional and Urban Economics, 2004 (4): 2713-2739.

[69] Audretsch D B, Lehmann E E. Mansfield's Missing Link: The Impact of Knowledge Spillovers on Firm Growth [J]. Journal of Technology Transfer, 2005(30): 207-210.

[70] Baum J A C, Calabrese T, Silverman B S. Don't go it alone: Alliance network composition and startups' Performance in Canadian biotechnology [J]. Strategic Management Journal, 2000, 21: 267-294.

[71] Bell G G. Clusters, networks, and firm innovativeness [J]. Strategic Management Journal, 2005, 26: 287-295.

[72] Bettenhausen K, Murnighan J K. The Emergence of Norms in Competitive Decision-Making Groups [J]. Administrative Science Quarterly, 1985, 30(30): 350-372.

[73] Blackler F. Knowledge, Knowledge Work, and Organiztion: an Over view and Interpretatlon [J]. Oragnization Studies, 1995, 32(16): 121 — 146.

[74] Boschma R A, Wal A L J. Knowledge networks and innovative performance in an industrial district: The case of a footwear district in the South of Italy[J]. Industry Innovation, 2007(10): 177-199.

[75] Bourdieu P. The forms of social capital[J]. Handbook of Theory and Research for the Sociology of Education, 1986: 241-258.

[76] Brad B, Johne B. Networks and entrepreneurial development: the shadow of borders [J]. Entrepreneurship & Regional Development, 1993(5): 101-116.

[77] Burt R S. Structural holes: The social structure of competition [M]. MA: Cambridge, Harvard University Press, 1992.

[78] Burt R S. Structural Holes and Good Ideas [J]. American journal of socielogy, 2004, 11 (2): 349-399.

[79] Busch P, Richards D. Triangulated Measurement of Articulable Tacit Knowledge using Formal Concept Analysis[J]. Proceedings of the 11th Australasian Conference on Information Systems, Brisbane, Australia, 2000.

[80] Capaldo A. Network structure and innovation: The leveraging of a dual network as a distinctive relational capability[J]. Strategic Management Journal, 2007, 28(6): 585-608.

[81] Chandy H R, Gerard T. The Incumbent's Curse? Incumbency, Size and Radical Product Innovation [J]. Journal of marketing, 2000, 64(3): 1-17.

[82] Christensen C. The innovvation's dilemma: When new technologies cause great firms to fail[J]. Boston: Harvard Business School Press, 1997.

[83] Collins H. Sturcture of Knowledge [J]. Social Research, 1993, 33(60):

95-116.

[84] Cooke P. Flexible integration, scope economies and strategical liance: social and spatial mediations [J]. Environment and Planning D,1988(6): 281-300.

[85] Dacin M T,Oliver C & Roy P. The legitimacy of strategic alliances: An Institutional perspective [J]. Strategic Management Journal, 2007, 28: 169-187.

[86] Dussauge P,Garrette B,Mitchell W. Learning from competing partners: Outcomes and durations of scale and link alliances in Europe, North America and Asia [J]. Strategic Management Journal, 2000 (21): 99-126.

[87] Eisenhardt K M, Schoonhoven C B. Resource-based view of strategic alliance formation: Strategic and social effects in entrepreneurial firms [J]. Organization Science,1996,7(2):136-150.

[88] Greeven M, Zhao X D. Innovation, competences and the role of knowledge networks in Hangzhou's software Industry[J]. The Network Experience,2009(3):193-209.

[89] Golder P N & Shacham R. Findings innovations'origins: when, by whom, and how are radical innovations developed? [J]. Marketing Science,2009,28(1):166-179.

[90] Gulati R. Alliances and networks [J]. Strategic Management Journal, 1998,19(4):293-317.

[91] Gulati R, Nohlia N & Zaheer A. Strategic networks [J]. Strategic Management Journal,2000(21):203-215.

[92] Granoveter M. Economic action and social structure: The problem of embeddedness[J]. American Journal of Sociology,1985,91(3):481-510.

[93] Hagedoorn J, Roijkkers N & Van K H. Inter-firm R&D networks: the importance of strategic network capablities for high-tech partnership formation[J]. British Journal of Management,2006,17:39-53.

[94] Håkansson H. Industrial Technological Development: A Network App roach[M]. London: Croom Helm,1987.

[95] Hamel G. Competition for competence and inter-partner learning within international strategic alliances? [J]. Strategic Management Journal,1991 (12):83-103.

[96] Herrmann A, Gassmann O & Eisert U. An empirical study ofantecedents for radical product innovations and capabilities for transformation [J]. Journal of Engineering Technology Management, 2007, 24(1-2): 92-120.

[97] Hewitt D N, Roper S. Strategic Re-Engineering Small Firms Tactics in a Mature Industry[M]. Northern Ireland: Economic Research Centre and CAM Benchmarking Ltd, 2000: 284-296.

[98] James G M. Exploration and Exploitation in organizational learning[J]. Organizaonal Science, 1991(2): 71-87.

[99] Holmen E & Pedersen A C. Strategizing through Analyzing and Influencing The Network Horizon[J]. Industrial Marketing Management 2003, 32: 409-418.

[100] Jill K. Entrepreneurship in the large corporation: A longitudinal study of how established firms create breakthrough inventions[J]. Strategic Management Journal, 2000, 22(6): 521-543.

[101] Jones W S, & Stephen P. Borgatti. A general theory of network governance: Exchange conditions and social mechanisms [J]. Academy of Management Review, 1997(10): 911-945.

[102] Kahkanen A-K. & Virolainen V M. Sources of structural power in the context of value nets [J]. Journal of Purchasing and Supply Management, 2011, 17(2): 109-120.

[103] Kale P, Singh H. Managing strategic alliances: What do we know now, and where do we go from here? [J] The Academy of Management Perspective ARCHIVE. 2009, 23(3): 45-62.

[104] Kogut B, Zander U. Knowledge and the speed of the transfer and imitation of organizational capabilities [J]. Organization Science, 1995 (6): 76-92.

[105] Koka B R & Prescott J E. Designing alliance networks : The influence of network position, environmental change, and strategy on firm performance[J]. Strtegic Management Journal, 2008, 29(6): 639-661.

[106] Koskinen K U, Pihlanto P, Vanharanta H. Tacit knowledge acquisition and sharing in a project work context. [J] International Journal of Project Management, 2003, 21(4): 281-290.

[107] Kotelnikov V. Radical innovation versus incremental innovation[M]. Boston : Harvard Business School Press, 2000.

[108] Lee C, Lee K, Pennings J M. Internal capabilities, external networks, and performance: A study on technology-based ventures [J]. Strategic Management Journal, 2001, 22(6/7): 615-640.

[109] Leifer R. Radical innovation: How mature companies can outsmart upstars [M]. Boston: Harvard Business School Press, 2000.

[110] Louis M R, Sutton R I. Switching cognitive gears: From habits of mind to active thinking. [J]Human Relations, 1991, 44(1): 55-76.

[111] Lubit R. Tacit knowledge and knowledge management: The keys to sustainable competitive advantage [J]. Organizational Dynamics, 2001 (29): 164-178.

[112] Madhok A, Tallman S B. Resources, Transactions and Rents: Managing Value Though Interfirm Collaborative Relationships[J]. Organization Science, 1998, 9(3): 326-339.

[113] Markides C. Fast Second How Smart Companies bypass Radical Innovation[M]. U. S.: Jossey Bass, 2005.

[114] Marrone J A. Team boundary spanning : A multilevel review of past research and proposals for the future[J]. Journal of management, 2010, 36(4): 911-940.

[115] Mitchell J C. The Concept and use of social networks[M]//Mitchell J C. Socail Network in Urban Situations. Manchester: Manchester University Press, 1969: 1-50.

[116] Mitsuhashi H, Henrich, G R. A matching theory of alliance formation and organizational success: Complementary and compatibility [J]. Academy of Management Journal, 2009, 52(5): 975-995.

[117] Mohr J J, Sengupta S. Managing the paradox of interfirm learning: the role of governance mechanisms[J]. Journal of Business and Industrial Marketing, 2002, 17(4): 282-301.

[118] Möller & Halinen. Business relationships and networks: Managerial challenge of network era [J]. Industrial Marketing Management, 1999 (28): 413-427.

[119] Nahapiet J, Ghoshal S. Social capital, intellectual capital, and the organizational advantage[J]. Academy of Management Review, 1998, 9 (4): 55-68.

[120] Nelson R R & Winter S G. Evolutionary Theorizing in Economics[J].

Journal of Economic Perspectives, 2002, 16(2): 23-46.

[121] Nonaka I. Ryoko Toyama and Noboru Konno. SECI Ba and leadership: a Unified Model of Dynamic Knowledge Creation [J]. Long Range Planning, 2000(33): 5-34.

[122] O'Reilly Ⅲ, Charles A, Tushman M L. The ambidextrous organization [J]. Harvard Business Review, 2004(4): 74-81.

[123] Ranft A L & Lord M D. Acquiring new technologies and capabilities: a grounded model of acquisition implementation[J]. Organization Science, 2002, 13(4): 420-441.

[124] Valle S & Vázquez-Bustelo D. Concurrent Engineering Performance: Incremental versus Radical Innovation [J]. International Journal of Production Economics, 2009, 119(1): 136-148.

[125] Ritter T. The networking company: antecedents for coping with relationships and networks effectively [J]. Industrial Marketing Management, 1999(28): 467-479.

[126] Ritter T. A Framework for Analyzing Interconnectedness of Relationships [J]. Industrial Marketing Management, 2000 (29): 317-326.

[127] Ritter T, Wilkinson I F, Johnston W J. Measuring network competence: Some international evidence [J]. The Journal of Business & Industrial Marketing, 2002(17): 2-3.

[128] Ritter T, Gemünden H G. Network competence: its impact on innovation success and its antecedents [J]. Journal of Business Research, 2003(56): 745-758.

[129] Ritter T, Hans Georg Gemünden. The impact of a company's business strategy on its technological competence, network competence and innovation success [J]. Journal of Business Research, 2004 (57): 548-556.

[130] Rubenstein A H. Managing Technology in the Decentralized Firm[J]. New York: John Wiley & Sons, 1989: 71-105.

[131] Tsai W. Knowledge Transfer in Intra organizational networks: Effects of network Position and absorptive capacity on business unit innovation and Performance[J]. Academy of Management Journal, 2001, 44(5): 996-1004.

[132] Scott J. Flexible production systems and regional development:the rise of new industrial spaces in North America and Western Europe[J]. International Journal of Urban and Regional Research, 1987 (12): 171-185.

[133] Sluyts K,Matthyssens P,Martens R,Streukens S. Building capabilities to manage strategic alliances[J]. Industrial Marketing Management, 2011,40(6):875-886.

[134] Song M, Di B A & Zhao Y. The antecedents and consequences of manufacturer-distributor cooperation:An empirical text in the U. S. and Japan[J]. Journal of the Academy of Marketing Science, 2008 (36): 215-233.

[135] Sternberg R J,Norvath J A. Tacit knowledge in professional practice [J]. Researcher and Perspectives,1999,40:233-240.

[136] Szulanski G. The Process of Knowledge Transfer: A Diachronic Analysis of Stickiness[J]. Organizational Behavior and Human Decision Processes,2000,82(1): 9-27.

[137] Tellis G,Prabhu J & Chandy R. Radical innovation across aation: The preeminence of corporate culture[J]. Journal of Marketing,2009,73(1): 3-23.

[138] Tiwana A. Do bridging ties complement strong ties? An empirical examination of alliance ambidexterity[J]. Strategic Management,2008, 29(3):251-172.

[139] Tushman M, David N. Organizing for innovation [J]. California Management Review,1986,118(3):74-92.

[140] Utterback J M. Mastering the dynamics of innovation: How companies can seize opportunities in the hface of technological change [M]. Boston: Harvard Business School Press,2000.

[141] Wagner R K,Sternberg R J. Tacit knowledge inventory for managers [M]. San Antonio: The Psychological Corporation,1990.

[142] Walter A,Auer M & Ritter T. The impact of network capabilities and entrepreneurial orientation on university spin-off performance [J]. Journal of Business Venturing,2006(21):541-567.

[143] Wick C W,Leon L S. The Learning Edge: How Smart Managers and Smart Companies Stay Ahead[J]. New York: McGraw Hill,1993: 102-

134.

[144] Wilfred S & Geert D. The technological origins of radical inventions [J]. Research Policy,2010,39(7):1051-1059.

[145] Yeung A K. Organizational Learning Capability [M]. New York: Oxford University Press,1999: 12-45.

[146] Anderson R E. Consumer Dissatisfaction: The Effect of Disconfirmed Expectancy on Perceived Product Performance[J]. Journal of Marketing Research,1973,10(1):38-44.

[147] AN-Tien Hsieh,Chang Hua Yen. The Effect of Customer Participation on Service Providers' Job Stress[J]. The Service Industries Journal, 2005,25(7):891-905.

[148] Bettencourt L A. Customer Voluntary Performance:Customer Partners in Service Delivery[J]. Journal of Retailing,1997,73(3):383-406.

[149] Blosch M. Customer knowledge [J]. Knowledge and Process Management,2000,7(4):265-268.

[150] Bruns Don. Increase Your Customers' Knowledge (And Your Business) Through Messages on Hold [J]. Telemarketing,1992,11(2).

[151] Cermak Dianne S P,File,Karen Maru. Customer Participation in Service Specification and Delivery[J]. Journal of Applied Business Research, 1994,10(2):90-100.

[152] Chyi Jaw,Jyue-YuLo, Yi-Hsing Lin . The determinants of new service development: Service characteristics, market orientation , and actualizing innovation effort [J]. Technovation ,2010(30):265-277.

[153] Claycomb C, Lengnick-HalL C A & Inks L W: The customer as a productive resource:A pilot study and strategic implications[J]. Journal of Business Strategies,2001,18(1):46-68.

[154] Cooper R, Kleimschmidt E. New products : what separates winners from losers? [J]. An International Publication of The Product Development & Management Association,1987,4(3):169-184.

[155] Cooper R, Easingwood C, Edgett S, et al. What distinguishes the top performing new products in financial services[J]. Journal of Product Innovation Management,1994,11(4):281-299.

[156] Cordero R. The measurement of innovation performance in the firm:an overview[J]. Research Policy,1990,19(2):185-192.

[157] Dabholkar P. How to Improve Perceived Service Quality by Improving Customer Participation [A]. Dunlap, B. J. (ed.) in Developments in Marketing Science[C]. Cullowhee, NC: Academy of Marketing Science, 1990:483-487.

[158] Dathe D, Schmid G. Determinants of Business and Personal Service. Evidence from West-German Regions[M]. Berlin: Wissenschaftszentrum Berlin Socialforschung.

[159] DE Brentani U. Developing new services: measurements and determinants of performance [M]. Faculty of Commerce and Administration, Concordia University, 1989.

[160] Dwyer F R and Oh S. Output sector munificence effects on the internal political economy of marketing channels [J]. Journal of Marketing Research, 1987, 24(4): 347-58.

[161] Ennew C T, Binks M R. Impact of Participative service Relationship on Quality Satisfaction and Retention: An Exploratory study [J]. Journal of Business Research, 1999, 46(2): 121-132.

[162] EUROP EAN COMM ISSION. European commission green paper on Innovation [R]. Bulletin of the European Union, Supplement 5 /95, Brussels, 1996.

[163] Griffin A, Page A. An interim report on measuring product development success and failure[J]. An International Publication of The Product Development & Management Association, 1993, 10 (4): 291-308.

[164] Haunkes J. Services in innovation and innovation in services. SI4S Final report: 101. [R]. Oslo: STEP Goup.

[165] Hubbert A R. Customer co-creation of service outcomes: effects of locus of causality attributions[D]. Arizona State University, 1995: 1-318.

[166] James A. Fitzsimmons. Customer Participation and Productivity in Service Operations[J]. Interfaces, 1985, 15(3): 60-67.

[167] Keegan A, Turner J. The Management of Innovation in Project-Based Firms [J]. Long Range Planning, 2002, 35(4) : 367-388.

[168] Kelley S W, Donnelly Jr J H, Skinner S J. Customer Participation in Service Production and Delivery [J]. Journal of Retailing, 1990, 66 (3): 315.

[169] Kellogg D L,Youngdahl W E,Bowen D E. On the relationship between customer participation and satisfaction: two frameworks [J]. International Journal of Service Industry Management,1997,8(3):206.

[170] Laurent G, Kapferer, J N. Measuring Consumer Involvement Profiles [J]. Journal of Marketing Research,1985,22(1):41.

[171] Li T, & Calantone R G. The impact of market knowledge competence on new product advantage:Conceptualization and empirical examination [J]. Journal of Marketing,1998(62):13-29.

[172] Lloyd AE. The Role of culture on customer Participation in services [D]. Hong Kong:HongKong Polytechnic university,2003:45-57.

[173] Lovelock C H & Young R F. 100k to consumers to Increase Productivity [J]. Harvard Business Review, 1979, 57 (May-June): 168-178.

[174] Miles I , N Kastrinos, R Bilderbeek, P den Hertog, K Flanagan, W Huntink. Knowledge-intensive business services: their role as users, carriers and sources of innovation [R]. Report to the EC DG XIII Sprint EIMS Programme,Luxembourg,1995.

[175] Muler E. Innovation interactions between knowledge-intensive business services and small-and mediumsized enterprises -analysis in terms of evolution,knowledge and territories [R]. Physical Heidelberg,2001.

[176] OECD. Innovation and Productivity in Services [R]. Paris: OECE Report, 2001.

[177] Reed R, DeFillippi R J. Casual Ambiguity, Barriers to Imitation, and Sustainable Competitive Advantage [J]. Academy of Management Review,1990,15:88-102.

[178] Rothwell R, Freeman C, Horlseya, Jervisv T P, Robertson A B, Townsend J. Sappho Updated:Project Sappho Phase II [J]. Research Policy, 1974(3): 204-225.

[179] Shaw B. The Role of the Interaction Between the User and the Manufacturer in Medical Equipment Industry [J]. R & D Management, 1985,15 (4) : 283-292.

[180] Silpakit P,FISK R P. Participating the Service Encounter:A theoretical Framework [M]. Chicago: American Marketing Association, 1985: 117-121.

[181] Simonin B L. Transefer of marketing know-how in international strategic alliances: an empirical investigation of the role and antecedents of knowledge ambiguity[J]. Journal of International Business Studies, 1999,30(3):463-490.

[182] Storey C, D Kelly. Measuring the Performance of New Service Development Activities [J]. The Service Industries Journal, 2001, 21 (2):71-9.

[183] Sundbo J. The service economy: standardization or customization ? A dilemma for service firms and economic theory [J]. The Service Industrial Journal,2002,22 (4) : 93-116.

[184] Teece D J. Finn Organization, Industrial Structure, and Technological Innovation[J]. Journal of Economic Behavior & Organization,1996,31: 193-224.

[185] Voss C A. The Role of Users in the Development of Application Software [J]. Journal of Product innovation Management,1985,2: 113-121.

[186] Yli-Renko H, Autio E. Social capital, knowledge acquisitions, and knowledge exploitation in young technology-based firms[J]. Strategic Management Journal,2001,22(6-7):587-613.

[187] Ambrosini, Véronique; Bowman, Cliff. Tacit knowledge: some suggestions for operationalization[J]. Journal of Management Studies, 2001, 38(6):811-829.

[188] 樊治平.知识管理研究[M].沈阳:东北大学出版社,2003.

[189] 韩经纶.知识管理[M].天津:南开大学出版社,2006:41.

[190] 何晓群,刘文卿.应用回归分析[M].北京:中国人民大学出版社,2001.

[191] 李怀祖.管理研究方法论[M].西安:西安交通大学出版社,2004:262.

[192] 罗伯特·韦兰,保罗·科尔,贺立新译.走进顾客的心[M].北京:经济日报出版社,1998:48—50.

[193] 马庆国.管理统计:数据获取、统计原理与 SPSS 工具与应用研究[M].北京:科学出版社,2002.

[194] 盛亚.企业创新管理[M].杭州:浙江大学出版社,2005.

[195] 王永贵.顾客资源管理——资产、关系、价值和知识[M].北京:北京大学出版社,2005.

[196] 吴明隆.SPSS 统计应用事务[M].北京:中国铁道出版社,2000.

[197] 张海良.颠覆——中小企业生存之道[M].北京:清华大学出版社,2009.
[198] 张文彤.SPSS 11.0统计分析教程(高级篇)[M].北京:北京希望电子出版社,2002.
[199] 边燕杰,丘海雄.企业的社会资本及其功效[J].中国社会科学,2000,(2):87—99.
[200] 陈方丽,慕继丰,张炜.信息技术与企业隐性知识的管理[J].科研管理,2004,25(11):27—34.
[201] 陈劲,李飞宇.社会资本:对技术创新的社会学诠释[J].科学学研究,2001,19(3):102—107.
[202] 储小平,李怀祖.家族企业成长与社会资本融合[J].经济理论与经济管理,2003(6):45—51.
[203] 范烨,周生春.企业社会资本:理论与实证研究述评[J].技术经济,2008,27(10):101—107.
[204] 樊治平,李国辉.交互顾客知识管理模型及案例分析[J].现代管理科学,2005(1):8—10.
[205] 方凌云.CRM中顾客知识的获取及智能化实现过程研究[J].科技进步与对策,2005(6):24—26.
[206] 高忠义,王永贵.用户创新及其管理研究现状与展望[J].外国经济与管理,2006,28(4):40—47.
[207] 郭清,樊治平,郑苗,王建宇.ECCRM中的顾客知识管理[J].东北大学学报(自然科学版),2004(3):299—302.
[208] 韩子天,谢洪明,王成.结构和关系维度的内部社会资本对绩效影响的实证研究[J].科学学与科学技术管理,2008(8):151—155.
[209] 贺远琼,田志龙,陈昀.企业高管社会资本与企业经济绩效关系的实证研究[J].管理评论,2007(3):33—37.
[210] 黄毅德,万江平.基于SECI的软件需求获取过程中知识转移模式研究[J].科学学与科学技术管理,2006(11):77—81.
[211] 黄亦潇,邵培基.顾客知识管理系统的构建方法研究[J].电子科技大学学报(社科版),2006,8(1):29—32.
[212] 黄志洋,韩玉启,孟庆良.CRM环境下面向产品创新的关键顾客知识源识别研究[J].技术经济,2008,27(8):29—35.
[213] 蒋春燕,赵曙明.社会资本和公司企业家精神与绩效的关系:组织学习的中介作用——江苏与广东新兴企业的实证研究[J].管理世界,2006(10):90—99.

[214] 柯江林,石金涛.知识型团队有效知识转移的社会资本结构优化研究[J].研究与发展管理,2007,19(1):21—27.

[215] 李东,王民,陆亚娟.基于知识转移的顾客关系管理(CRM)[J].管理世界,2008(3):183—184.

[216] 李纲.信任与知识转移与新产品开发的关系模型[J].科技进步与对策,2008,25(8):171—174.

[217] 李纲,刘益.知识共享、知识获取与产品创新的关系模型[J].科学学与科学技术管理,2007(7):103—107.

[218] 卢启程.顾客知识管理研究评述[J].情报杂志,2007(12):70—73.

[219] 孟庆良,邹农基.面向CRM的顾客知识吸收能力研究[J].江苏科技大学学报,2008,8(4):38—43.

[220] 牛丽娟,卢启程.电子商务企业的顾客知识获取过程研究[J].情报杂志,2007(6):18—20.

[221] 欧阳峣,徐姝.基于社会资本理论的中小企业技术创新网络构建[J].系统工程,2007(1):17—22.

[222] 沈娜利,张旭梅,但斌.复合渠道中价值导向的顾客知识获取研究[J].科学管理研究,2007,25(6):59—62.

[223] 万胜.顾客知识共享的博弈分析[J].情报杂志,2005(12):19—21.

[224] 王凤彬,江鸿,吴隆增.社会资本与核心能力关系研究:以知识创造为中介变量[J].科学学研究,2008,26(3):612—618.

[225] 王华,陆艳.基于社会资本理论的中小企业持续竞争优势研究[J].工业技术经济,2007(5):24—27.

[226] 王三义,何凤林.社会资本的认知维度对知识转移的影响路径研究[J].统计与决策,2007(3):122—123.

[227] 王三义,刘新梅,万威武.社会资本结构维度对企业间知识转移影响的实证研究[J].科技进步与对策,2007,24(4):105—107.

[228] 王三义,刘新梅,万威武.社会资本关系维度对知识转移的影响路径研究[J].科技进步与对策,2007,24(9):84—87.

[229] 王霄,胡军.社会资本结构与中小企业创新[J].管理世界,2005(7):116—122.

[230] 王学东,赵文军.基于知识转移的顾客知识网络管理研究[J].情报科学,2008,26(10):1471—1476.

[231] 王勇.企业社会资本对技术创新的影响[J].改革,2006(2):84—89.

[232] 魏江,陶颜,王琳.知识密集型服务业的概念与分类研究[J].中国软科学,

2007(1):33—41.

[233] 韦影.企业社会资本的测量研究[J].科学学研究,2007,25(3):518—522.

[234] 韦影.企业社会资本与技术创新:基于吸收能力的实证研究[J].中国工业经济,2007(9):119—127.

[235] 吴晓波,韦影.制药企业技术创新战略网络中的关系性嵌入[J].科学学研究,2005,23(4):561—565.

[236] 武志伟.企业社会资本的内涵和功能研究[J].软科学,2003,17(5):19—21.

[237] 叶乃沂.信息经济时代的顾客知识模型[J].运筹与管理,2002,11(4):121—127.

[238] 张方华.企业的社会资本与技术创新——技术创新理论研究的新视野[J].自然辩证法通讯,2003(6):55—61.

[239] 张建林,胡剑.顾客知识管理中的顾客知识获取研究[J].经济论坛,2005(2):82—84.

[240] 张军.企业内部知识有效转移障碍及其对策研究[J].科学学与科学技术管理,2005(1):79—82.

[241] 张娜,陈学中.团队社会资本对绩效的影响[J].科学学与科学技术管理,2007(11):181—185.

[242] 张其仔.社会资本与国有企业绩效研究[J].当代财经,2000,182(1):53—58.

[243] 郑海鳌,尤建新,周文泳.国内外企业技术创新绩效理论研究述评[J].上海管理科学,2008(2):51—54.

[244] 郑美群,蔡莉,王发银.社会资本对高技术企业绩效的作用分析[J].工业技术经济,2005,24(2):73—77.

[245] 郑胜利,陈国智.企业社会资本积累与企业竞争优势[J].生产力研究,2002(1):133—137.

[246] 周小虎.基于社会资本理论的中小企业国际化战略研究综述[J].外国经济与管理,2006,28(5):17—22.

[247] 周小虎,陈传明.企业社会资本与持续竞争优势[J].中国工业经济,2004(5):90—96.

[248] 周晓宁,李永健.基于知识管理的顾客知识获取研究[J].知识经济,2007(12):87—89.

[249] 朱桂龙,李汝航.企业外部知识获取路径与企业技术创新绩效关系实证研究[J].科技进步与对策,2008,25(5):152—155.

[250] 国务院发展研究中心.国务院发展研究中心调查报告第99号[R].北京,2001.
[251] 杜鹃.科技型中小企业技术创新的模式与障碍[D].北京:对外经济贸易大学硕士学位论文,2007.
[252] 黄安国.中小软件企业软件项目开发风险因素研究[D].苏州:苏州大学硕士学位论文,2008.
[253] 李英华.技能型战略合作中组织学习能力、知识获取与合作绩效关系之实证[D].重庆:重庆大学硕士学位论文,2004.
[254] 廖兰芳.我国知识密集型服务业知识供应链模式研究[D].武汉:武汉理工大学硕士学位论文,2006.
[255] 刘廷瑞.中小软件企业成长期的典型问题与创新策略分析[D].北京:对外经济贸易大学硕士学位论文,2007.
[256] 陶峻.知识密集型服务企业及其价值网络研究[D].天津:南开大学博士学位论文,2005.
[257] 王立生.社会资本、吸收能力对知识获取和创新绩效的影响研究[D].杭州:浙江大学博士学位论文,2007.
[258] 蔚春笋.企业顾客知识管理研究[D].哈尔滨:哈尔滨工业大学硕士学位论文,2005.
[259] 韦影.企业社会资本对技术创新绩效的影响:基于吸收能力的视角[D].杭州:浙江大学博士学位论文,2005.
[260] 吴亚玲.全球制造网络中企业IT能力对知识获取的影响研究[D].杭州:浙江大学硕士学位论文,2007.
[261] 许必芳.中小企业政策的分析、评价与选择:以浙江省为例[D].杭州:浙江工业大学硕士学位论文,2006.
[262] 张波."中小企业—顾客"社会资本与知识学习的关联机制和模式研究[D].杭州:浙江大学硕士学位论文,2003.
[263] 张方华.知识型企业的社会资本与技术创新绩效研究[D].杭州:浙江大学博士学位论文,2004.
[264] 朱秀丽.知识密集型服务业创新与转型经济增长方式研究[D].天津:天津商业大学硕士学位论文,2007.
[265] 朱亚明.社会资本对技术型中小企业中知识管理行为的影响研究[D].杭州:浙江大学硕士学位论文,2005.
[266] 陈傲,柳卸林.突破性技术从何而来?——一个文献评述[J].科学学研究,2011,9:1281—1290.

[267] 陈学光,徐金发. 基于企业网络能力的创新网络研究[J]. 技术经济,2007,03:42—45.

[268] 程钧漠.企业知识创新能力模糊评价体系研究[J].华东经济管理,2005,05:46—48.

[269] 初大智,杨 硕,崔世娟. 技术合作对创新绩效的影响研究——以广东省制造业为例[J].中国软科学,2011,08:155—164.

[270] 邓英.网络能力与企业竞争优势关系的实证研究[J].经济地理,2009(9):1518—1527.

[271] 范钧,王进伟.网络能力对新创企业隐性知识获取和成长绩效的影响研究[J].科学学研究,2011(9):1365—1373.

[272] 方刚.基于资源观的企业网络能力与创新绩效关系研究[D].杭州:浙江大学硕士学位论文,2008.

[273] 方刚. 网络能力结构及对企业创新绩效作用机制研究[J].科学学研究,2011,03:461—470.

[274] 高佳琪,郁培丽.突破性创新市场特征与企业应对策略[J].科技管理研究,2011,14:1—5.

[275] 葛明慧.企业突破性创新与渐进性创新比较研究[D].天津:天津商业大学硕士学位论文,2008.

[276] 郝生宾,于渤,吴伟伟.企业网络能力与技术能力的耦合度评价研究[J].科学学研究,2009(2):250—254.

[277] 郝生宾,于渤.企业网络能力对自主创新影响的实证研究[J].科学学与科学技术管理,2009(4):77—80.

[278] 蒋国平,王小趁.企业隐性知识转化与创造促进机制[J].经营与管理,2010,11:58—60.

[279] 科斯.企业、市场与法律[M].上海:上海三联书店,1990.

[280] 李平.企业网络组织理论研究述评[J].科技与管理,2007(2):19—21.

[281] 李正卫. 突破性创新的信息搜寻研究:基于信息源特征和组织重构视角[J].科学管理研究,2010,02:11—15.

[282] 李作学.个体隐性知识的结构分析与管理研究[D].大连:大连理工大学博士学位论文,2006.

[283] 林竞君.网络、社会资本与集群生命周期研究[M] .上海:上海人民出版社,2006.

[284] 刘兰剑.渐进、突破与破坏性技术创新研究述评[J].软科学,2010(3):10—14.

[285] 刘艳艳. 西方企业网络理论研究综述[J]. 经济地理,2011,31(3):437—443.

[286] 柳卸林. 不连续创新的第四代研究开发[J]. 中国工业经济,2000(9):53—57.

[287] 刘阳,王前. 基于因子分析的企业隐性知识管理支撑体系构建[J]. 情报杂志,2010(2):101—104.

[288] 路易斯·普特曼,兰德尔·克罗茨纳,孙经纬译. 企业的经济性质[M]. 上海:上海财经大学出版社,2000.

[289] 马庆国. 管理统计:数据获取、统计原理与 SPSS 工具与应用研究[M]. 北京:科学出版社,2010.

[290] 马伟群,姜艳萍,康壮. 知识管理中个体知识能力的一种模糊测评方法[J]. 东北大学学报(自然科学版),2004(7):73—78.

[291] 梅德强,龙勇. 高新技术企业创业能力、创新类型与融资方式关系研究[J]. 管理评论,2012,24(1):67—74.

[292] 宁艳阳,常立农. 隐性知识的传播与共享[J]. 科技管理研究,2004,24(6):99—100,98.

[293] 潘松挺,郑亚莉. 网络关系强度与企业技术创新绩效——基于探索式学习和利用式学习的实证研究[J]. 科学学研究,2011,29(11):1726—1744.

[294] 彭灿,陈丽芝. 突破性创新的战略管理:框架、主题与问题[J]. 科研管理,2008,01:34—40.

[295] 秦辉,傅梅烂. 渐进性创新与突破性创新:科技型中小企业的选择策略[J],软科学,2005,19(1):78—79.

[296] 秦剑. 跨国公司在华资源配置对突破性创新绩效的影响机理研究[D]. 天津:南开大学博士学位论文,2009.

[297] 秦剑,王迎军. 跨国公司在华突破性创新的关键资源研究[J]. 科学学研究,2010(8): 1273—1281.

[298] 秦剑. 高绩效工作实践系统、知识扩散与突破性创新[J]. 科研管理,2012(1):71—78.

[299] 任胜钢. 企业网络能力结构的测评及其对企业创新绩效的影响机制研究[J]. 南开管理评论,2010(1):69—80.

[300] 任胜刚,胡春燕,王龙伟. 我国区域创新网络结构特征对区域创新能力影响的实证研究[J]. 系统工程,2011,29(2):50—56.

[301] 石芝玲,和金生. 基于技术能力和网络能力协同的企业开放式创新研究[J]. 情报杂志,2011(1):99—103.

[302] 司公奇,潘杰义,曹建东.社会资本与中小企业成长的关系——西部地区企业的实证研究及启示[J].科学学与科学技术管理,2008(4):142—147.

[303] 宋建元,陈劲.企业隐性知识共享的效率分析.[J]科学学与科学技术管理,2005,26(2):58—61.

[304] 王国顺,杨帆.创业导向、网络能力对国际化绩效的影响研究[J].科研管理,2011(10):144—150.

[305] 王庆喜,宝贡敏.社会网络、资源获取与小企业成长[J].管理工程学报,2007(4):57—60.

[306] 汪应洛,李助.知识转移的特性研究[J].系统工程理论与实践,2002(10):17—24.

[307] 王张乐.动态经营环境下企业网络对吸收能力的影响机制研究[D].杭州:浙江大学硕士学位论文,2008.

[308] 魏江.知识密集型服务业与创新[M].北京:科学出版社,2007.

[309] 魏江,陶颜,王琳.知识密集型服务业的概念与分类研究[J].中国软科学,2007(1):33—41.

[310] 威廉姆森.资本主义经济制度:论企业签约与市场签约[M].北京:商务印书馆,2002.

[311] 维洛尼科·安布罗西尼著,占正茂等译.隐性知识——企业赢得持续竞争优势的源泉[M].北京:经济管理出版社,2006.

[312] 吴波,杨菊萍.区域龙头企业的知识溢出与本地中小企业成长——基于浙江省三个产业集群中小企业调查的实证研究[J].科学学研究,2008(1):130—136.

[313] 肖洪钧,赵爽,蒋兵.后发企业网络能力演化路径及其机制研究——丰田的案例研究[J].科学学与科学技术管理,2009(3):156—159.

[314] 邢小强,仝允桓.网络能力:概念、结构与影响因素分析[J].科学学研究,2006(2):558—563.

[315] 邢艳楠,姜艳萍.一种基于语言信息的个体隐性知识存量综合评价方法[C].现代工业工程与管理研讨会论文集,2006:270—273.

[316] 徐金发,许强,王勇.企业的网络能力剖析[J].外国经济与管理,2001(11):42—44.

[317] 许庆瑞.研究、发展与技术创新管理[M].北京:高等教育出版社,2000.

[318] 许小虎,项保华.企业网络理论发展脉络与研究内容综述[J].科研管理,2006,27(1):114—122.

[319] 薛红志,张玉利.互补性资产与既有企业突破性创新关系的研究[J].科

学学研究,2007,25(1):178—184.

[320] 野中郁次朗,竹内广隆.知识创造的公司:日本公司是如何建立创新动力学的[M].上海:上海科学技术出版社,1999.

[321] 张洪石.突破性创新动因与组织模式研究[D].杭州:浙江大学博士学位论文,2005.

[322] 张洪石,陈劲,付玉秀.突破性创新:跨越式发展之基[J].自然辩证法通讯,2005(1):69—72.

[323] 张洪石,付玉秀.影响突破性创新的环境因素分析和实证研究[J].科学学研究,2005,23(增刊):255—264.

[324] 张庆普,李志超.企业隐性知识的特征与管理[J].经济理论与经济管理,2002(11):47—50.

[325] 张荣祥,伍满桂.网络动态能力、创新网络质量及其创新绩效关系研究[J].兰州大学学报(社会科学版),2009,37(2):107—114.

[326] 章小兵.企业核心能力的隐性知识特性[J].南京工程学院学报(社会科学版),2006(5):23—27.

[327] 赵爽.基于网络能力的企业提升路径研究[D].大连:大连理工大学博士学位论文,2009.

[328] 赵爽,肖洪钧.基于网络能力的企业绩效提升路径研究[J].科技进步与对策.2010(3):71—75.

[329] 郑兰琴,黄荣怀.与大学生个人发展相关的隐性知识测量工具的研究[J].开放教育研究,2005(3):54—56.

[330] 朱秀梅,陈琛,蔡莉.网络能力、资源获取与新企业绩效关系实证研究[J].管理科学学报,2010(4):44—56.

[331] Melissa A. S. 谢伟,王毅译.技术创新战略管理[M].北京:清华大学出版社,2005:33.

[332] 曹丽娟.美发业顾客参与、服务失败归因和行为反应的关系研究[D].杭州:浙江大学硕士学位论文,2007.

[333] 陈晓红,蔡志章.顾客互动、市场知识能力和商品成功化程度研究——基于中国台湾地区数字产业的实证[J].科研管理,2007,28(5):94—102.

[334] 范秀成,张彤宇.顾客参与对服务企业绩效的影响[J].当代财经,2004(8):69—73.

[335] 耿先锋.顾客参与测量维度、驱动因素及其对顾客满意的影响机理研究——以杭州医疗服务业为例[D].杭州:浙江大学博士学位论文,2008.

[336] 郭磊磊,刘平.CKM 中交互顾客知识的获取研究[J].现代情报,2010.30

(6):164—169.

[337] 胡明.酒店连锁企业间知识模糊性、组织吸收能力与知识转移绩效关系研究——以知识转移媒介为调节变量[D]. 南京:东南大学博士学位论文,2009.

[338] 黄永春,姚山季,卢俊义.顾客参与新产品开发阶段与象征购买意愿:关系管理的调节效应[J]. 软科学,2010,5(125):50—54.

[339] 贾鹤,王永贵,黄永春.服务企业应该培训顾客吗?——顾客知识对创造型顾客参与行为和顾客满意的影响的探索性研究[J]. 科学决策,2009,12:54—63.

[340] 罗格·D.布莱克韦尔(Roger D Blavkwell),保罗·W.米尼德(Pual W Miniard),詹姆斯.F.恩格尔(James F Engel).消费者行为学(第十版)[M].北京:机械工业出版社,2009:259.

[341] 蔺雷,吴贵生.服务创新[M].北京:清华大学出版社,2003:273—275.

[342] 刘顺忠. 组织学习能力对新服务开发绩效的影响机制研究[J].科学学研究,2009,27(3):411-416.

[343] 卢俊义 ,王永贵.顾客参与服务创新、顾客人力资本与知识转移的关系研究[J]. 商业经济与管理,2010,221(3):80—88.

[344] 卢俊义,王永贵,黄永春.顾客参与服务创新与顾客知识转移的关系研究—基于社会资本视角的理论综述和模型构建[J].财贸经济,2009(12):128—133.

[345] 彭家敏,肖悦.旅行社顾客参与、顾客满意与顾客公民行为关系研究[J].旅游论坛,2009,2(6):824—830.

[346] 彭艳君.顾客参与及其对顾客满意的影响研究[J].北京:知识产权出版社,2008.

[347] 阮尹俐.社会资本对KIBS中小企业顾客知识获取、创新绩效的影响研究[D].杭州:浙江工商大学硕士学位论文,2010.

[348] 疏礼兵.组织知识、知识分类和知识特性[J].情报杂志,2008(1):76—80.

[349] 宋志红,陈澍,范黎波.知识特性、知识共享与企业创新能力关系的实证研究[J].科学学研究,2010,28(4):597—606.

[350] 汪涛,崔楠,杨奎.顾客参与对顾客感知价值的影响:基于心理账户理论[J].商业经济与管理,2009,11(217):81—89.

[351] 王春. 基于知识管理的新服务开发影响因素分析研究[D].重庆:重庆大学,2007.

[352] 王莉,方澜,王方华,顾锋.网络环境下顾客参与对产品开发绩效的影响研

究——以我国软件企业为例[J]. 管理工程学报,2007,4(21):95—103.

[353] 王琳,魏江. 顾客互动对新服务开发绩效的影响——基于知识密集型服务企业的实证研究[J]. 重庆大学学报(社会科学版),2009,15(1):35-41.

[354] 王三义,刘新梅,万威武. 知识转移机会、动机、能力对企业间知识转移效果影响的实证研究[J]. 科技进步与对策,2007,24(11):95—98.

[355] 王昕,李勇. 咨询服务过程中的知识转移和整合[J]. 情报杂志,2005(4):117—119.

[356] 魏江,王铜安,陆江平. 知识密集型服务企业创新组织结构特征及其与创新绩效关系实证研究[J]. 管理工程学报,2009,23(3):103—111.

[357] 温忠麟,张雷,侯杰泰. 中介效应检验程序及其应用[J]. 心理学报,36(5):614—620.

[358] 张祥,陈荣秋. 顾客参与链:让顾客和企业共同创造竞争优势[J]. 管理评论,2006(1):51—56.

[359] 张若勇,刘新梅,王海珍. 服务氛围对顾客知识获取影响路径的实证研究[J]. 科学学研究,2008,26(2):350—358.

[360] 张若勇,刘新梅,张永胜. 顾客参与和服务创新关系研究:基于服务过程中的知识转移的视角[J]. 科学学与科学技术管理,2007(10):92—97.

[361] 朱兵,王文平,王为东,张廷龙. 企业文化、组织学习对创新绩效的影响[J]. 软科学,2010,24(1):65—71.

[362] 朱海燕,魏江,周泯非. 知识密集型服务业与制造业交互创新机理研究[J]. 西安电子科技大学学报(社会科学版),2008,18(2):1—7.

[363] 曾晓洋. 基于消费者虚拟社区的营销管理研究综述与未来展望[J]. 外国经济与管理,2011,33(11):48—56.

[364] 常静,杨建梅. 百度百科用户参与行为与参与动机关系的实证研究 [J]. 科学学研究,2009,27(8): 1213—1219.

[365] 陈劲,童亮,徐忠辉. 移动电话业创新源和领先用户研究[J]. 科研管理,2003(3):25—31.

[366] 陈璟菁. 新服务开发创新绩效的实证研究——从组织学习视角分析[J]. 技术经济与管理研究, 2013(3):30—34.

[367] 范钧. 顾客参与对顾客满意和顾客公民行为的影响研究[J]. 商业经济与管理,2011 (1): 68—75.

[368] 冯泰文. 新产品开发中的顾客参与和供应商参与前沿研究述评与未来展望[J]. 外国经济与管理,2012,34(7):75—81.

[369] 何国正,陈荣秋. 消费品行业领先用户识别方法研究[J]. 统计与决策,

2009(4):15—17.

[370] 胡佳佳. 顾客知识管理与农产品创新绩效研究综述[J]. 安徽农业科学,2012,40(13):7940—7942.

[371] 李琛.服务企业顾客参与的管理探析[J]. 商业时代,2008(26):21—22.

[372] 李雷,赵先德,杨怀珍. 国外新服务开发研究现状述评与趋势展望[J]. 外国经济与管理,2012,34(1):67—81.

[373] 刘佳佳,陈涛,朱智洺. 企业社会资本与知识共享关系研究——以知识获取为中介变量[J]. 科技进步与对策,2013,30(4):86—90.

[374] 刘顺忠. 顾客需求变化对员工创新行为影响机制的研究[J]. 科学学研究,2011,29(8):1258—1263.

[375] 马庆国. 管理统计:数据获取、统计管理、SPSS 工具与应用研究[M]. 北京:科学出版社,2005.

[376] 倪自银,季凤仙. 产品创新中的顾客知识管理研究[J]. 江苏商论,2009(5):15—18.

[377] 彭艳君. 顾客参与量表的构建和研究[J].管理评论,2010(3):78—85.

[378] 尚晓燕,王永贵,郭晓凌. 顾客知识管理研究现状与展望[J]. 经济问题,2012(6):61—62.

[379] 孙洪庆. 顾客知识管理能力:企业创新成功的核心能力[M].北京:人民出版社,2010.

[380] 汪涛,郭锐. 顾客参与对新产品开发作用机理研究[J]. 科学学研究,2010,28(9):1383—1385.

[381] 王莉,罗瑾琏.产品创新中顾客参与程度与满意度的关系——基于高复杂度产品的实证研究[J]. 科研管理,2012,12(33):1—9.

[382] 王琳,郑长娟,彭新敏. 国外企业—顾客合作创新研究述评与展望[J]. 外国经济与管理,2012,34(9):66—72.

[383] 王永贵等. 顾客创新论:全球竞争环境下"价值共创"之道 [M].北京:中国经济出版社,2011:78—89.

[384] 徐延庆,薛有志.基于服务特性与创新性的新服务开发研究[J]. 经济与管理研究,2010(3):11—15.

[385] 姚山季,王永贵.顾客参与新产品开发的绩效影响:产品创新类型的调节效应[J]. 商业经济与管理,2011(5):89—96.

[386] 雍灏,陈劲,郭斌. 技术创新中的领先用户研究[J]. 科研管理,1999,25(3):57—61.

[387] 张红琪,鲁若愚.顾客知识管理对服务创新能力影响的实证研究[J]. 科

学学与科学技术管理,2012,33(8):66—73.
[388] 张若勇,刘新梅,王海珍,聂锟. 顾客—企业交互对服务创新的影响[J]. 管理学报,2010(2):218—224.
[389] 朱秀梅,姜洋,杜政委,卢青伟. 知识管理过程对新产品开发绩效的影响研究[J]. 管理工程学报,2011,25(4):113—121.

索 引

X

Y

Z

"创新创业管理丛书"简介

《复杂产品系统创新的利益相关者管理》

复杂产品系统(Complex Products and Systems,CoPS)日益成为现代经济的"技术资产骨架",体现了技术创新活动的综合化、复杂化和协同化,是"利益相关者世界"中重要创新活动形式。全书共十章,主要内容包括七个方面。(1)根据技术创新利益相关者的概念界定和理论分析,实证分析ERP项目涉及的利益相关者"利益和权力"及其对称性。(2)对罗纳德·伯特的结构洞理论进行了拓展,提出了结构洞分类理论。通过CoPS案例分析,研究自益性结构洞和共益性结构洞在创新网络中的作用。(3)分析利益和权力冲突产生的本质与原因,运用扎根理论进行案例分析,抽取CoPS创新过程中冲突类型和协调方式。(4)构建数理模型模拟,尝试解决两个基本问题——CoPS创新用户招投标选择系统集成商阶段的逆向选择和CoPS创新过程的道德风险。(5)以利益相关者关系状态为中介变量和环境动态性为调节变量,大样本验证集成商控制与CoPS创新绩效的关系。(6)研究CoPS创新项目开发和集成阶段主要利益相关者的权利表现和通过权利的行使影响系统集成商对界面、信息和知识的集成管理。(7)CoPS创新利益相关者管理模式的现实性:嵌入利益相关者审计的CoPS项目管理模式和CoPS创新利益相关者管理的智力资本测量。

《制度与企业家才能配置:中国经验》

基于国外"稳定"、"发展"市场环境下产生的鲍莫尔企业家理论能否运用于中国"动荡"、"转型"市场环境,是本书研究的目的。主要分析中国改革开放 30 年来制度的变迁如何有效配置了企业家创新资源及其才能。全书共七章:第 1 章根据鲍莫尔企业家和创新理论,提出应当引起创新研究者关注的五个问题。第 2 章介绍了企业家研究的起源、新古典经济学的企业家才能研究和鲍莫尔的思想,详细回顾了鲍莫尔的主要研究成果。第 3 章将中国改革开放 30 年分为三个阶段:第一阶段主要的制度变革包括农村改革、国有企业改革、价格体系改革和建立改革开发实验区;第二阶段的制度变革是国有企业股份制改造、鼓励私有企业发展和劳动力市场及金融市场的改革;第三阶段的制度变革主要是加入 WTO、企业所有权的完善、其他要素市场的开放和公共管理制度改革。运用鲍莫尔理论对中国改革开放制度变迁、企业家精神释放和经济增长的关系进行解析。第 4、5 和第 6 章则是通过发生在中国这 30 年三个不同阶段的具体事例进一步解析制度对中国企业家精神的释放和才能的配置,分析了制度和游戏规则设计与企业家生产性、非生产性和破坏性创新行为之间复杂的关系。第 7 章结论与展望。通过研究得到四个主要结论和未来研究的四个方向。

《医疗服务接触与创新:浙江实证》

本书主要根据医疗服务接触的“顾客、与顾客接触的员工、服务组织”三元组合,对医疗服务机构、医护人员、患者之间的关系及其服务创新管理展开研究。主要包括:体检中心和住院部的医疗服务接触,患者消费情感,自助服务科技影响,护士的情感性劳动策略,以及公私立医院服务创新调查、英国医院服务创新实践等内容。研究发现,第一,一次性医疗服务接触中,服务场景因素比服务提供者具有更高的质量影响力;连续性服务接触中,护理人员因素比医生和场景具有更高的质量影响力。第二,医护人员的情感性劳动是服务接触的供给面,接触场景、情感冲突与情感性劳动策略(深层表演、表面表演和情感分离策略)三者之间有内在关系。第三,自助服务科技是医疗服务接触的新兴环境影响因素。从自助服务科技系统中的资源到服务生产率,再从服务生产率到医疗服务企业整体绩效是一个完整的影响模型。本书采用了企业调查、内容分析、统计检验、单案例研究、跨案例研究等多种研究方法,总结了浙江省医疗机构的服务接触和服务创新实践,可供相关学者、研究生、医疗工作从业者学习参考。

《金融新服务开发:荷兰银行和保险公司案例》

本书英文版原名为《金融服务业产品创新:银行和保险公司是如何组织产品创新过程的》,是作者 Vermeulen P. A. M. 在其博士学位论文基础上修改出版的。本书总结了 20 世纪 90 年代左右欧洲金融服务规制放松背景下,荷兰金融企业进行新服务开发在组织管理上的经验教训。作者调研了荷兰的 14 家银行和 25 家保险公司,并将其中 3 家作为本书的重点案例研究企业。主要基于"关键成功因素"研究范式,从新服务开发过程出发探究其独特性,得到金融新服务开发在组织结构、组织文化、信息技术三大方面存在障碍的结论。本书对新服务开发关键成功因素的研究,深刻地刻画了服务企业轻型项目小组开发模式情境,鉴于对此领域研究长期被忽视的现实,该研究具有里程碑意义。本书描述的情形也与我国目前的情况十分相似,中国目前正处于一个金融业应用的广度和深度获得极大提高、金融业高速发展的阶段。但产品开发能力仍处于较低的水平,金融企业微观的新服务开发管理活动严重地受制于宏观的市场监管环境等因素。因此,本书的翻译出版对我国相关学者、研究生、金融从业者,应该都具有一定的启发和借鉴意义。

《新服务开发的知识转移:前后台视角》

新服务开发是企业服务创新的具体实现途径,是服务研发的第二个阶段。而前后台是服务运营管理的基本模式,前台主要承担客户接触活动,后台主要对非实时和非交易性业务进行标准化和专业化处理,从而实现服务业个性化和效率的折中。本书聚焦于服务企业开展新服务开发时前后台知识转移问题,在理论分析的基础上,通过五项多案例分析给出了基本的机制。本书的内容结构为:第 1 章绪论、第 2 章理论综述、第 3 章案例企业、第 4 章服务组织内前后台知识转移、第 5 章服务组织间前后台知识转移、第 6 章新服务开发的前后台管理、第 7 章新服务开发引入阶段前后台知识转移、第 8 章新服务开发全过程前后台知识转移。其中第 2 章包括了四项不同角度不同方法的深度研究综述,如对单一作者的追踪综述、基于大量实证研究结果的元分析综述等。第 4 章到第 8 章的跨案例研究,包括运用社会学和组织理论对服务企业前后台知识转移机制进行的分析,以及基于服务运营理论对新服务开发情境下后台知识转移机制的分析。案例研究涉及商业、银行业、通信和信息服务业等行业的 15 家中外企业。研究的结论是,前后台部门和人员间知识转移的意愿、能力和机会,受到前后台社会资本和社会交换的影响。前后台间的信息交流和知识转移,是克服服务业新服务开发成功率低的一个重要因素。本书刻画了我国服务企业相关的知识管理现状,并提炼出其内在管理机制,因此,可供相关学者、研究生、服务业从业者参考。